Philosophische Methoden

*Reihenherausgeber*

Joachim Horvath, Institut für Philosophie II, Ruhr-Universität Bochum, Bochum, Deutschland

In dieser Lehrbuch-Reihe erscheinen kompakte Einführungsbände zu philosophischen Methoden. Die Debatte über philosophische Methoden hat sich in den letzten Jahrzehnten sehr dynamisch entwickelt und immer weiter ausdifferenziert. Die philosophische Methodologie ist daher inzwischen zu einem etablierten Teilbereich der systematischen Philosophie geworden – mit einer Vielzahl von Tagungen, Sammelbänden und spezialisierten Handbüchern. Vor diesem Hintergrund ist auch bei Studierenden die Nachfrage nach anwendungsorientierten Einführungen in die wichtigsten Methoden und methodischen Strömungen der Philosophie stark angestiegen. In der Reihe sollen daher unter anderem Bände zur Argumentationsanalyse, zur Begriffsanalyse, zur Experimentellen Philosophie, zu Gedankenexperimenten und Intuitionen, zu mathematischen Methoden und zur Phänomenologie erscheinen.

In 2-farbiger Gestaltung, mit Definitionen, Beispielen und Aufgaben.

Maren Wehrle

# Phänomenologie

Eine Einführung

Maren Wehrle
Erasmus School of Philosophy
Erasmus University
Rotterdam, Niederlande

ISSN 2946-0689       ISSN 2946-0697   (electronic)
Philosophische Methoden
ISBN 978-3-476-05777-8      ISBN 978-3-476-05778-5   (eBook)
https://doi.org/10.1007/978-3-476-05778-5

Die Deutsche Nationalbibliothek verzeichnet diese Publikation in der Deutschen Nationalbibliografie; detaillierte bibliografische Daten sind im Internet über ▶ http://dnb.d-nb.de abrufbar.

Umschlagabbildung: © Anita Ponne / shutterstock.com

Planung/Lektorat: Franziska Remeika
J.B. Metzler ist ein Imprint der eingetragenen Gesellschaft Springer-Verlag GmbH, DE und ist ein Teil von Springer Nature.
Die Anschrift der Gesellschaft ist: Heidelberger Platz 3, 14197 Berlin, Germany

# Vorwort: Zu den Sachen und zurück

Dieses Buch macht es sich zur Aufgabe zu klären, was der berühmte phänomenologische Imperativ ‚Zu den Sachen selbst' in Theorie und Praxis bedeutet und bedeuten kann. Im Zentrum steht dabei weniger die Frage, was Phänomenologie ist, sondern vielmehr, was wir eigentlich tun, wenn wir Phänomenologie betreiben. Dies ist denn auch keine Einleitung in die Inhalte oder Personen der Phänomenologie, sondern der Versuch, ihre Methode(n), trotz aller Diversität, einheitlich darzustellen. Alle Phänomenologie, ob klassisch oder kritisch, theoretisch oder angewandt, so lautet die Leitthese dieser Einleitung, versucht demnach *vorurteilslos zu beschreiben* (▶ Abschn. 2.1), *das Allgemeine zu bestimmen* (▶ Abschn. 2.2), oder *fragt zurück nach den Bedingungen* (▶ Abschn. 2.3). Dem Motto der Phänomenologie treu bleibend, wird dies nicht einfach schematisch oder abstrakt definiert, sondern anhand konkreter Beispiele illustriert und diskutiert.

Zunächst wird im einleitenden Kapitel *Zu den Sachen selbst?* der Frage nachgegangen, was Sachen oder Dinge für die Phänomenologie eigentlich sind, und was es heißt, zu diesen ‚selbst' kommen zu wollen (▶ Kap. 1). Im Anschluss erfolgt ein erster Überblick über die oben genannten Methoden im Ausgang von Husserl (▶ Abschn. 1.3).

Im zweiten Kapitel *Methoden der Phänomenologie* wird nun anhand von Beispielen der Beschreibung, eidetischer Variation oder transzendentaler Fragestellungen gezeigt, inwiefern diese Methoden aufeinander angewiesen sind oder unabhängig voneinander angewendet werden können (▶ Kap. 2). Abschließend soll die Kritik, Weiterentwicklung und Verschiebung dieser Methoden nach Husserl zum Thema werden (▶ Abschn. 2.4).

Das dritte und letzte Kapitel *Phänomenologie in Aktion* steht ganz im Zeichen gegenwärtiger Fragestellungen („Phänomenologie konkret", ▶ Abschn. 3.1) und interdisziplinärer Anwendungen der Phänomenologie, entweder innerhalb der Philosophie (▶ Abschn. 3.2) oder in anderen Disziplinen (▶ Abschn. 3.3). Phänomenologie, so möchte diese Einleitung abschließend festhalten, war und ist von Beginn an vor allem eine Methode, oder besser, eine Methode als Projekt (▶ Abschn. 3.4). Dies ist es, was sie so anschlussfähig für aktuelle Fragestellungen und andere Disziplinen macht. Intention und Praxis der Phänomenologie besteht darin, die Welt und ihre vielfältigen ‚Sachen' so gut als möglich zu beschreiben und zu verstehen. Dabei muss sie beständig neu überprüfen, ob ihre Methoden diesen ‚Sachen' auch gerecht werden.

Einmal bei diesen Sachen angelangt, darf die Phänomenologie hierbei nicht stehen bleiben, sondern muss ihre Herangehensweise weiterhin kritisch im Blick behalten. Selbstgenügsamkeit und Selbstverständlichkeit ist denn auch der Fallstrick, den jede phänomenologische Methode vermeiden muss. Daher müssen wir nicht nur zu den Sachen hin, sondern auch wieder zurück gelangen, wie Hans Blumenberg es in seinem Buch *Zu den Sachen und zurück* fordert (Blumenberg 2002). Blumenbergs wohlmeinende jedoch ironisch kritische Antwort auf Husserls Plädoyer ‚Zurück zu den Sachen selbst', weist darauf hin, dass eine

Philosophie der Erfahrung nie unvermittelt und pur sein kann. Wir erfassen die Erfahrung immer im Umweg über Begriffe, Metaphern und Symbole. Die Direktheit, die das Credo ‚Zu den Sachen' fordert, kann so nach Blumenberg nur in und durch Indirektheit erreicht werden.

Husserl selbst hat dieses Problem der sprachlichen Vermittlung der Erfahrung, die das Erlebte ordnet, modifiziert oder erst unsere Aufmerksamkeit auf etwas lenkt, durchaus gesehen, aber dieses versucht pragmatisch zu umgehen. Da wir nicht anders denn sprachlich philosophieren und reflektieren können, bleibt uns nichts anderes übrig, als mit dem zu arbeiten, was wir haben. Dies ist für die Phänomenologie kein Grund, die Aufgabe der Beschreibung und Aufklärung der erfahrenen Wirklichkeit einfach sein zu lassen bzw. lediglich schon bestehende Konzepte und Begriffe zu analysieren. Jedoch muss die Sprache vorsichtig eingesetzt werden und beständig an der aktuellen Beschreibung geprüft und geschult werden. Dies erklärt Husserls suchenden, umständlichen und kreativ-technischen Gebrauch von Begriffen, die immer vorläufig bleiben und im Dienste der Beschreibung stehen, wie z.B. ‚Noch-im-Griff-haben', ‚Mitmeinen' oder ‚Empfindnisse', oder der Gebrauch von mathematischen Begriffen wie ‚Paarung', ‚Index', ‚Kontinuum' und ‚Variation'.

Es ist denn auch die Aufgabe aller heutigen und zukünftigen Phänomenologie, die Sprache als historisch kulturelles Mittel der Beschreibung immer wieder aufs Neue der kritischen Reflektion zu unterziehen und sich ihres Einflusses und der notwendigen Indirektheit jeder Beschreibung bewusst zu bleiben. Dies kann, wie die Phänomenologie selbst, nur in der intersubjektiven Zusammenarbeit gelingen, in der sich verschiedene Perspektiven zu einer geteilten Objektivität zusammenfügen und sich dabei gegenseitig korrigieren oder bestätigen. In Husserls wie aller Phänomenologie zeigt sich dabei, dass der Weg zu den Sachen selbst (der Objektivität) uns zurückführt zur erfahrenden Subjektivität und von hier aus letztlich zu der Einsicht, dass am Beginn weder die fertige Welt noch das absolute Subjekt steht, sondern eine praktische, historische und diskursive Intersubjektivität, die beständig und meist unbemerkt denjenigen Sinn stiftet, aktualisiert oder verschiebt, in dem jeder Einzelne zugleich selbstverständlich lebt.

Zugleich deutet der Ausspruch aber auch auf die Unhintergehbarkeit und Transzendenz der ‚Sachen' und ihrer Wirklichkeit hin, auf die wir immer wieder zurückgeworfen werden. Einer Welt, deren Sinn wir nicht beliebig konstruieren können, sondern immer nur vorfinden und auslegen. Die hoffentlich vorurteilslose Beschreibung, die Bestimmung des Allgemeinen oder die Rückfrage nach den Bedingungen bleibt dabei immer an eine reale, sachhaltige und damit widerständige Welt gebunden. Diese Welt mit all ihren Dingen ist es, die am Beginn und am Ende jeder Phänomenologie stehen, als ihr Leitfaden sowie als ihr Ziel. Eine Welt, die wir weder erschaffen, als Sache besitzen noch vollständig erfassen können, sondern die unseren Beschreibungen, Bestimmungen und Erklärungen immer schon einen Schritt voraus ist, genauso wie wir selbst, wenn wir als Teil dieser Welt, diese zugleich beschreiben wollen.

# Einleitende Literatur (Auswahl)

Alloa, Emmanuel, Breyer, Thiemo, und Emanuele Caminada (im Erscheinen). *Handbuch Phänomenologie*. Tübingen: Mohr Siebeck.

Bermes, Christian. 2020. *Merleau-Ponty: Eine Einführung*. 4. Aufl. Hamburg: Junius Verlag.

Blumenberg, Hans. 2002. *Zu den Sachen und zurück*. Frankfurt a.M.: Suhrkamp.

Depraz, Natalie. 2012. *Phänomenologie in der Praxis. Eine Einführung*. Freiburg: Karl Alber Verlag.

Figal, Günter. 2020. *Martin Heidegger: Eine Einführung*. 8., ergänzte Aufl. Hamburg: Junius Verlag.

Held, Klaus. 2000. Einführung in Husserls Phänomenologie. In *Edmund Husserl: Phänomenologie der Lebenswelt*, Hg. K. Held, 3. Aufl. Stuttgart: Reclam.

Jacobs, Hanne, Hg. 2021. *The Husserlian Mind*. New York Routledge.

Kern, Iso, Bernet, Rudolf, und Eduard Marbach. 1996. *Edmund Husserl: Darstellung seines Denkens*. 2., veränderte Aufl. Hamburg: Meiner.

Lembeck, Karl-Heinz. 1994. *Einführung in die phänomenologische Philosophie*. Darmstadt: WBG.

Luft, Sebastian, Wehrle, Maren, Hg. 2017. *Edmund Husserl. Leben – Werk – Wirkung*. Stuttgart: J.B. Metzler (Springer Nature).

Moran, Dermot. 1999. *Introduction to Phenomenology*. New York: Routledge.

Prechtl, Peter. 2012. *Edmund Husserl. Zur Einführung*. 5. Aufl. Hamburg: Junius Verlag.

Santis, Daniele De, Hopkins, Burt C., und Claudio Majolino. 2020. *The Routledge Handbook of Phenomenology and Phenomenological Philosophy*. New York: Routledge.

Schnell, Alexander. 2019. *Was ist Phänomenologie?* Frankfurt a.M.: Vittorio Klostermann.

Stegmaier, Werner. 2019. *Emmanuel Levinas. Eine Einführung*. 3., ergänzte Aufl. Hamburg: Junius Verlag.

Suhr, Martin. *Jean-Paul Sartre: Eine Einführung*. 5., vollst. überarb. Aufl. Hamburg: Junius Verlag.

Waldenfels, Bernhard. 1986. *Phänomenologie in Frankreich*. Frankfurt a.M: Suhrkamp.

Waldenfels, Bernhard. 1992. *Einführung in die Phänomenologie*. München: Wilhelm Fink (UTB).

Zahavi, Dan. 2007. *Phänomenologie für Einsteiger*. München: Wilhelm Fink (UTB)

Zahavi, Dan. 2009. *Husserls Phänomenologie*. Übers. B. Obsieger. Tübingen: Mohr Siebeck (UTB).

Zahavi, Dan, Hg. 2012. *The Oxford Handbook of Contemporary Phenomenology*. Oxford: Oxford University Press.

Zahavi, Dan, Hg. 2018. *The Oxford Handbook for the History of Phenomenology*. Oxford: Oxford University Press.

# Inhaltsverzeichnis

# Einleitung: Zu den Sachen selbst?

## Inhaltsverzeichnis

© Springer-Verlag GmbH Deutschland, ein Teil von Springer Nature 2022
M. Wehrle, *Phänomenologie*,
Philosophische Methoden, https://doi.org/10.1007/978-3-476-05778-5_1

1

Der Leitspruch der Phänomenologie, die im 20. Jahrhundert von Edmund Husserl begründet wurde, lautete ‚zurück zu den Sachen selbst‘ (Husserl, Hua XIX/1, S. 10). Dies wurde nach dem Zeitalter des deutschen Idealismus (Kant, Fichte, Schelling, Hegel), in welchem das erkennende Subjekt, die Vernunft oder der absolute Geist im Zentrum standen, als regelrechte Befreiung innerhalb der Philosophie empfunden. Endlich sollten wieder die Welt und die Dinge sowie die Erfahrung anstatt der Erkenntniskritik, Dialektik oder Spekulation in den Mittelpunkt rücken. Wie Husserl in den *Logischen Untersuchungen* (1900a, b), die als Begründungswerk der Phänomenologie gelten, betont, darf man sich nicht auf bereits etablierte Begriffe, Theorien oder Methoden verlassen, sondern muss auf die „unmittelbar erschauten und ergriffenen Sachen" zurückgehen, diesen „Sachen selbst und der Arbeit an ihnen das letzte Wort belassen" (Husserl, Hua XVIII, S. 9). Gegen jegliche metaphysische Spekulation, aber auch gegen die Auffassung von Philosophie als bloßer Analyse von Konzepten wird also hier ein Plädoyer für die Rückkehr und Aufwertung der Anschauung gehalten: „Weg mit den hohlen Wortanalysen. Die Sachen selbst müssen wir befragen. Zurück zur Erfahrung, zur Anschauung, die unseren Worten allein Sinn und vernünftiges Recht geben kann." (Hua XXV, S. 21)

Doch was sind diese ‚Sachen‘ von denen Husserl da spricht, und warum sind sie philosophisch relevant? Dies ist die Grundfrage der Phänomenologie und jeder Wissenschaft, die zugleich die notwendig zirkelhafte Praxis von Erfahrung und Erkenntnis zutage treten lässt. Sowohl die Wissenschaft als auch die alltägliche Erfahrung geht immer schon von gewissen ‚Sachen‘ aus, z. B. die Naturwissenschaft von der Natur oder die Wahrnehmung von dem dort drüben wahrgenommenen Haus. Diese Sachen werden dabei wie selbstverständlich vorausgesetzt, obwohl zu Beginn jeder Untersuchung oder Erfahrung noch gar nicht deutlich ist, was diese ‚Sachen‘ im Einzelnen ausmacht, wie diese (näher) zu bestimmen sind. Die Phänomenologie macht uns darauf aufmerksam, dass wir es immer schon mit Sachen (Dingen, Welt) zu tun haben, die bereits irgendwie bestimmt sind, d. h. als etwas Bestimmtes wahrgenommen werden. Sie will herausfinden, wie es möglich ist, dass wir einzelne Sachen sowie die Welt als Ganzes als sinnvoll erfahren.

Wie der Name ‚Phänomenologie‘ schon besagt, werden die Sachen dabei als Phänomene behandelt.

---

**Definition**

‚**Phänomene**‘ (gr. *phainomenon*) sind die Dinge in ihrem aktuellen und möglichen Erscheinen *für-uns,* d. h., gerade nicht die ‚Dinge‘, wie sie in oder an sich selbst sind (das *noumenon* oder ‚Ding an-sich‘ im Sinne Kants). Die Losung ‚zu den Sachen selbst‘ scheint also ein wenig irreführend zu sein, handelt es sich doch nicht um eine Bestimmung der Dinge unabhängig von unserer subjektiven Erfahrung, sondern um die Sachen, wie sie uns jeweils in der Erfahrung erscheinen. Phänomenologie ist denn auch die Beschreibung dessen, *wie* uns etwas erscheint sowie der Versuch der Klärung dessen, *warum* etwas uns so und nicht anders erscheinen kann.

**Akribische Beschreibung** Hiermit ist denn auch die Methode dieser neuen ‚Wissenschaft von den Phänomenen‘ vorgegeben: „Die wahre Methode folgt der Natur der zu erforschenden Sachen, nicht aber unseren Vorurteilen und Vorbildern" (Husserl, Hua XXV, S. 26). Die Arbeit an den Phänomenen darf also weder vorherige Annahmen noch etablierte philosophische Methoden wie die der Deduktion, Argumentation, Dialektik oder kausalen Erklärung gelten lassen, sondern ist zuallererst akribische Beschreibung dessen, was uns erscheint, und zwar nur in den Grenzen des jeweiligen Erscheinens. Zum Beispiel erscheint uns ein Haus innerhalb der Wahrnehmung immer in einer bestimmten Perspektive, etwa in der Ansicht der Vorderseite, d. h., die ‚Sache‘ Haus ist uns in den verschiedenen Erscheinungen von ihr jeweils nur partiell und unabgeschlossen gegeben. Dieses ‚Wie‘ der Erscheinungsweise sagt dabei nicht nur etwas darüber aus, wie leibliche Subjekte wahrnehmen (nämlich perspektivisch), sondern auch etwas über die Sache ‚Haus‘ als physisch ausgedehntes Ding. Im Gegenteil etwa zur Psyche oder zu psychischen Erlebnissen, die weder eine feste Position noch Ausdehnung besitzen, können wir das Haus sehen und anfassen, wir können um es herumgehen und es näher betrachten, auch können wir niemals all seine Aspekte zugleich wahrnehmen, weshalb die Wahrnehmung unvollständig bleibt.

Die geforderte Wendung zu dem, was uns erscheint und dessen Beschreibung soll uns also der ‚Natur‘ oder dem ‚Wesen‘ der Sachen näherbringen. Die erscheinenden ‚Sachen‘ sind damit Ausganspunkt der Phänomenologie, ihr Leitfaden, aber auch das Ziel jeder phänomenologischen Beschreibung und Analyse. Aber wie kommen wir denn nun zu den *Sachen selbst,* wenn diese uns in der subjektiven Erfahrung doch lediglich unvollständig und relativ gegeben sind? Warum beginnt Husserl seine Suche nach dem Wesen der Dinge und der Welt beim erfahrenden Subjekt? Und was sind eigentlich die ‚Sachen‘ der Philosophie?

## 1.1 Zurück zur Sache der Philosophie

**Fundamentale Fragen und Probleme** Zurück zu den Sachen selbst ist zunächst eine Aufforderung an die Philosophie, sich wieder mehr um die ‚Sachen‘ anstatt um sich selbst zu kümmern. Anstatt sich in Exegese alter Philosophien und fachinterner Debatten zu verlieren, sich selbst als (eine unter vielen) Weltanschauungen zu begreifen oder sich lediglich als Gehilfin der exakten Naturwissenschaften auszugeben, soll die Philosophie laut Husserl wieder den Mut haben, zu den fundamentalen Fragen und Problemen zurückzukehren, mit denen sie begonnen hatte: Wie etwa die Frage nach dem Status von Sein oder der Objektivität der Welt. In dieser Hinsicht ist ‚zu den Sachen selbst‘ die Formulierung eines Programms bzw. eine Aufforderung an die Philosophie, sich erneut über die eigene Rolle gegenüber den anderen Wissenschaften bewusst zu werden und ihren genuinen Gegenstandsbereich, ihre Methoden sowie ihre Rolle in Bezug auf die anderen Wissenschaften neu zu bestimmen. Ganz in der Tradition von René Descartes ruft Husserl dazu auf, noch einmal von vorne zu beginnen: Ein sicheres

1

Fundament und Methoden finden, um wahre und abgesicherte Aussagen über die Welt treffen zu können.

Ein erster notwendiger Schritt hierfür ist, sich zunächst dem zu widmen, was uns gegeben ist, und zu fragen, wie und warum es uns gerade auf diese Weise (und nicht anders) gegeben ist oder sein kann. Hierbei müssen wir Abstand nehmen von allen Vorannahmen, Interessen und Überzeugungen gegenüber dem, was wir erfahren. Dies soll dazu dienen, uns ganz auf das *Wie,* d. h. darauf, wie die Dinge erscheinen, konzentrieren zu können.

**Korrelation von Subjekt und Welt**  Philosophisch können wir noch einen Schritt weitergehen: Wir klammern den selbstverständlichen Glauben, dass die Dinge, mit denen wir täglich hantieren und dass die Welt, in der wir leben, tatsächlich existieren, sozusagen ein, d. h., wir setzen ihn erst einmal in Klammern. Damit erreichen wir zweierlei: Erstens wird dieser Glaube somit überhaupt zum Thema gemacht, und zweitens wird seine Geltung vorübergehend außer Kraft gesetzt (▶ Abschn. 2.3, Epoché). Diese Ausschaltung der normalen oder *natürlichen Einstellung* (in der wir einfach so in die Welt hineinleben) soll ermöglichen, dass wir (anstatt lediglich bei den Dingen oder der Welt zu sein) unsere Aufmerksamkeit auf die Relation zwischen uns, als erfahrendem Subjekt, und den erscheinenden Dingen richten, um diese notwendige Korrelation von Subjekt und Welt aufzuklären.

Was können wir von der uns umgebenden Welt wirklich mit Sicherheit wissen und aussagen, ohne auf irgendwelche Vorannahmen oder methodische Verfahren wie Deduktion (Ableitung von einer Grundannahme) zurückgreifen zu müssen? Warum sind wir uns den Dingen und der Welt normalerweise so sicher, dass wir überhaupt nicht auf die Idee kommen, an ihrer Existenz zu zweifeln? Phänomenologie versucht genau diesem „naiven Weltbezug nachzugehen, um ihm endlich eine philosophische Satzung zu geben" (Merleau-Ponty 1966, S. 3). Dabei setzt sie die „Thesen der natürlichen Einstellung" nur außer Kraft, um diese sichtbar zu machen und zu verstehen (ebd.). Mit Thesen der natürlichen Welt ist sowohl unser impliziter Glaube gemeint, dass alles, was wir erfahren auch wirklich da ist, also auch all die impliziten Erwartungen, die wir immer schon an die von uns erfahrene Welt herantragen: z. B., dass die Sonne auch morgen wieder aufgehen wird, dass ein Haus über eine Rückseite und nicht nur eine Vorderseite verfügt oder sich Menschen auf eine gewisse Art und Weise verhalten.

So wie Michel Foucault in den 1960er Jahren betonen wird, dass es immer schon ‚Ordnung gibt', nur diese jeweils historisch kontingent ist, würde Husserl erwidern (wenn er noch lebte), dass dies zunächst voraussetzt, dass es für uns Menschen überhaupt so etwas wie eine Welt gibt, d. h. Objektivität und Allgemeinheit. Damit ist eine Welt gemeint, die für jeden gleichermaßen gegeben und zugänglich ist; oder aber der Umstand, dass wir auf einmal wahrgenommene Dinge oder Vorstellungen, immer wieder zurückkommen können. Weiterhin gibt es allgemeine Aussagen oder Wahrheiten, die alle zu jeder Zeit nachprüfen oder aktualisieren können, wie. z. B. die Aussage $2+2=4$. Wie kann dies sein, wenn doch jedes einzelne Subjekt diese Welt nur in seiner ‚subjektiven' Perspektive, seinen psychologischen Akten oder innerhalb seiner sozialen und historischen Situation erfährt?

Subjektiver Zugang zur Objektivität   Anstatt nun aber Subjektivität und Objektivität, Relativität und Allgemeinheit zu trennen, und das eine den Geistes- und Sozialwissenschaften und das andere den empirisch verfahrenden Naturwissenschaften zu überlassen, betont Husserl, dass Subjektivität und Objektivität genuin philosophische Themen sind und sie inhaltlich notwendig zusammenhängen. Als Philosoph:innen dürfen wir daher weder die objektive Welt oder Natur einfach so voraussetzen, noch dürfen wir uns auf das lediglich subjektiv relative Erlebnis zurückziehen, nur noch Introspektion betreiben oder lediglich verschiedene historisch relative Weltanschauungen vergleichen, ohne jeden Anspruch auf Allgemeinheit oder Kritik. Stattdessen müssen wir versuchen zu verstehen, wie wir trotz unseres subjektiven Zugangs zu Objektivität, Allgemeinheit und Evidenz gelangen können.

Dies können wir nach Husserl nur aus einer genuin philosophischen Perspektive, d. h., wir müssen nicht nur von einer naiven Annahme der Welt Abstand nehmen, sondern auch von uns als konkret handelnden Subjekten absehen, um dann aus einem reflektiven Abstand die Relation von Subjekt und Welt überhaupt zu überschauen.

Ausgehend von der Beschreibung des ‚Wie‘ des Erscheinenden sucht die Phänomenologie also nach dem Allgemeinen im Konkreten, der Objektivität im subjektiv Erscheinenden. Darum nennt Husserl die Phänomenologie auch eine ‚Wesensschau‘ oder ‚Eidetik‘ (gr. *eidos:* ‚Wesen‘; ▶ Abschn. 2.2). Nur dass diese Wesen nicht in einem ‚Ideenhimmel‘ zu suchen sind, sondern anhand des konkret Erscheinenden irgendwie erfahrbar sein müssen, und zwar für jeden in gleicher Weise, wollen wir vom Wesen eines Dinges oder des Bewusstseins selbst sprechen. Das ‚Wesen‘ bestimmt dabei, warum etwas so und nicht anders sein kann.

Intentionalität   Zum Wesen eines Dinges gehört dabei nur das, ohne welches es nicht als dieses Ding bestimmt werden kann. So kann ein Tisch verschiedene Größen, Formen oder Farben haben, muss jedoch immer etwas sein, an dem man sitzen, auf den man etwas stellen kann etc.; genauso gibt es unzählige verschiedene Formen von Bewusstsein, jedoch muss jedes Bewusstsein qua allgemeinem Wesen immer *Bewusstsein von etwas* sein. Ein Bewusstsein ganz ohne Inhalt oder Gegenstand ist – zumindest für Husserl – nicht denkbar. Dabei kann dieser Inhalt des Bewusstseins auch sehr vage und unbestimmt sein oder sich selbst zum Inhalt haben – die Gerichtetheit des Bewusstseinsaktes auf einen wie auch immer gearteten Inhalt bleibt dabei bestehen. Eine solche *Intentionalität* gehört dabei zum Wesen jedes denkbaren Bewusstseins.

> **Definition**
>
> **Intentionalität** ist ein Konzept, das Husserl von seinem Lehrer Franz Brentano übernimmt und das ursprünglich auf eine mittelalterlich-scholastische Begriffsverwendung zurückgeht. Allgemein bezeichnet Intentionalität die Fähigkeit, sich

**1**

auf etwas zu beziehen, etwa reale oder vorgestellte Gegenstände, Sachverhalte etc. Husserl übernimmt diese Begrifflichkeit, versteht unter Intentionalität aber nicht nur die Grundstruktur jedes (real-existierenden) psychischen Phänomens, sondern das notwendige Wesen jedes denkmöglichen Bewusstseins oder jeder Erfahrung. Bewusstsein ist demnach immer Bewusstsein *von etwas,* d. h. intentional auf etwas gerichtet. Wir unterscheiden dabei den intentionalen Akt, also die Art und Weise, wie wir auf etwas gerichtet sind, und den intentionalen Inhalt oder Gegenstand des Bewusstseins, z. B. als Vorstellung, Erinnerung, Wahrnehmung etc. (vgl. Ströker 1984; Zahavi 2008; Merz et al. 2010).

Als Philosoph:innen interessiert uns daher nicht, wie wir persönlich etwas erfahren, so wenig wie es die Leser dieses Buches interessiert, wie ich als Maren Wehrle gerade die Hitze in Freiburg erfahre, während ich diese Einleitung schreibe. Vielmehr geht es darum, generell zu beschreiben, wie mögliche Subjekte ein objektives Bewusstsein der Welt und der Dinge haben können. Welche Eigenschaften und Strukturen muss ein Bewusstsein oder ein Organismus haben, um eine solche Erfahrung zu ermöglichen?

Die Gegebenheit der Psyche  Eine solche philosophische Klärung sollte nach Husserl jeder konkreten und sachlich fokussierten Fragestellung der wissenschaftlichen Einzeldisziplinen notwendig vorangehen. Bevor wir mit entsprechenden Methoden einen Teilbereich der Realität, wie die Botanik oder aber die menschliche Psyche untersuchen, muss geklärt sein, wie uns die entsprechenden Sachen, also Pflanzen oder die Psyche, gegeben sind. Es sollte bestimmt werden, was den jeweiligen Untersuchungsgegenstand ausmacht, wie er uns erscheinen kann, d. h., wie wir als erfahrende Subjekte zu diesem Untersuchungsgegenstand in Bezug stehen. Und so betont Husserl in seinem Aufsatz „Philosophie als strenge Wissenschaft" (Husserl 1910–11), dass etwa die Psyche als Gegenstandsbereich der Psychologie nicht in der gleichen Weise zu untersuchen sei, wie andere naturwissenschaftliche oder physikalische ‚Sachen'. Das Wesen von psychischen ‚Sachen' ist demnach grundsätzlich von physischen ‚Sachen' verschieden, ebenso wie sich ideale von materialen Gegenständen, Naturgegenstände von Kulturgegenständen unterscheiden. Eine logische Wahrheit oder ein psychologischer Zustand haben z. B. keine Ausdehnung, Farbe oder Größe.

Husserl, der habilitierte Mathematiker und Schüler des Psychologen Franz Brentano (1838–1917), hat sich dabei kritisch mit der sich gerade entwickelnden empirischen Psychologie seiner Zeit und ihrer Methode der Introspektion auseinandergesetzt. Damals wurde in den psychologischen Laboren versucht, anhand von Messverfahren, kombiniert mit gleichzeitiger ‚Innenschau', psychische Phänomene nach dem Vorbild empirischer Wissenschaften genau zu messen. Jedoch übersah man dabei, wie Husserl kritisiert, das psychische Sachen ihrem Wesen nach ganz anders sind als physische und daher nicht mit denselben Verfahren bestimmt werden können. Wie lassen sich also psychische Zustände oder Störungen einerseits in allgemeiner Form (also nicht nur für die jeweilig konkreten Patient:innen gültig), aber auch in ihrer Spezifizität und

Kontextabhängigkeit beschreiben? Und wie verhält es sich hier mit der Relation von Untersuchungsgegenstand und denjenigen, die untersuchen? Ist die Psyche des oder der Untersuchenden nicht die Voraussetzung dafür, dass die Psyche überhaupt als Untersuchungsgegenstand fungieren kann?

---

**Zur Vertiefung**

**Intentionalität im Unterschied zu Brentano**

Im Gegensatz zu Brentano versteht Husserl Intentionalität nicht als interne Beziehung zwischen Bewusstseinsakt und vorgestelltem oder immanentem Gegenstand. Wenn Akte sich nur auf immanente Vorstellungen von Dingen und nicht auf die Dinge selbst beziehen würden, dann könnten wir z. B. nur über unsere Vorstellungen urteilen, nie jedoch über die darin vorgestellten Sachen (Husserl, Hua XXII, S. 134). Zwar hat eine solche Unterscheidung zwischen dem immanenten Gegenstand als Repräsentanten von einem äußeren realen Ding seine Vorteile, man kann z. B. erklären, warum man sich etwas vorstellen kann (z. B. ein Einhorn oder ein rundes Dreieck), das gar nicht existiert oder absurd ist. Jedoch hieße dies auch, dass diese absurden Gegenstände als reale Bestandteile in der Vorstellung selbst enthalten sein müssen. Für Husserl ist es darum widersinnig zwischen vorgestelltem Gegenstand einerseits, und wirklichem Gegenstand andererseits zu unterscheiden: der intentionale Gegenstand der Vorstellung ist derselbe, wie ihr „wirklicher und gegebenenfalls ihr äußerer Gegenstand", d. h. im Falle der Vorstellung eines Einhorns, ist es die Vorstellung selbst auf den sich die Intentionalität bezieht, im Fall der Wahrnehmung, der äußere Gegenstand (Husserl, Hua XIX/1, S. 439; vgl. Merz et al. 2010).

---

**Transzendentale Phänomenologie** Philosophisch betrachtet, setzt dasjenige Subjekt, das untersucht wird, bereits ein untersuchendes Subjekt und damit auch eine Psyche voraus. Wir haben es also in der philosophischen Reflexion eigentlich mit zwei Subjekten zu tun, einmal dem Subjekt als Subjekt (reflektierendes) und einmal das Subjekt als Objekt (der Reflexion). Das philosophierende Subjekt bezeichnet Husserl mit Immanuel Kant als *transzendentales Subjekt,* das zweite als empirisches Subjekt. Es ist dabei Sache der transzendental ausgerichteten Phänomenologie, die allgemein notwendigen Strukturen und Leistungen des Bewusstseins bzw. bewusstseinsfähiger Subjekte zu bestimmen, die die Bedingung der Möglichkeit von Erfahrung (der Welt) überhaupt ausmachen. Dies bezeichnet Husserl als das genuin Philosophische der Phänomenologie.

Eine solche erkenntnistheoretische Abhängigkeit der Wissenschaft, nicht nur von einzelnen konkreten Wissenschaftler:innen und deren subjektiven Interessen, sondern von einem möglichen Bewusstsein überhaupt, das in der Lage ist, Dinge sowie sich selbst wahrzunehmen und zu untersuchen, kommt in den empirischen

**1**

Wissenschaften nicht recht in den Blick, und würde deren spezifische Zielrichtung und Gegenstandsbereich auch nur unnötig ausbreiten und verkomplizieren.

Die Fragen danach, was Subjektivität und Objektivität bedeutet, welche Rolle ihr Verhältnis für die Wissenschaft spielt, sind daher genuine Fragen der Philosophie. Zu den ‚Sachen selbst‘ gelangt man also nur über den Umweg der Philosophie. Alle Sachen sind uns insofern nur durch unser Bewusstsein und unsere Erfahrung davon zugänglich, sei diese individuell direkt oder erweitert und gefiltert durch wissenschaftliche Messungen oder Methoden. Eine solche Relativität zu jemandem oder etwas, das sieht, erfährt, misst, registriert und interpretiert, bleibt immer bestehen. Darum ist es Aufgabe der Philosophie, diese Erfahrung, d. h. die notwendige Korrelation von Sein und Bewusstsein, genau zu beschreiben und kritisch zu hinterfragen. Damit wir nicht voreilig von unserer bloß subjektiven Perspektive auf etwas vermeintlich Objektives oder Allgemeines schließen.

## 1.2 Die ‚Sachen‘ als intentionale Gegenstände: Weder Ding an sich noch Sinnesdatum

**Korrelation von Sein und Bewusstsein** Sachlichkeit oder Gegenständlichkeit sind nach phänomenologischer Überzeugung daher nicht von ihrer Erfahrbarkeit zu trennen. Anders gesagt: Sein und Bewusstsein lassen sich nicht voneinander trennen, sondern bilden eine notwendige Korrelation. Um wahre, oder wie Husserl es nennt, evidente, d. h. ausgewiesene, nachvollziehbare oder rechtmäßige Aussagen über die Welt machen zu können, muss diese uns in irgendeiner Weise zugänglich, d. h. erfahrbar sein. Jegliche Philosophie, sei es Erkenntniskritik, Ontologie oder Metaphysik, muss demnach mit der Anschauung oder Erfahrung beginnen.

Phänomenologisch besteht insofern keine Trennung von einer Welt-an-sich auf der einen Seite und subjektiven Erscheinungen oder Abbildungen davon auf der anderen Seite: Die Welt, die wir erfahren, ist die einzige, d. h. ein und dieselbe Welt. Wäre dem nicht so, würde dies zu einer Verdopplung der Welt als externe Welt einerseits und innere Abbildung andererseits führen. Dies würde weiterhin sogar eine Verdreifachung des Subjekts mit sich bringen: Einmal wäre es samt seinem Körper ein realer Teil der Welt, es wäre zweitens als interne Abbildung desselben gegeben und drittens müsste man das Subjekt noch als transzendentalen Ausgangspunkt der jeweiligen Erfahrung voraussetzen. In einem solchen Szenario hätte man weder die Möglichkeit zu verifizieren, ob die interne Repräsentation der Welt tatsächlich mit der externen Welt übereinstimmt (da man nur zu ersterer eigentlichen Zugang hat), noch ob alle Subjekte (die jeweils über eine individuelle interne Repräsentation der Welt verfügen) die eine und selbe, d. h. geteilte Welt erfahren.

Die Sachen der Phänomenologie können daher weder Dinge-an-sich, noch bloße interne Abbilder, Simulationen oder Repräsentationen einer selbst nicht direkt zugänglichen, d. h. hinter unseren Erscheinungen liegenden Welt sein. Im Gegenteil, Husserl vertritt die Auffassung, dass sich die *Sachen* in unserer Erfahrung *als sie selbst* geben.

Nun könnte man dies fälschlicherweise als einen naiven Realismus, Empirismus oder Naturalismus verstehen, in welchem die Dinge entweder direkt in unserem Bewusstsein vorfindlich sind oder ihre kausal physiologischen Abdrücke hinterlassen. Doch obwohl Husserl die Phänomenologie als den einzig wahren Empirismus bezeichnet, läge nichts ferner als dies in obigem Sinne zu verstehen. Wären nämlich die Sachen tatsächlich (in Husserls Worten *reell*) im Bewusstsein vorhanden, könnte von einer Transzendenz – und damit von einer Objektivität – der Dinge, z. B. in der äußeren Wahrnehmung, keine Rede sein. Das wahrgenommene Ding würde vollständig auf seine kausalen Auswirkungen, d. h. sensuellen Wirkungen beschränkt. Es ist dabei nicht nur so, dass es unsinnig wäre, zu denken, ein wahrgenommener Baum befände sich tatsächlich im Bewusstsein, vielmehr ist dies prinzipiell widersprüchlich, da ein real bestehendes, d. h. dem Bewusstsein äußeres (oder in Husserls Verständnis: transzendentes) Ding, niemals vollständig im Bewusstsein gegeben sein kann.

Wie Husserl sagt, „in schlechthin unbedingter Allgemeinheit, bzw. Notwendigkeit kann ein Ding in keiner möglichen Wahrnehmung, in keinem möglichen Bewußtsein überhaupt, als reell immanentes gegeben sein" (Husserl, Hua III/1, S. 87). Damit möchte er ausdrücken, dass die Wahrnehmung einer externen Sache, wie eines Hauses, nie so gegeben sein kann wie z. B. ein Schmerz, der unmittelbar ‚von Innen' gegeben ist. Die Hauswahrnehmung kann nie auf dieselbe Weise immanent sein wie ein Schmerz: Während der Akt der Wahrnehmung sehr wohl reell (wirklich) zum Bewusstsein gehört, gilt dies nicht für das wahrgenommene Objekt, dieses befindet sich lediglich intentional im Bewusstsein. Weiterhin haben wir bei der Wahrnehmung eines Dinges nie alle Aspekte, Seiten etc. auf einen Schlag oder zugleich gegeben, wie dies beim Schmerz der Fall ist. Das Haus erscheint notwendigerweise in Perspektiven. Dies gilt dabei nicht nur für meine aktuelle Wahrnehmung, sondern für jede denkbare Wahrnehmung überhaupt. Dies ist, wie Husserl es nennt, keine faktische, sondern eine eidetische Aussage, d. h., es beschreibt ein wesentliches und notwendiges Charakteristikum jeden denkbaren Bewusstseins: Hier offenbart sich ein wesentlicher ontologischer Unterschied (also Unterschied betreffend wie etwas ist) zwischen dem „Sein als Erlebnis" und dem „Sein als Ding".

---
**Definition**

‚**Real**' bezieht sich auf die Seinsweise des (Natur-)Dinges oder der Dingwelt, ‚real' ist etwas, das zur Realität gehört. Die Vorstellung eines Hauses ist in diesem Sinne kein realer Bestandteil des Bewusstseins, sondern lediglich ‚**intentional**' im Bewusstsein gegeben, d. h. als Gegenstand, auf den sich das Bewusstsein richtet bzw. den es als etwas (als Haus) intendiert oder auffasst. Husserl macht dabei einen Unterschied zwischen dem, auf was sich das Bewusstsein intentional richtet, (Haus, Zahl, Gegenstand), und dem, was ‚**reell**', d. h. tatsächlich, zum Bewusstsein gehört, wie z. B. die zur Wahrnehmung gehörige sinnliche Empfindungsgrundlage oder Empfindungen allgemein. Der intentionale Gegenstand, den Husserl später **Noema** nennt (vgl. Hua III/1; Staiti 2015), ist dabei weder gleichzusetzen mit dem realen Gegenstand, noch mit einer mentalen Repräsentation: Er bezeichnet die Synthese aus subjektiven wie objektiven Momenten der Wahrnehmung, die es ermöglicht, dass uns Gegenstände und die Welt als solche erscheinen können.

Dasjenige, was wir jeweils erfahren, d. h. wahrnehmen, erinnern, vorstellen oder denken, lässt sich weiterhin nicht auf sensuelle Daten oder psychologische Zustände reduzieren. Stattdessen ist jede Form von Bewusstsein gegenständlich, d. h., wir erfahren keine sensuellen Reize, sondern ‚Sachen‘, wie eine schöne Blume, ein Haus oder abstrakter: einen Sachverhalt oder einen Gedanken. Obwohl z. B. die Wahrnehmung eines Hauses sehr wohl eine sensuelle Grundlage haben muss, die sich darin vom Denken oder Vorstellen desselben Hauses unterscheidet, kann die Hauswahrnehmung nicht auf diese Empfindung oder den Empfindungsinhalt reduziert werden. Das ‚Haus‘ selbst als diejenige Sache, auf die eine Hauswahrnehmung abzielt, oder mit Husserls Worten, die in der Wahrnehmung ‚gemeint‘ ist, befindet sich nicht wirklich im Bewusstsein. Jedoch muss es im Bewusstsein erfahrbar sein, und zwar erfahrbar als etwas, das dem Bewusstsein transzendent (also außerhalb von diesem vorfindlich) ist. Man muss also irgendwie erfahren können, dass der Baum da ‚draußen‘ ist und nicht vollständig in unserem Bewusstsein von ihm aufgeht. Anstatt spekulierend wie Immanuel Kant ein ‚Ding an sich‘ anzunehmen, das sich jedoch von uns nicht wahrnehmen lässt, wird bei Husserl das ‚reale‘ innerhalb der Wahrnehmung erfahren, gerade indem es sich uns entzieht: Es geht über die aktuelle Perspektive und Gegebenheit hinaus. Wir intendieren immer mehr (Haus), als das, was eigentlich (sinnlich, real) gegeben ist (die Vorderseite). Das Haus ist daher nicht reell, sondern nur *intentional im Bewusstsein vorfindlich*.

Jedes Bewusstsein – nicht nur die Wahrnehmung, sondern auch Vorstellung, Erinnerung, Denken, Urteilen etc. – ist somit gekennzeichnet durch seinen Gegenstandsbezug, seine *Intentionalität*. Genauso wie also das Sein in der Phänomenologie an das Bewusstsein gekoppelt ist – Dinge in irgendeiner Form für uns zugänglich, d. h. bewusst oder erfahrbar sein müssen – ist das Bewusstsein ebenfalls nicht ohne einen irgendwie gearteten Gegenstandsbezug zu haben, d. h. erfassbar oder gar beschreibbar.

**Intentionale Sinnstiftung**    Im Gegensatz zu psychischen Inhalten liegen die Gegenstände oder Sachen, die uns ‚bewusst‘ werden, jedoch nicht einfach so ‚wie in einer Schachtel‘ im Bewusstsein, „so daß man sie darin bloß vorfinden und nach ihnen greifen könnte“, sondern sie konstituieren sich zu allererst „in verschiedenen Formen gegenständlicher Intention als das, was sie uns sind und gelten“ (Hua XIX/1, S. 169). Die intentionale Gegebenheit der ‚Sachen‘ beinhaltet dabei eine gewisse Leistung des Bewusstseins, die eine bestimmte Empfindung ‚gegenständlich interpretiert‘ bzw. ‚deutet‘. Diese Leistung nennt Husserl *Auffassung* bzw. *Apperzeption*. Erst in der gegenständlichen Auffassung durch ein Bewusstsein kann man von Intentionalität, d. h. von dem Bewusstsein einer ‚Sache‘ sprechen, da Empfindungen bzw. Sinnesdaten noch keine Gegenstände sind. Eine Empfindung kann stark oder schwach, schmerzhaft oder angenehm sein, weist aber selbst noch keine ‚objektiven‘ Merkmale auf, wie Härte, Rauigkeit oder Farbe, die z. B. ein wahrgenommenes Stück Holz charakterisieren.

Außerdem kann dasselbe Empfindungsmaterial völlig verschieden aufgefasst werden: So hält einer das Gesehene für einen Menschen, während ein anderer eine Puppe zu sehen glaubt. Weiterhin können verschiedene Sinnesdaten, z. B. im einheitlichen Verlauf der Wahrnehmung und ihrer wechselnden Perspektiven, zu demselben wahrgenommenen Objekt gehören. Die Identität eines Wahrnehmungsgegenstandes über den zeitlichen Verlauf und den Wechsel seiner Erscheinungen hinaus kann nicht durch einen bloßen Verweis auf sinnliche Reize und eine entsprechende Reaktion beantwortet werden. Der Sinn und die Einheitlichkeit, die eine Wahrnehmung nach Husserl ausmachen, sind das Ergebnis der intentionalen Beziehung oder Sinnstiftung, die Husserl später *Konstitution* nennt (vgl. Wehrle 2010).

Wahrnehmungsintentionalität   Obwohl wir also normalerweise auf einen Schlag in der Wahrnehmung ‚ein Haus' gegeben haben, entpuppt sich eine solche konstante und einheitliche Wahrnehmung eines Hauses bei genauerer *Intentionalanalyse* als eine Art der ‚Präsentation', ein schrittweises Konstituieren, das durch die Erfahrung und das Bewusstsein automatisch ‚geleistet' wird, wie Husserl dies nennt: Verschiedene Perspektiven müssen sich zeitlich und inhaltlich auf einheitliche Weise verbinden, vormalige ‚leere' Intentionen, wie die Rückseite des Hauses, die lediglich mitgemeint ist, müssen sich anschaulich erfüllen. Dabei zeichnet sich die äußere Wahrnehmung von Sachen (im Gegensatz zu ihrer Vorstellung oder Imagination) gerade dadurch aus, dass diese Sachen nie vollständig, d. h. nach allen ihren möglichen Seiten und Aspekten zugleich gegeben sein können, sondern jeweils nur in einer Perspektive und in ‚Abschattungen'. Ein transzendenter Gegenstand, sei es ein Haus oder eine Melodie, gibt sich daher im Verlauf der Wahrnehmung zwar immer nur partiell, aber in jedem Moment der Wahrnehmung leibhaftig, als er selbst. Diese Leibhaftigkeit muss notwendigerweise mit einer Beschränkung des jeweils vom ihm Erscheinenden einhergehen, dies macht ja gerade den transzendenten Charakter des wahrgenommen Dinges aus.

Dies ist kein Mangel der menschlichen Wahrnehmung, sondern ein wesentliches Merkmal jeder möglichen Wahrnehmung, wie Husserl bemerkt. Selbst Gott persönlich, wenn es ihn gäbe, würde das jeweilige nie „nach der Allheit seiner sinnlich anschaulichen Merkmale" (Hua XI, S. 3), also allseitig sehen können, zumindest nicht, wenn wir dies noch als ‚sehen' oder Wahrnehmung bezeichnen wollen. Wahrnehmung oder wahrnehmungsmäßige Gegebenheit ist ihrem Wesen nach immer perspektivisch und unabgeschlossen. Sie verlangt dabei nach einem subjektiven oder körperlichen Ausgangspunkt sowie der potentiellen Veränderung dieses Blickfeldes (durch die Bewegung der Augen oder körperliche Positionsveränderung).

Wahrnehmungsintentionalität ist daher kein statischer mentaler Zustand, sondern ein Prozess, in dem sich eine ‚Sache' nach und nach präsentiert oder gibt: Ein Prozess „beständiger Kenntnisnahme" (Hua XI, S. 12), bei dem das erfahrende Subjekt aktiv mitbeteiligt ist, indem es das Objekt nach und nach kennenlernt, indem es um es herumgeht, Perspektiven wechselt und das einmal Gesehene und Kennengelernte festhält. Visuelle Erscheinungen und Bewegungen werden dabei koordiniert und bilden so eine Einheit der Sinne und des sinnlichen Gegenstandes, z. B. des erscheinenden Hauses. Jede aktuelle Erscheinung einer Seite des Hauses steht dabei in einem Horizont weiterer möglicher Wahrnehmungen vonseiten des Gegenstandes, die jetzt noch unbekannt sind, jedoch durch einen Wechsel der Perspektive zur Bekanntheit gebracht werden können. Wahrnehmung ist insofern immer eine *Horizontintentionalität:* Sie antizipiert immer mehr als sie aktuell gibt, hat einen inneren (Vertiefung, andere

**1**

Aspekte der schon gesehenen Hausseite) und einen äußeren Horizont (räumliche Umgebung des Hauses, die noch nicht gesehen oder nur vage als Hintergrund bewusst ist). Darum verweist Wahrnehmung immer auf ein leiblich verfasstes Wahrnehmungssubjekt mit kinästhetischen (gr. *kinere:* ‚bewegen' und *aisthesis:* ‚empfinden') Möglichkeiten, das diese Horizonte jeweils konkret realisieren kann.

**Paradox der Gegebenheit**   Hier zeigt sich ein scheinbares Paradox: Wir sind zwar direkt mit den Dingen verbunden, sie sind leibhaft da und gegeben, wir können sie aber nie ganz erfassen, sie erscheinen immer nur partiell und unabgeschlossen. Husserl betont dabei sowohl die Objektivität und Positivität der Dinge also auch deren subjektive Gegebenheit. Einerseits geben sich die Sachen in der Wahrnehmung als sie selbst, d. h., sie verweisen nicht auf anderes wie ein Symbol, Zeichen oder Abbild. Andererseits braucht es aber vielfältige synthetische Vorgänge im Bewusstsein (zeitliche und inhaltliche Synthesen oder Bewusstseinsleistungen) sowie leibliche Aktivitäten, um diese transzendenten Gegenstände zeitlich und inhaltlich einheitlich erscheinen zu lassen. Wir ‚haben' also den Gegenstand nicht einfach: Sein und Erscheinung des Gegenstandes decken sich nicht unmittelbar. Was wir jeweils unmittelbar ‚haben' ist eine Apperzeption, d. h. ein Bestand von Empfindungsdaten und eine apperzeptive Auffassung dieser Daten. Durch diese darstellende Erscheinung wird der transzendente Gegenstand konstituiert und bewusst als ein sich abschattender, d. h. in verschiedenen Perspektiven und von verschiedenen Seiten sich zeigender, transzendenter Gegenstand (Hua XI, S. 18). Wir haben den äußeren Gegenstand also zwar „immerfort leibhaft (wir sehen, fassen, umgreifen ihn)", jedoch scheint er auch unendlich fern: „Was wir von ihm fassen, prätendiert sein Wesen zu sein: es ist es auch, aber immer nur unvollkommene Approximation, die etwas von ihm faßt und immerfort auch mit in eine Leere faßt, die nach Erfüllung schreit." (Hua XI, S. 21)

**❓ Aufgaben**

1. Was verbinden/verbanden Sie mit dem Aufruf ‚Zu den Sachen selbst', bevor und nachdem Sie dieses Kapitel gelesen hatten? Schreiben Sie ihre Assoziationen, Stichwörter, Fragen und Erwartungen auf; vergleichen Sie beide Versionen, und diskutieren Sie Ihre Eindrücke und Erkenntnisse mit Mitstudierenden.

2. Warum gelangt man nach Husserl nur über die Subjektivität zur Objektivität? Versuchen Sie relevante Argumente hierfür im Text zu finden und diskutieren Sie diese. Was wird in der Phänomenologie unter Subjektivität und Objektivität verstanden?

3. Die Phänomenologie geht von einem Korrelationsapriori von Bewusstsein und Sein (Welt) aus. Was bedeutet dies und wie hängt es mit dem Konzept der Intentionalität zusammen? Zeigen Sie die Gemeinsamkeiten (bzw. die Unterschiede) beider Konzepte auf.

4. Glossar: Notieren und definieren Sie alle neuen Begrifflichkeiten. Achten Sie dabei auf die jeweilige Wortherkunft und -bedeutung. Nutzen Sie hierfür auch andere bibliographische Mittel sowie eine Internetrecherche. Beginnen Sie mit dem Erstellen eines Glossars und fügen Sie ihre Definitionen (Lemma) hinzu. (Tipp: Dieses Glossar kann gemeinsam mit anderen Kommiliton:innen erstellt werden.)

## 1.3  Methoden der Phänomenologie im Überblick

» Alle wissenschaftlichen Studien waren bisher objektiv gerichtet, hatten überall
Objektivität in naivem Erfahren und Erkennen im voraus gehabt, vorausgesetzt.
Aber nie war prinzipiell dieses zum Thema […] gemacht worden, wie die erkennende
Subjektivität in ihrem reinen Bewußtseinsleben diese Sinnesleistung, Urteils- und
Einsichtsleistung „Objektivität" zustandebringt […]. Denn sie hat nur, was sie in sich
leistet; schon das schlichteste Ein-Ding-sich-gegenüber-haben des Wahrnehmens
ist Bewußtsein und vollzieht in überreichen Strukturen der Sinngebung und
Wirklichkeitssetzung: nur, daß Reflexion und reflektives Studium dazu gehört, davon
etwas, und gar etwas wissenschaftlich Brauchbares, zu wissen. (Husserl, Hua VII,
S. 67–68)

Der Ausgangspunkt und das Ziel der Phänomenologie ist somit, aufzuklären,
warum es möglich ist, den objektiven, allgemeinen Gehalt einer Sache – also
die ‚Sache selbst' in ihrem Wesen, Sinn oder ihrer Bedeutung, die sie jeweils für
uns, aber auch für alle anderen hat – trotz oder gerade aufgrund ihrer subjektiv-
relativen Gegebenheit festzustellen.

Die phänomenologische Beschreibung  Von neuem philosophisch beginnend,
dürfen wir dabei nichts voraussetzen und lediglich von demjenigen ausgehen, was
sich uns in der Erfahrung unmittelbar selbst und „originär (sozusagen in seiner
leibhaften Wirklichkeit) darbietet". Dabei müssen wir es zunächst einfach hinnehmen als „was es sich gibt, aber auch nur in den Schranken, in denen es sich
da gibt" (Hua III/1, S. 51). Das heißt, wir dürfen die objektive Welt nicht einfach
voraussetzen, um diese dann zu messen und zu formalisieren, wie dies die Naturwissenschaften tun: „Es gilt zu beschreiben, nicht zu analysieren und zu erklären"
(Merleau-Ponty 1966, S. 4).

Die phänomenologische Beschreibung soll uns beibringen, wieder richtig
sehen zu lernen, uns den Dingen und der Welt zu öffnen, bevor wir ihnen
unsere Interessen und etablierten Konzepte einfach überstülpen. Der oder
die Phänomenologisierende versucht die Welt neu zu sehen und dabei die Gewohnheiten, Vorurteile und Einstellungen, die unsere Erfahrung immer
schon konstitutiv mitbestimmen, aufzuklären. Dies ist es, was die Losung der
Phänomenologie ‚Zu den Sachen selbst' im Kern ausmacht. Aufklären bedeutet
dabei nicht, dass Konzepte, Strukturen oder Ordnungen, die unsere Erfahrung
und Denken immer schon mitbestimmen, einfach ignoriert oder negiert werden
können. Stattdessen sollen diese Vorannahmen allererst sichtbar und thematisier-
bar werden, um so eine neue Aufmerksamkeit zu erzeugen, für das, was sich uns
zeigt und wie es sich uns zeigt.

In einem ersten Schritt müssen wir dabei zunächst unsere Vorannahmen und
unser konzeptuelles Wissen in Bezug auf die betrachteten Dinge *einklammern* (ein
und nicht ausklammern, da sie durch die Einklammerung noch als Annahmen
sichtbar sind, aber ihre Geltung damit zugleich außer Kraft gesetzt wird), um
damit unsere Aufmerksamkeit zu schärfen und uns den Dingen so zuwenden zu
können, wie diese uns tatsächlich erscheinen (Methode: Deskription und Epoché,
► Abschn. 2.1).

**1**

Erst danach lässt sich die Allgemeinheit und das Notwendige (Eidos/Wesen) innerhalb dieser Erscheinung mit Hilfe einer imaginierten ‚eidetischen Variation‘ der konkret wahrgenommenen oder vorgestellten Dinge ermitteln (Methode: Wesensbestimmung als Eidetische Variation, ▶ Abschn. 2.2). Wenn es gelingt, dieses Wesen zu bestimmen, muss dieses aufgrund seiner Allgemeinheit potentiell von jedem Subjekt auf die gleiche Weise festgestellt werden können: Habe ich etwa nun die Einsicht, dass $2+2=4$ ist oder dass eine Schere ein Gerät ist, mit dem man schneiden kann, ist diese Einsicht dabei nicht abhängig von meinem konkreten psychologischen Erlebnis, sondern kann zu allen Zeiten auch von anderen Subjekten erkannt werden. Phänomenologie als eidetische Wesensbestimmung ist daher *objektiv, d. h. in Bezug auf seine allgemeine Gültigkeit.* In diesem Sinne können alle denkbaren ‚Sachgebiete‘, wie physische Natur, logische Wahrheiten oder Kultur einer Wesensbestimmung unterzogen werden, weshalb Husserl hier auch von *eidetischer Ontologie* (Lehre vom Sein) spricht. Eine solche Ontologie muss dabei immer bei der konkreten Erfahrung von Sachen und ihrer Beschreibung beginnen, um von da durch imaginiertes ‚Umfingieren‘ (wie Husserl es nennt) und Variieren zum Wesen der entsprechenden Sache zu gelangen. Also zu denjenigen Kerneigenschaften, die sich nicht länger variieren lassen, sondern bei allen möglichen und wirklichen (ontischen) Dingen dieser Art (z. B. ein Tisch) gegeben sein müssen, sollen sie als Dinge dieser Art (Tisch) gelten.

**Epoché und Reduktion**    Will man jedoch philosophisch nach den transzendentalen Ermöglichungsbedingungen dieser Erscheinung im Bewusstsein selbst zurückfragen, muss man eine transzendental-phänomenologische Epoché oder Reduktion (▶ Abschn. 2.3) durchführen.

Hierbei werden in einem ersten Schritt nicht nur bestimmte Vorannahmen über die Welt oder die Dinge eingeklammert, sondern der diese Vorannahmen umfassende unmittelbare Glaube an die Existenz und Vorgegebenheit der Welt selbst. Eine solche allumfassende Epoché setzt damit unsere *natürliche Einstellung* oder *Generalthesis* außer Kraft. Hiermit wird alles, was wir erfahren, zunächst mit dem Index ‚reines Phänomen‘ versehen. Dies heißt jedoch nicht, dass die Existenz der Welt nun bezweifelt oder gar eliminiert wird. Der Welt wird lediglich ihre Selbstverständlichkeit genommen, wir können sie nicht mehr einfach so als gegeben und objektiv existierend voraussetzen. Stattdessen setzen wir unseren Weltglauben vorübergehend außer Kraft, um diesen zu thematisieren und dann Stück für Stück ausweisen, aufklären und rechtfertigen zu können. Dies erlaubt uns, herauszufinden, warum wir uns dieser Welt so sicher sind und wie wir zu Objektivität als allgemein geteiltem Sinn und als erfahrene Transzendenz gelangen.

---

**Definition**

Epoché ist ein altgriechischer Ausdruck aus der phyrronischen Skepsis und bedeutet Urteilsenthaltung. Bei Husserl bezeichnet er den methodischen Schritt der Einklammerung, der eine reflexive Distanznahme gegenüber dem Gegenstand der Untersuchung ermöglicht. Dabei bleibt der Inhalt des Urteils derselbe, lediglich die Geltung des Urteils wird vorerst dahingestellt, solange bis das Urteil bzw. seine Geltung überprüft ist. Indem das Urteil mit dem Index der Klammer ausgestattet wird, kann es als (Vor-)Urteil erst sichtbar und damit zum Thema der Forschung werden. Was sich ändert, ist also nicht dasjenige, das eingeklammert wird, sondern unsere Einstellung hierzu. Durch die *deskriptive Epoché* werden spezifische Vorannahmen oder Überzeugungen gegenüber dem Untersuchungsgegenstand eingeklammert. Die allumfassende *transzendentale Epoché* klammert das basalste Vorurteil überhaupt ein, den Glauben an die Existenz der Welt, der jede Erfahrung implizit begleitet.

---

Die transzendental-phänomenologische Epoché, auch transzendentale Reduktion genannt, als eine Methode der Neutralisierung unseres ‚Seinsglaubens' beeinträchtigt dabei in keiner Weise den Inhalt unserer Erfahrung von der Welt, sondern modifiziert lediglich unsere Einstellung zu dieser. Die Aufklärung dieses Weltglaubens und der Objektivität widmet sich dabei den *Bedingungen der Möglichkeit* von der Erfahrung einer solchen Welt (mitsamt allen Dingen, anderen Subjekten und uns selbst), und diese Bedingungen sucht Husserl – wie auch Immanuel Kant – im erfahrenden Subjekt. Die Neutralisierung öffnet damit die Tür zu einer transzendentalen Aufklärung oder Rückfrage, die Husserl als Prozess der *Reduktion* oder des Reduzierens beschreibt. Reduktion nicht etwa im Sinne einer Verminderung oder gar eines Wegstreichens des Erlebten, sondern eher als eine Reduktion auf das transzendental Notwendige und Wesentliche. Vergleichbar mit dem langwierigen Prozess des Einreduzierens beim Kochen einer Soße, die dadurch ihren intensiven Geschmack erhält.

So lässt sich etwa die menschliche Psyche auf die transzendental notwendigen und allgemeinen Strukturen und Leistungen jeder denkbaren Subjektivität reduzieren; oder die alltägliche, praktische Lebenswelt darauf befragen, warum wir diese als normal, selbstverständlich und bedeutungsvoll erfahren können und wie ihre Praktiken und kulturellen Bedeutungen zustande kommen konnten. Dies deutet wiederum auf allgemeine sowie spezifisch historisch subjektive und vor allem intersubjektive Leistungen und Intentionalitäten hin.

Die Suche nach ‚den Sachen selbst' geht hierbei einen Umweg bzw. ganz zurück bis auf die Bedingungen ihrer Erfahrbarkeit, darauf, wie uns sinnvolle und kohärente Sachen und letztlich die Welt als Ganze überhaupt gegeben sein können. Es geht um die Frage danach, wie diese Dinge und die Welt von uns einen Sinn erhalten, wie wir intersubjektiv kontinuierlich und miteinander Sinn oder Bedeutung innerhalb der Erfahrung konstituieren. Dabei erschaffen wir die Welt nicht, Phänomenologie ist kein absoluter Idealismus: Sie will lediglich den Sinn verstehen, den diese Welt vor jeder Auslegung oder Analyse für uns je schon hat. In diesem Sinne ist sie eine statische oder genetische *Konstitutionsanalyse*.

**1**

**Statische Analyse** Bei einer statischen Analyse gehen wir jeweils schon von einem erfahrenen oder gegebenen Gegenstand aus, etwa der Wahrnehmung eines Hauses, und beschreiben und identifizieren dann diejenigen Komponenten, die für diese Hauswahrnehmung oder jede Dingwahrnehmung konstitutiv sind. Dabei unterscheidet Husserl zwischen zwei Aufmerksamkeitsrichtungen der Beschreibung:

- die **noetische Richtung** konzentriert sich jeweils auf die subjektive Seite des Wahrnehmens, d. h. die Bewusstseinsweisen (wahrnehmen, vorstellen, für-gewiss-halten, bewerten etc.) sowie die zugrunde liegenden sinnlichen Erlebnisse (Empfindungen),
- die **noematische Richtung** richtet sich auf den gegebenen Gegenstand im *Wie* seiner Gegebenheit.

Beim *Gegenstand als Noema* der Beschreibung oder bei der statischen Intentionalanalyse unterscheidet Husserl dabei verschiedene Schichten:

- den **noematischen Kern** (formal-ontologische Bestimmungen: das Haus ist ein Ding, kein Sachverhalt oder keine Ursache; Bestimmungen seiner Eigenschaften: es ist aus Holz, hat mehrere Türen etc.),
- die **noematischen Charaktere** (wie der Gegenstand gegeben ist: als erinnertes, gewolltes, vorgestelltes oder wahrgenommenes Haus) und
- die **gegenständliche Einheit** (die Gesamtbedeutung ,Haus').

Die gegenständliche Einheit, die alle Teilbestimmungen in sich vereint, steht dabei sowohl am Anfang jeder Intention (wir ,meinen', ,intendieren' ein Haus zu sehen, ohne dass wir bereits nähere Details kennen), bleibt aber in seiner Bestimmung als das intendierte Ganze oder vollbestimmte Haus lediglich ein ideales Ziel möglicher Bewährung im weiteren Erfahrungsverlauf (Husserl Ms. BIII 12IV/84a).

Die statische phänomenologische Methode beschäftigt sich also mit dem Wie des Gegebenseins von Gegenständen. Weiterhin versucht sie allgemeine Strukturen zu bestimmen, entweder in Bezug auf die Erscheinungsweisen (Noesis) oder der Gegenstände (Noema). Ersteres ist eine konstitutive Bestimmung, also fragt danach, was für die Erscheinung bzw. den Sinn eines bestimmten Gegenstandes konstitutiv ist. Letzteres bezieht sich auf die ontologische Bestimmung des Gegenstandes, also was diesen Gegenstand seinem Wesen nach ausmacht (▶ Abschn. 2.2).

**Genetische Analyse** Hier wird bereits die Notwendigkeit einer genetischen Konstitutionsanalyse deutlich, da der gegebene Gegenstand scheinbar nie auf einen Schlag in seiner Gänze und Identität gegeben ist. Die genetische Konstitutionsanalyse fragt also nach den notwendigen zeitlichen Synthesen, passiven und aktiven Bewusstseinsleistungen, die für die Erfahrung eines gegebenen Objektes bzw. einer gegenständlichen und sinnvollen Erfahrung von Welt überhaupt notwendig sind. Hierbei lassen sich drei verschiedene Stufen der Genesis unterscheiden:

1. Die sogenannte **aktive Genesis** der Denk- und Urteilsakte. Hier werden etwa verschiedene Gegenstände zusammengedacht oder urteilsmäßig miteinander verknüpft, sodass ein ‚neuer' Gegenstand bzw. Überzeugungen oder Erkenntnisse entstehen.
2. Die **rezeptiv-leibliche Genesis** der Wahrnehmung, die sowohl passive als auch aktive Erfahrungsdimensionen verbindet. So ist Wahrnehmung zwar kein Denkakt und enthält keine explizite Stellungnahme, trotzdem ist die Wahrnehmung nicht gänzlich passiv, sondern ‚aktiv' durch Interessen, Wille, Gefühle, Präferenzen, Aufmerksamkeit strukturiert und enthält damit schon implizit bewertende Elemente, wie bereits der frühe Husserl betont (Hua XXXVIII; Hua XLIII/2) und im späten Husserl explizit wird (Husserl 1939).
3. Die **passive Genesis** oder primordiale (erste) Konstitution. Hierbei handelt es sich um gänzlich passive Abläufe im Bewusstsein, die Eindrücke zeitlich und inhaltlich in den Erfahrungsstrom integrieren (Hua X; XI), ohne Beteiligung eines ‚Ich', d. h. ohne dass das Subjekt sich dessen ‚bewusst' ist.

Wie hier bereits deutlich wird, geht die genetische Analyse über eine statische *Beschreibung* der Phänomene hinaus, indem sie deren Entstehung oder Werden *aufklären* will. Sie beschreibt Konstitutionsprozesse, die der Gegenstandswahrnehmung und der Intentionalität allgemein zugrunde liegen. Die genetische Analyse ist daher bei Husserl Teil der transzendental-phänomenologischen Untersuchung, die nach den notwendigen Strukturen der Erfahrung zurückfragt. Jedoch tut sie dies nicht nur formal, indem sie allgemeine ‚notwendige Bedingungen' identifiziert, sondern konkret, indem sie Elemente, die als (implizite oder operative) Momente der Gesamterfahrung innewohnen, versucht (explizit) aufzuweisen. Dabei geht es nicht mehr nur darum, wie eine kohärente Objekt- und Weltwahrnehmung möglich ist, sondern auch um die zeitliche Genese und Entwicklung der Subjektivität selbst. Für Husserl ist das transzendentale Ego keine statische oder formale Anschauungskategorie wie etwa bei Kant, sondern muss selbst eine Genesis aufweisen; d. h. die Subjektivität bleibt durch ihre Konstitutionsleistungen nicht unverändert. Hinter den ‚Bedingungen der Möglichkeit von Erfahrung' (vgl. Kant 1970 [1781]) steckt bei Husserl ein leibliches und zeitliches Subjekt.

In Husserls genetischer Phänomenologie werden daher Themen wie Affektion, Motivation, Gewohnheit, Charakter, aber auch Grenzprobleme der Phänomenologie wie Tod, Schlaf, Unbewusstes etc. zum Thema. Zugleich wird die Intersubjektivität zum Zentrum einer transzendentalen Phänomenologie, da die Kohärenz unserer Weltwahrnehmung (Objektivität, Realität) sowie der Sinn der Gegenstände nicht von einem einzelnen Subjekt konstituiert werden kann. Was und wie uns die Welt gegeben ist, hängt dabei auch maßgeblich von unseren Vorfahren, Mitmenschen und möglichen Nachfahren ab. Eine genetische Phänomenologie muss demnach eingebettet sein in eine *generative Phänomenologie* (vgl. Steinbock 1995).

Die genetische Analyse muss dabei nicht notwendig transzendental sein, sondern kann konkret individualhistorisch oder psychologisch praktiziert

**1**

werden: Hier wird nicht unbedingt danach gefragt, was für jede Erfahrung überhaupt notwendig ist, sondern nach den Entstehungsbedingungen (individuell, historisch, biologisch, kulturell) eines bestimmten, d. h. leiblichen und in der Welt situierten Subjekts und seinen spezifischen Erfahrungen (vgl. Merleau-Ponty 1966).

---

### Zur Vertiefung
#### Genetische Stufen der Intentionalität

In seiner Spätphase, der genetischen transzendentalen Phänomenologie, unterscheidet Husserl zwischen verschiedenen graduellen Stufen der Intentionalität. Intentionalität ist nun nicht mehr beschränkt auf die höherstufigen oder aktiven Bewusstseinsakte wie Denken, Vorstellen, Urteilen oder Wahrnehmen. Um Bewusstsein von Etwas im vollen Sinn, also von einem konstanten, identischen Gegenstand zu ermöglichen, müssen verschiedene passive Konstitutionsstufen oder *passive Intentionalität* vorangehen.

Diese vorbewusste Schicht des Bewusstseins zeichnet sich allererst durch die formale Gesetzmäßigkeit des Zeitbewusstseins aus, die alle Sinneserlebnisse zu ‚einem Bewusstsein‘ zusammenschließt. In der passiven Synthese der inneren Zeitlichkeit werden kontinuierlich und geregelt einkommende Sinnesdaten (Impressionen), mit vorausweisenden Tendenzen und Intentionen (Protentionen) und bereits zurückliegenden Impressionen (Retentionen) synthetisiert. Dies bezeichnet Husserl als *Längsintentionalität* im Gegensatz zur *Querintentionalität,* die die inhaltliche Gerichtetheit des Bewusstseins auf denselben Gegenstand bezeichnet: Jede Impression, wie etwa der Ton einer Melodie, geht dabei über in eine Retention, d. h. verbleibt im Bewusstsein, jedoch in stets herabsinkender und damit sich modifizierender Form (Hua X, S. 31). Hier wird eine „intentionale Beziehung von Bewusstseinsphase auf Bewusstseinsphase", ein passiver zeitlicher Zusammenhang der Erfahrung im und vom Bewusstsein hergestellt.

Neben der formalen zeitlichen Synthese, beginnt die inhaltliche Gerichtetheit auf einen Gegenstand ebenfalls in der Passivität: In passiven Synthesen der Assoziation nach Ähnlichkeit und Kontrast entstehen erste sinnlich-inhaltliche Verbindungen, Antizipationen und entsprechende Erfüllungen/Negationen (Hua XI S. 272, S. 398–416). Auf der Ebene der Passivität findet sich dabei kein unstrukturiertes Datenchaos, sondern liegt eine passive Gerichtetheit auf die Welt vor, die sich durch passives Synthetisieren auf der einen und vorobjektiven Einheiten auf der anderen Seite auszeichnet (Hua XI, S. 76; vgl. Merz et al. 2010).

Neben der passiven Intentionalität spricht Husserl weiter von einer *fungierenden Intentionalität,* in der sich der Leib auf die Welt hin ausrichtet, ohne dass ein Ego oder Ich dabei beteiligt sein muss (Husserl 1939). Dies betrifft alle leiblichen Handlungen, die nicht als solche direkt thematisch sind, z. B. gewohnheitsmäßige Handlungen. Dieses Konzept wird später von Maurice Merleau-Ponty über-nommen und als „Bewegungs-intentionalität" bezeichnet (Merleau-Ponty 1966, S. 135). Die zeitliche Ver-bindung früherer, gegenwärtiger und zukünftiger Erfahrungen wird hier nicht mehr durch das Bewusstsein, sondern durch den handelnden Leib in einem „intentionalen Bogen" hergestellt (Merleau-Ponty 1966, S. 159). Weiterhin findet sich bei Husserl noch die sogenannte *Triebintentionalität* (Nam-In Lee/Yamaguchi 1982; Mensch 1998). Die Triebintentionalität ist eine allgemeine Offenheit oder Tendenz zur Welt hin, eine noch unbestimmte aber unmittelbare Gerichtetheit, die jedes Bewusstsein oder Lebewesen kenn-zeichnet (vgl. Wehrle 2015). Husserl be-nutzt das Beispiel des Säuglings, das über eine instinktive Richtung oder ur-sprüngliche Kinästhese des Trinkens verfügt, die durch entsprechende Um-stände geweckt wird, aber noch kein ‚bewusstes' Ziel hat (Ms. C 16 IV, Bl. 36b; vgl. Brudzinska 2013).

**Selbstaufklärung** Wir selbst sind dabei am schwierigsten zu beschreiben, da wir sowohl konstituierendes, sinnstiftendes Subjekt sind, d. h. Subjekt der Er-fahrung und Reflektion, das wir bei allen Tätigkeiten jeweils schon voraus-setzen müssen; als auch konstituiertes Objekt, also das Objekt unserer eigenen Erfahrung und Reflektion, das immer schon mit einem bestimmen Sinn ge-geben (d. h. konstituiert) ist. Das Subjekt ist somit notwendiger Ausganspunkt jeder Phänomenologie, da jede Erfahrungsanalyse zunächst beim jeweiligen Subjekt dieser Erfahrung beginnen muss, also aus der *Erste-Person-Perspek-tive*. Nur so kann eine gewisse Sicherheit oder Evidenz gewährleistet werden, da jeder/m jeweils nur seine eigene Erfahrung original zugänglich ist, während die Erfahrung und das innere Erleben anderer Subjekte für mich nur indirekt, über ihren leiblichen Ausdruck, zugänglich ist. Daher muss jede methodisch strenge Phänomenologie mit einer ‚Selbstaufklärung' beginnen. Sie darf hier-bei aber nicht stehen bleiben, denn in einer solchen Selbstaufklärung zeigt sich phänomenologisch die Transzendenz anderer Subjekte und Dinge. Gerade dadurch, dass wir diese eben nicht auf einen Schlag, allumfassend oder original wahrnehmen und bestimmen können, sondern diese immer in einen offenen Horizont weiterer Wahrnehmungen eingebettet sind, entziehen sie sich beständig unserem Zugriff.

**Intersubjektivität** Insbesondere für die Gewissheit, dass dasjenige, was ich er-fahre, keine Illusion ist, dass es also eine Welt gibt, sind die Abgleiche mit den Erfahrungen anderer unerlässlich. Keinen einzigen Sinn, wie z. B. Subjektivi-tät, Objektivität, Welt oder gar Ich, kann ein einzelnes konkretes Subjekt alleine konstituieren. All dies ergibt nur dann einen Sinn, wenn es auch andere er-fahrende und sinnstiftende Subjekte gibt, die dieselbe Welt erfahren, wenn auch nicht immer auf die gleiche Weise. Im Subjektiven erkennen Phänomenolog:innen dabei nicht nur die Objektivität und Transzendenz der Welt, sondern auch, dass die Intersubjektivität dem einzelnen Subjekt immer schon vorausgehen muss: Alle

**1**

Inhalte, die wir in unserem Bewusstsein vorfinden, verweisen bereits auf andere Subjekte, Welt, Natur oder Kultur. Zwar ist jede Erfahrung, jedes Erkennen notwendig subjektiv, dasjenige, was wir erkennen jedoch nicht: Der Inhalt der Erfahrung weist in seinem Sinn immer schon über das einzelne Subjekt hinaus auf eine Intersubjektivität. Jedes Subjekt ist, was es ist, nur als „Kind seiner Zeit" und „Erbe" einer Kultur (Husserl, Hua XV, S. 223), und damit genuin historisch.

Um also ‚zu den Sachen selbst' gelangen zu können, muss phänomenologische Beschreibung, Wesensbestimmung und transzendentale Aufklärung im stetigen korrigierenden Austausch mit anderen stattfinden.

---

**Zur Vertiefung**

**Intersubjektivität und kollektive Intentionalität**

Intentionalität ist immer schon intersubjektiv und sozial geprägt. Dies herauszustellen war und ist eines der zentralen Themen der Phänomenologie. So ist etwa das Bewusstsein, das wir von uns selbst *als etwas* (Objekt, Selbst) haben, bestimmt durch den Blick, d. h. die Intentionalität der Anderen (Sartre 1943) sowie dem sozialen, kulturellen und historischen Kontext (Beauvoir 1949; Fanon 1952). Wir können sogar von uns als Mensch, Person oder Subjekt überhaupt erst sprechen, wenn es auch andere Subjekte mit entsprechendem Bewusstsein und Intentionalität gibt (Husserl, Hua I), für die wir wiederum Objekte ihrer Erfahrung sind. Weiterhin ist Intentionalität nicht nur eingebettet in soziale, kulturelle und historische Kontexte, sondern vollzieht sich auch aktiv mit anderen, auf implizite oder explizite Weise. So lässt sich von einer gemeinsamen leiblich fungierenden Intentionalität und Zwischenleiblichkeit (vgl. Merleau-Ponty 2007 [1960], S. 242, 252; Waldenfels 2000, S. 287 ff.; Fuchs 2003; Eberlein 2016; Fuchs/De Jaegher 2009) sprechen sowie von einer ‚Wir-Intentionalität' oder ‚kollektiven Intentionalität' oder einem ‚Miteinanderfühlen' (Husserl, Hua XIII-XV; Walther 1923; Stein 2008 [1916]; Scheler 1923; Bermes/Henckmann/Leonardy 2003). Themen, die die gegenwärtige Phänomenologie wieder ins Zentrum rückt, weiterentwickelt und auf aktuelle akademische Debatten, z. B. über soziale Kognition oder Sozialontologie, oder politische und soziale Phänomene, z. B. Massenhysterie oder Populismus, bezieht (Moran/Szanto 2016; Zahavi 1996, 2018; Magri/Moran 2018; Zahavi/Salice 2017; Tranas/Caminada 2020; Thonhauser 2020; Szanto 2020).

---

Die Devise ‚Zu den Sachen selbst' erweist sich somit als unabschließbare Aufgabe der Phänomenologie, als ihre regulative Idee. Husserl beschreibt sein wissenschaftliches Programm als Arbeitsphilosophie, die von Generation zu Generation fortzuführen ist, da ein Einzelner hier keine endgültigen Ergebnisse erlangen kann. Wir beginnen dabei bei einer vorurteilslosen Beschreibung und

Annäherung an die ‚Sachen', um von diesen als Leitfäden zurückzufragen, wie es überhaupt möglich ist, dass wir Sachen und eine einheitlich und kohärent erscheinende Welt gegeben haben. So kommen wir von den erfahrenen Sachen zu den korrelativ notwendigen allgemeinen Strukturen und Leistungen im subjektiven Bewusstsein bzw. in der intersubjektiven Konstitution. Erst durch diesen Umweg über das erfahrende und konstituierende Subjekt, und wichtiger, durch die Evidenz anderer ebenfalls erfahrender und Sinn konstituierender Subjekte, gelangen wir philosophisch wieder zu den ‚Sachen selbst' und sind in der Lage, die vorher nur angenommene Objektivität nun auch aus eigener Evidenz zu begründen und zu bestätigen.

Bescheidenheit    Alle Untersuchungen der Sachen und der Welt sind dabei immer auch eine Form der Selbsterkenntnis (vgl. Hua I, S. 182 ff.), da uns die Dinge sowie andere Subjekte immer nur perspektivisch und in subjektiver Erfahrung gegeben sind. Dies soll nicht heißen, dass die Sachen und die Welt damit auf unsere Erfahrung davon reduziert werden sollen oder aber lediglich als Schöpfung der Subjektivität gelten und wir den Status einer von uns unabhängigen Welt negieren. Mit dem Insistieren darauf, dass Bewusstsein und Sein, Subjekt und Objekt, Bewusstseinsweise und Bewusstseinsinhalte für uns erkennende Menschen immer nur zusammen zu haben sind, will Husserl nicht den Status des Subjekts überhöhen oder uns zum Größenwahn verleiten.

Im Gegenteil, ein solches *Korrelationsapriori* (d. h. eine Verbindung, die vor jeder konkreten Erfahrung diese Erfahrung ihrem Wesen nach bestimmt) weist uns in die Schranken und fordert auf zur Bescheidenheit. Bevor wir etwas, was vermeintlich nur subjektiv oder relativ ist, als universell oder objektiv verkünden, müssen wir es genauestens prüfen: Welche Evidenzen haben wir hierfür, stimmen weitere Erfahrungen und Erfahrungen von anderen Subjekten hiermit überein? Wie können wir unsere subjektiven Annahmen, Vorurteile, Gewohnheiten und Interessen, die diese Wahrnehmung mitbestimmen, ins Licht rücken, thematisieren oder einklammern? Nur über den Umweg über eine solche strenge Selbsterkenntnis kommen wir laut Husserl mit kleinen und bescheidenen Schritten, zusammen mit anderen Phänomenologietreibenden in kleinteiliger Beschreibung dessen, was uns in der Erfahrung gegeben ist, zu den ‚Sachen selbst'.

**❓ Aufgaben**

1. ‚Eine-Minute-Essay': Was bleibt Ihnen nach dem Lesen von ▶ Abschn. 1.3 im Gedächtnis? Notieren Sie Fragen, Stichworte, Kernaussagen und erwähnte methodische Schritte in einer bis drei Minute(n). Lesen Sie sich Ihre Ein-Minuten-Essays gegenseitig vor (zwei Studierende, Sitznachbar:innen) und diskutieren Sie darüber (vor oder im Seminar).

2. Welche methodischen Schritte werden unterschieden und warum? Versuchen Sie, alle methodischen Schritte zu identifizieren; versehen Sie jeden Schritt mit Stichworten und Kernaussagen. Versuchen Sie, Gründe anzugeben, warum dieser Schritt nützlich, hilfreich oder notwendig ist, um ‚zu den Sachen selbst' zu gelangen.

**1**

3. Glossar: Notieren und definieren Sie alle neuen Begrifflichkeiten. Achten Sie dabei auf die jeweilige Wortherkunft und -bedeutung. Nutzen Sie hierfür auch andere bibliographische Mittel sowie eine Internetrecherche. Beginnen Sie mit dem Erstellen eines Glossars und fügen Sie ihre Definitionen (Lemma) hinzu. (Tipp: Dieses Glossar kann gemeinsam mit anderen Kommiliton:innen erstellt werden.)

4. Geben Sie ein Beispiel für eine statische und eine genetische phänomeno-logische Analyse. Machen Sie dabei deutlich, wie diese sich in Bezug auf Gegenstand, Ziel und Vorgang der Analyse unterscheiden. Definieren Sie dabei Begriffe wie noetisch, noematisch, statisch, genetisch oder transzendental.

## Literatur

Im Text werden die verwendeten Bände der Gesammelten Werke von Husserl (Husserliana) nur mit der Sigle Hua und der Bandnummer angegeben. Die einzelnen Bände werden immer in der Literatur aufgelistet.

Bermes, Christian, Henckmann, Wolfhart, und Heinz Leonardy, Hg. 2003. *Vernunft und Gefühl. Schelers Phänomenologie des emotionalen Lebens.* Würzburg: Königshausen & Neumann Verlag.

Brudzinska, Jagna. 2013. Von Husserl zu Merleau-Ponty. Gedanken über die Erfahrungsphänomenologie, In *Corporeity and Affectivity. Dedicated to M. Merleau-Ponty*, Hg. Karl Novotný, Pierre Rodrigo, Jenny Slatman, Silvia Stoller. Leiden: Brill, 19–35.

Beauvoir, Simone de. 1949. *Le deuxième sexe.* Paris: Gallimard. Dt.: Beauvoir, Simone de. *Das andere Geschlecht. Sitte und Sexus der Frau.* Übers. U. Aumüller, G. Osterwald. Reinbek: Rowohlt Taschenbuch 1992.

Eberlein, Udine. 2016. Zwischenleiblichkeit. Formen und Dynamiken leiblicher Kommunikation und leibbasiertes Verstehen. In *Zwischenleiblichkeit und bewegtes Verstehen – Intercorporeity, Movement and Tacit Knowledge*, Hg. Udine Eberlein. Berlin: transcript Verlag, 215–249.

Fanon, Frantz. 1952. *Peau noire, masques blancs.* Paris: Seuil. Dt. Ausgabe. Fanon, Frantz. *Schwarze Haut, weiße Masken.* Übers. E. Moldenhauer. Frankfurt a.M.: Suhrkamp 1985 (= Frankfurt a.M. Syndikat 1980).

Fuchs, Thomas. 2003. Non-verbale Kommunikation. Phänomenologische, entwicklungspsychologische und therapeutische Aspekte. *Zeitschrift für klinische Psychologie, Psychiatrie und Psychotherapie* 51: 333–345.

Fuchs, Thomas, De Jaegher, Hanne. 2009. Enactive Intersubjectivity. Participatory Sense-Making and Mutual Incorporation. *Phenomenology and the Cognitive Sciences* 8: 465–486.

Husserl, Edmund. 1922. *Manuskripte* (Husserl Archiv Leuven): *BIII 12IV/84a.*

Husserl, Edmund. 1932. *Manuskripte* (Husserl Archiv Leuven): *C 16 IV/36b.*

Husserl, Edmund. 1939. *Erfahrung und Urteil. Untersuchungen zur Genealogie der Logik.* Prag: Academia Verlagsbuchhandlung.

Husserl, Edmund. 1950. *Cartesianische Meditationen und Pariser Vorträge.* In Edmund Husserl. Gesammelte Werke: Husserliana, Band I, Hg. S. Strasser. Den Haag: Kluwer.

Husserl, Edmund. 1966. *Zur Phänomenologie des inneren Zeitbewusstseins* (1893–1917). In Edmund Husserl. Gesammelte Werke: Husserliana Band X, Hg. R. Boehm. Den Haag: Martinus Nijhoff.

Husserl, Edmund. 1966. *Analysen zur passiven Synthesis. Aus Vorlesungs- und Forschungsmanuskripten 1918–1926.* In Edmund Husserl. Gesammelte Werke: Husserliana Band XI, Hg. M. Fleischer. Den Haag: Martinus Nijhoff.

Husserl, Edmund. 1973. *Zur Phänomenologie der Intersubjektivität. Texte aus dem Nachlass. Erster Teil: 1905–1920.* In Edmund Husserl. Gesammelte Werke: Husserliana Band XIII, Hg. I. Kern. Den Haag: Martinus Nijhoff.

Husserl, Edmund. 1973. *Zur Phänomenologie der Intersubjektivität. Texte aus dem Nachlass. Zweiter Teil: 1921–1928*. In Edmund Husserl. Gesammelte Werke: Husserliana Band XIV, Hg. I. Kern. Den Haag: Martinus Nijhoff.

Husserl, Edmund. 1973. *Zur Phänomenologie der Intersubjektivität. Texte aus dem Nachlass. Dritter Teil: 1929–1935*. In Edmund Husserl. Gesammelte Werke: Husserliana Band XV, Hg. I. Kern. Den Haag: Martinus Nijhoff.

Husserl, Edmund. 1900/1975. *Logische Untersuchungen. Erster Band. Prolegomena zur reinen Logik.* In Edmund Husserl. Gesammelte Werke: Husserliana Band XIX/1, Hg. E. Holenstein. Den Haag: Martinus Nijhoff.

Husserl, Edmund. 1913/1976. *Ideen zu einer reinen Phänomenologie und phänomenologischen Philosophie. Erstes Buch.* In Edmund Husserl. Gesammelte Werke: Husserliana, Band III/1, Hg. K. Schuhmann. Den Haag: Martinus Nijhoff.

Husserl, Edmund. 1979. *Aufsätze und Rezensionen (1890–1910)*. In Edmund Husserl. Gesammelte Werke: Husserliana Band XXII, Hg. B. Rang. Den Haag: Martinus Nijhoff.

Husserl, Edmund. 1900/1984. *Logische Untersuchungen. Zweiter Band. Erster Teil. Untersuchungen zur Phänomenologie und Theorie der Erkenntnis.* In Edmund Husserl. Gesammelte Werke: Husserliana Band XIX/1, Hg. E. Holenstein. Den Haag: Martinus Nijhoff.

Husserl, Edmund. 1987. *Aufsätze und Vorträge (1910–1921)*. In Edmund Husserl. Gesammelte Werke: Husserliana Band XXV, Hg. T. Nenon, H.R. Sepp. Den Haag: Martinus Nijhoff.

Husserl, Edmund. 2004. *Wahrnehmung und Aufmerksamkeit*. Texte aus dem Nachlass (1893–1912). In Edmund Husserl. Gesammelte Werke: Husserliana Band XXXVIII, Hg. T. Vongehr, R. Giuliani. Dordrecht: Springer.

Husserl, Edmund. 2020. *Studien zur Struktur des Bewusstseins.* Teilband II. Gefühl und Wert. Texte aus dem Nachlass (1896–1925). In Edmund Husserl. Gesammelte Werke: Husserliana Band XLIII/2, Hg. U. Melle, T. Vongehr. Dordrecht: Springer.

Kant, Immanuel. 1970 [1781]. *Kritik der reinen Vernunft.* Akademie Ausgabe, Band 3, 2. Edition. Berlin: De Gruyter.

Lee, Nam-In. 1993. *Edmund Husserls Phänomenologie der Instinkte.* Phaenomenologica 128. Den Haag: Kluwer.

Magrì, Elisa, Moran, Dermot. 2018. Empathy, Sociality, and Personhood. Essays on Edith Stein's Phenomenological Investigations. *Contributions to Phenomenology* 94. Cham: Springer.

Mensch, James. 1998. Instincts – A Husserlian Acount. *Husserl Studies* 14: 219–237.

Merleau-Ponty, Maurice. 1966. *Phänomenologie der Wahrnehmung.* Übers. R. Boehm. Berlin: De Gruyter. Frz. Original: *Phénoménologie de la perception.* Paris: Gallimard 1945.

Merleau-Ponty, Maurice. 2007. *Zeichen*, Hg. Ch. Bermes. Übers. B. Schmitz, H. W. Arndt, B. Waldenfels. Hamburg: Meiner. Frz. Original: *Signes.* Paris: Gallimard 1960.

Merz, Philippe, Staiti, Andrea, und Frank Steffen. 2010. Intentionalität. In *Husserl-Lexikon*, Hg. Hans-Helmuth Gander. Darmstadt: WBG, 153–157.

Moran, Dermot, Szanto, Thomas. 2016. Introduction. Empathy and Collective Intentionality – The Social Philosophy of Edith Stein. *Human Studies* 38(4): 445–461.

Sartre, Jean-Paul. 1943. *L'être et le néant. Essai d'ontologie phénoménologique.* Paris: Gallimard. Dt. Ausgabe: *Das Sein und das Nichts. Versuch einer phänomenologischen Ontologie.* Übers. J. Streller. Hamburg: Rowohlt 1963.

Scheler, Max. 1923. *Wesen und Formen der Sympathie.* Bonn: Verlag von Friedrich Cohen.

Stein, Edith. 2008. *Zum Problem der Einfühlung* [1916]. Halle (Saale). (Teile II und IV aus o.g. Diss. sind veröffentlich in Edith-Stein-Gesamtausgabe. Band 5. Freiburg: Herder Verlag).

Staiti, Andrea, Hg. 2015. *Commentary on Husserls Ideas I.* Berlin: De Gruyter.

Steinbock, Anthony. 1995. *Home and Beyond. Generative Phenomenology after Husserl.* Evanston, Illinois: Northwestern University Press.

Ströker, Elisabeth. 1984. Intentionalität und Konstitution. *Dialectica* 38(2,3): 191–208.

Szanto, Thomas. 2020. In Hate We Trust. The Collectivization and Habitualization of Hatred. *Phenomenology and the Cognitive Sciences* 19(3): 453–480.

Thonhauser, Gerhard. 2020. Zum Verhältnis von Phänomenologie und Massenpsychologie anhand von Max Schelers Unterscheidung von Gefühlsansteckung und Miteinanderfühlen. *Phänomenologische Forschungen* 2: 195–216.

Tranas, Linas, Caminada, Emmanuele. 2020. Gerda Walther and Hermann Schmalenbach. In *Routledge Handbook for the Phenomenology of Emotion*, Hg. H. Landweer, T. Szanto. London: Routledge.

Waldenfels, Bernhard. 2000. *Das leibliche Selbst. Vorlesungen zur Phänomenologie.* Frankfurt a.M.: Suhrkamp.

Walther, Gerda. 1923. Zur Ontologie der sozialen Gemeinschaften. In *Jahrbuch für Philosophie und Phänomenologische Forschung* 6: 1–158.

Wehrle, Maren. 2010. Art. ‚Konstitution'. In *Husserl-Lexikon*, Hg. H.-H. Gander. Darmstadt: WBG, 172–174.

Wehrle, Maren. 2015. ‚Feelings as a Motor of Perception'? The Essential Role of Interest for Intentionality. *Husserl Studies* 31: 45–65.

Yamaguchi, Ichiguro. 1982. *Passive Synthesis und Intersubjektivität bei Edmund Husserl.* Phaenomenologica 86. Den Haag: Kluwer.

Zahavi, Dan. 1996. *Husserl und die Intersubjektivität. Eine Antwort auf die sprachpragmatische Kritik.* Phaenomenologica 135. Den Haag: Kluwer.

Zahavi, Dan. 2008. Intentionalität und Bewusstsein. In *Edmund Husserl: Logische Untersuchungen*, Hg. Verena Mayer. Berlin: Akademie Verlag.

Zahavi, Dan. 2018. Collective Intentionality and Plural Pre-reflective Self-Awareness. *Journal of Social Philosophy* 49(1): 61–75.

Zahavi, Dan, Salice, Allessandro. 2017. Phenomenology of the We: Stein, Walther, Gurwitsch. In *The Routledge Handbook of Philosophy of the Social Mind*, Hg. J. Kiverstein. London: Routledge, chapt. 30.

# Methoden der Phänomenologie

## Inhaltsverzeichnis

© Springer-Verlag GmbH Deutschland, ein Teil von Springer Nature 2022
M. Wehrle, *Phänomenologie*,
Philosophische Methoden, https://doi.org/10.1007/978-3-476-05778-5_2

Jede Phänomenologie beginnt methodisch sowie inhaltlich bei der Beschreibung der konkreten Erfahrung, sei es Wahrnehmung, Vorstellung oder Erinnerung. Hierbei kann sich das Beschreiben jeweils auf den Inhalt des Erlebens oder den Akt des Erlebens konzentrieren. Beide zusammen machen dasjenige möglich, was wir Erfahrung (von Etwas) nennen. Ausgehend von der Beschreibung des (z. B. in der Wahrnehmung) gegebenen Gegenstandes (z. B. ein Haus oder ein Ton) kann man nun methodisch zwei verschiedene Analyserichtungen unterscheiden.

**Zwei methodische Richtungen** Einmal lässt sich von hier aus nach dem Allgemeinen oder Spezifischen dieses Hauses oder Tones fragen, ein anderes Mal nach den Bedingungen der Möglichkeit dieser Haus- und Tonerfahrung oder eben von Erfahrung überhaupt. Im ersteren Fall handelt es sich um die Methode der Eidetik oder Wesensbestimmung, im zweiten Fall, um eine transzendentale Begründung oder genetische Konstitutionsanalyse. Während die Eidetik objektiv gerichtet ist und die Sachen ihrem allgemeinen und notwendigen Wesen nach bestimmen möchte, geht es der transzendentalen Konstitutionsanalyse darum, zu klären, wie und warum wir überhaupt in der Lage sind, konstante und einheitliche Sachen zu erfahren. Sie geht also einen Schritt zurück und untersucht die Bedingungen der Erfahrung von Sachen (Objektivität) im Subjekt oder Bewusstsein.

Beide Methoden sind dabei selbständig und können unabhängig voneinander angewendet werden. Ich kann etwa das Allgemeine einer Sache, sei es ein Haus oder die menschliche Psyche, bestimmen, ohne dabei philosophisch auf die konstitutiven Leistungen in (jedem) Bewusstsein zurückzufragen, die eine solche Erfahrung von einem Haus oder einer menschlichen Psyche erst möglich machen. Während das erstere den Ausganspunkt einer formalen Begriffsbestimmung oder einer regionalen Ontologie (also der Bestimmung allgemeiner Regionen und Gattungen von Sein) darstellt, ist das letztere eher einer Erkenntnisphilosophie oder Erkenntniskritik (also der Frage danach, was die Bedingungen und Grenzen unseres Erkennens von Welt und Sein sind) zuzuordnen (vgl. Schnell 2019, 44–48).

## 2.1  Vorurteilsloses Beschreiben

» Es gilt zu beschreiben, nicht zu analysieren und zu erklären. (Merleau-Ponty 1966, S. 4)

» Prinzip aller Prinzipien: daß jede originär gebende Anschauung eine Rechtsquelle der Erkenntnis sei, daß alles, was sich uns in der „Intuition" originär, (sozusagen in seiner leibhaften Wirklichkeit) darbietet, einfach hinzunehmen sei, als was es sich gibt, aber auch nur in den Schranken, in denen es sich da gibt, kann uns keine erdenkliche Theorie irre machen. (Husserl, Hua III/1, S. 51)

Was ist phänomenologische Beschreibung und warum ist Beschreibung eine philosophisch relevante Methode? Das folgende Kapitel versucht, diese Frage zunächst im Ausgang von Husserl theoretisch und anhand von Beispielen zu beantworten.

Nach dem „Prinzip aller Prinzipien" soll die Beschreibung zunächst mit dem beginnen, was uns ‚originär', d. h. unmittelbar selbst gegeben ist, statt sich auf bestehende Theorien, Wissen und Meinungen aus zweiter Hand zu berufen. Nur wenn ich selbst aus eigener Erfahrung etwas gegeben habe, kann ich mich von dessen Evidenz (Tatsächlichkeit, Existenz, Vollständigkeit) oder Wahrheit auch überzeugen oder diese gegebenenfalls erneut überprüfen.

**Primat der Erfahrung** Mit originärer Erfahrung ist nicht gemeint, dass wir Einsicht in eine irgendwie reine, vollständige oder originale Natur oder Welt *vor* jeder historischen oder kulturellen Prägung hätten. Originär bezeichnet nicht den Inhalt der Erfahrung, sondern vielmehr den Modus der Erfahrung. So hat jeder in der *Erste-Person-Perspektive* einen direkten (‚leibhaftigen'), jedoch nur perspektivischen, d. h. partiellen Zugang zur Welt und anderen Subjekten. Einen ‚nicht-originären' Zugang habe ich dagegen zu den Erlebnissen und Erfahrungen von anderen Subjekten, und einen nur indirekt originären Zugang habe ich zu allem, was ich in der Vergangenheit erfahren habe. Jedes weitere Denken oder Urteilen setzt daher zunächst voraus, dass uns irgendetwas in der Erfahrung (Wahrnehmung) gegeben ist, über das wir dann nachdenken oder urteilen können. Zugleich bedeutet dies, dass alle anderen Methoden der Philosophie, wie die Erklärung, Analyse oder Formalisierung von etwas, in der Erfahrung fundiert sein müssen: Wie Husserl und Merleau-Ponty in obigen Zitaten betonen, muss all dies von dem Gegebenen, also der Erfahrung, ausgehen, jede Analyse, Erklärung, Formalisierung ist zunächst eine Explikation oder Reduktion des Erfahrenen bzw. der Beschreibung von Erfahrung.

**Lebenswelt** Diese Fundierung aller höherer kognitiver Akte in der Lebenswelt, als umfassender Horizont des alltäglichen praktischen Lebens (vgl. Husserl 1986; Hua VI), wird jedoch von den Wissenschaften und Philosophien oft vergessen oder übergangen. An die gegebene Welt und die alltäglichen Dinge und Handlungen sind wir so gewöhnt, sie sind so normal und selbstverständlich, dass sie nicht mehr eigens zum Thema werden. Deshalb muss man zunächst einmal wieder die Aufmerksamkeit auf unsere Erfahrung der Welt lenken und wieder lernen, diese neu zu sehen und zu beschreiben.

Was ist uns eigentlich jetzt und im weiteren Verlauf der Erfahrung wirklich gegeben und auf welche Weise (klar, differenziert, vage, im Hintergrund)? Was fällt wirklich ins Blickfeld und was antizipieren wir lediglich aufgrund früherer Wahrnehmung? Was wird unmittelbar gesehen und erfahren, und was ist lediglich das Ergebnis einer nachträglichen Abstraktion oder Ausdruck unseres Wissens darüber oder der historischen Gewöhnung? Wenn wir meinen, ein Haus oder einen Würfel zu sehen, welche ‚Intentionen' sind dann erfüllt (die jetzt zu sehende Vorderseite des Hauses), und welche lediglich leer oder mitgemeint (die jetzt nicht eigentlich gesehene Rückseite des Hauses)? Warum sehen wir kontinuierlich ein und dasselbe ‚ganze' Haus, obwohl wir jeweils nur Abschattungen davon, d. h. zeitlich aufeinanderfolgende verschiedene Perspektiven haben?

**Aufmerksamkeitswechsel und Epoché** Die als selbstverständlich erfahrene Welt und ihre Dinge – selbstverständlich mit Bezug auf ihre Existenz, Einheit und ihren Sinn – werden so wieder zu ‚Phänomenen‘, etwas das unser Interesse weckt, dessen Rätsel und Erscheinung der Untersuchung wert sind. Hierfür muss zunächst ein Aufmerksamkeitswechsel stattfinden, weg vom alltäglichen Umgang mit den Dingen hin zur *Beschreibung ihrer Gegebenheit* in unserer Erfahrung.

Bei der Beschreibung eines Gegenstandes, ob in der Wahrnehmung, Erinnerung oder Vorstellung, versuchen wir dabei unsere Urteile und Überzeugungen sowie unser konzeptuelles Wissen über den jeweiligen Gegenstand vorerst ‚einzuklammern‘. Das nennt Husserl im Anschluss an die pyrrhonische Skepsis auch *Epoché* (Urteilsenthaltung). Dies meint nicht, dass jenes Wissen, jene Annahmen oder Urteile zum Verschwinden gebracht werden können oder mein Bewusstsein zur *tabula rasa* wird, in der mir die Objekte wie zum allerersten Mal erscheinen. Die Annahmen werden lediglich ‚in Klammern‘ gesetzt, also vorerst nicht berücksichtigt. Sie bleiben ‚außer Spiel‘, wie Husserl dies nennt, um unsere Aufmerksamkeit auf die anschauliche Gegebenheit zu lenken und nicht darauf, was wir jeweils schon darüber (glauben) zu wissen oder davon halten.

Inhaltlich verändert sich dabei nichts, das Haus, das wir vorher beiläufig sahen, während wir am Laptop sitzend aus dem Fenster schauten, ist dasselbe, es verliert auch nicht seinen bekannten Sinn oder das konzeptuelle Wissen, dass es sich um ein Haus handelt. In der phänomenologischen Beschreibung beginnen wir nicht mit vagen Umrissen oder Proto-Objekten, sondern mit dem, was wir hier und jetzt erfahren: Also keine einzelnen Sinnesdaten, Atome oder lediglich Umrisse, sondern Häuser, Bäume, Blumen. Wir können unsere Untersuchung aber auch mit einer Idee oder einem Konzept beginnen, das wir in unserer Kultur vorfinden, z. B. Wissenschaft. Diese für uns bekannten Sachen mitsamt ihrer Bedeutung nehmen wir nun als Leitfaden der Beschreibung. Der bekannte Gegenstand leitet damit einerseits die Beschreibung, zugleich wird er jedoch eingeklammert, d. h., er erhält den Status ‚vorläufig‘ bzw. ‚unter Vorbehalt‘: Die Gültigkeit dieser bekannten Bedeutung muss sich dabei im Verlauf der phänomenologischen Beschreibung erst ausweisen und muss gegebenenfalls angepasst oder differenziert werden.

**Vom Was zum Wie der Gegebenheit** Als Phänomenologietreibende kümmern wir uns dabei zunächst nicht darum, *ob* das jeweilige Ding nun wirklich existiert oder nicht (dies ist genaugenommen ja auch ein Wissen oder eine Vorannahme), auch konzentrieren wir uns nicht näher darauf, *was* das jeweilige Ding denn sei (konzeptuelle Kategorisierung) und warum (Erklärung), sondern widmen uns zunächst der Beschreibung, wie dieses Etwas, das mir jetzt in der Erfahrung erscheint, gegeben ist, achten z. B. auf das Haus, das nun vor uns steht und beschreiben es als ‚wahrgenommenes Haus‘ im *Wie* seiner Gegebenheit, d. h. als mir (oder anderen) erscheinendes Phänomen.

Es ist dabei nicht so, dass das Phänomen ‚Haus‘ in irgendeiner Weise nun zusätzlich zum realen Ding ‚Haus‘ auftaucht. Wie bereits erläutert, ist jeder Zugang zur Welt und den Dingen immer ein erfahrender, und damit ist das intentionale Objekt oder Phänomen der Wahrnehmung genau dasjenige, was wir jeweils von dieser Welt erfahren. Das reale Ding Haus ist dasselbe wie das wahrgenommene Haus, es wird leibhaftig erfahren, steht vor uns, nur eben niemals vollständig. Jedoch wird es uns als ,Phänomen', d. h. als der Umstand, dass es uns in einer bestimmten Art und Weise erscheint, erst durch den Aufmerksamkeitswechsel thematisch und dadurch als solches beschreibbar. Ziel der phänomenologischen Beschreibung ist es, dabei zwischen verschiedenen Aspekten, Weisen, Qualitäten oder Intensitäten in der jeweiligen Erscheinung zu unterscheiden. Beschreiben ist also Differenzieren, d. h.:

- **Wir entdecken Unterschiede:** z. B. zwischen denjenigen Aspekten des Hauses, die ,leibhaftig' ins Blickfeld fallen, wie die Vorderseite des Hauses, und denjenigen, die wir eigentlich momentan nicht sehen, wie die Rückseite des Hauses; oder zwischen dem, was im Fokus der Wahrnehmung steht und dem, was im Hintergrund bewusst ist.
- **Wir finden Zusammenhänge:** z. B. zwischen eigentlich und nicht eigentlich gesehenen Seiten oder den visuellen Erscheinungen und Bewegungen des Wahrnehmenden etc.
- **Wir erkennen allgemeine Strukturen:** z. B. jede Wahrnehmung richtet sich auf etwas, jedes Ding steht in einem räumlichen Horizont, jede äußere Wahrnehmung setzt potentielle Bewegung voraus.

Phänomenologisches Beschreiben will insofern keine willkürlichen oder einmaligen Unterschiede finden, die lediglich diese faktische Erfahrung ausmachen (also meine momentane Hauswahrnehmung), sondern anhand dieses Faktischen das Allgemeine und Notwendige identifizieren, ohne die ein solcher Typ von Erfahrung nicht beschrieben werden kann (hier: Dingwahrnehmung). Die Phänomenologie versucht, durch Beschreibung Strukturen und Unterschiede zu identifizieren, die nicht nur auf die Wahrnehmung dieses Hauses oder jenes Würfels zutreffen, sondern für jede mögliche und denkbare Haus- oder Würfelwahrnehmung (erfahren von wem auch immer) gelten.

Es geht also beim Phänomenologisieren stets um ein **reflektiertes und beschreibendes Sehen** (oder Vorstellen) mit dem Ziel, eine allgemeine Einsicht – nicht umsonst heißt es ja (Ein-)*Sicht* – in die jeweilige Erfahrung oder das Erfahren überhaupt zu erhalten. Wir fragen daher nicht: wie fühle ich mich gerade, was erlebe ich innerlich, während ich dies oder jenes tue, wie dies etwa in der psychologischen Introspektion der Fall ist (vgl. z. B. William James, Edward B. Titchener, Wilhelm Wundt). Phänomenologie beschreibt zwar nicht nur Dinge, sondern auch die dazugehörigen Bewusstseinsweisen und Empfindungen, versteht sich jedoch nicht als psychologische Selbstbeobachtung, die nach einem unmittelbaren Zugang zum individuellen inneren Erleben sucht. Stattdessen fragt sie, was diese oder jene Erfahrung jeweils ausmacht, was typisch ist für eine Hauswahrnehmung, Dingwahrnehmung oder Wahrnehmung überhaupt, und dazu gehören eben auch subjektive Bewusstseinsfunktionen.

Vom Individuellen zum Allgemeinen  Phänomenologie beginnt bei der *Erste-Person-Perspektive*, da wir nur von hier aus Zugang zur Welt und den Dingen haben; bleibt aber bei dieser nicht stehen, sondern will allgemeine Aussagen über diese Erfahrung treffen, d. h. Aussagen, die nicht lediglich für meine Erfahrung im Hier und Jetzt gültig sind, sondern für die Erfahrung allgemein bzw. aller bewusstseinsfähiger Individuen. Eine gelungene phänomenologische Beschreibung muss sich daher intersubjektiv ausweisen lassen: Wenn meine Beschreibung stimmig ist, heißt dies, dass nicht nur mir von diesem Haus zunächst diejenige Seite erscheint, der ich zugewandt bin (Vorderseite), sondern prinzipiell jedem, der dieselbe Perspektive einnimmt. Natürlich kann es individuelle und kulturelle Qualitätsunterschiede der Wahrnehmung dieses Hauses geben, aufgrund unterschiedlicher Aufmerksamkeit und Interessen sowie körperlicher Unterschiede der Sinnesorgane, der Körpergröße etc. Auch kann es sein, dass jemand anstatt eines Hauses eine Theaterkulisse oder eine Wand sieht. Bezüglich der *Grundstrukturen* dieser Erfahrung (es gibt Seiten, die jetzt eigentlich gesehen werden und andere eigentlich nicht; mir erscheint etwas und nicht nichts) müssen die Beschreibungen jedoch übereinstimmen.

Es gilt also: Nicht nur mir erscheinen Dinge immer in einem räumlichen Horizont, sondern dies ist kennzeichnend für jede stattfindende oder denkbare Dingwahrnehmung (von wem auch immer erfahren). Nicht nur meine Wahrnehmung richtet sich auf Etwas, sondern *jede* Wahrnehmung, soll sie denn Wahrnehmung heißen, muss sich notwendigerweise auf Etwas richten. Zu solchen allgemeinen Aussagen gelangt man ausgehend von der Beschreibung durch eine spezifische Methode, die Husserl **eidetische Variation** nennt – oder manchmal auch eidetische Reduktion, im Sinne des Reduzierens auf grundlegende, allgemeine Strukturen.

Allgemeine Aussagen über die Erfahrung lassen sich *praktisch überprüfen* oder *theoretisch absichern:*

— **Praktisch absichern im intersubjektiven Vergleich** mit den Beschreibungen anderer Phänomenolog:innen oder durch Abgleich mit besonderen, abweichenden oder pathologischen Erfahrungen und Fällen sowie empirischer Forschung (▶ Abschn. 3.2).

— **Theoretisch absichern durch eidetische Bestimmung,** d. h., durch die imaginative Variation der konkreten Erfahrung, die entweder positiv durch Übereinstimmung und Überlappung von Merkmalen der imaginierten Fälle oder negativ durch Ausschluss aller nicht wesentlichen Momente einer Erfahrung, das allgemeine (nicht anders denkbare) Wesen der erfahrenen Dinge oder Erfahrungsweisen feststellt (▶ Abschn. 2.2).

— **Transzendental begründen, durch eine Rückfrage** im Hinblick darauf, welche Funktionen oder Erfahrungsstufen der jeweiligen Erfahrung *genetisch* vorangehen oder *logisch* zugrunde liegen müssen, wodurch kenntlich gemacht wird, dass dieser Aspekt konstitutiv (logisch oder genetisch) notwendig ist, um eine solche Erfahrung zu ermöglichen (▶ Abschn. 2.3)

Letztlich dient die phänomenologische Beschreibung also nicht dazu, das Besondere, Einmalige oder Individuelle eines Dinges, einer Person oder Erfahrung herauszuheben – wie etwa die Beschreibung eines Kunstwerkes, einer geliebten Person oder eines besonders außergewöhnlichen Erlebnisses –, sondern sie ist der Versuch, das Allgemeine oder Typische im Individuellen und Singulären ‚erschauend' festzuhalten.

Insbesondere Phänomenologie im Ausgang von Husserl will das Gesehene auf den Kern oder das Wesentliche reduzieren, das Wesen oder *eidos* dieser Erfahrung identifizieren, beginnend mit der Bestimmung und Differenzierung bestimmter Typen von Erfahrung oder Typen von erfahrenen Sachen (Hunde, Häuser, Würfel etc.), bis hin zur Bestimmung von Erfahrung und Bewusstsein allgemein. Auch die Beschreibung von Grenzfällen wie Schlaf, Traum, Drogenrausch, Pathologien oder Tod dienen dazu, diese Grenzfälle in ihrer Typik zu beschreiben (was macht eine bestimmte Pathologie aus?, was ist charakteristisch beim Schlaf?, wie unterscheiden sich Schlaf, Drogenrausch und Wachzustand? etc.). Dies hilft dabei, die Grenzen der Erfahrung und des Bewusstseins (Schlaf/Tod) festzustellen sowie herauszufinden, was die sogenannte ‚normale' Erfahrung eigentlich ausmacht.

## 2.1.1 Beispiele: Dingbeschreibung

Um zu illustrieren, wie eine phänomenologische Dingbeschreibung aussehen kann, wenden wir uns nun Husserls bekannter Beschreibung eines Würfels zu.

▶ **Beispiel – Der Würfel: Mehr als seine sichtbare Vorderseite**

» Wir gehen heute an die Erörterung eines wichtigen phänomenologischen Unterschiedes, der sich in bekannten populären Reden bekundet. Wir sagen allgemein verständlich, dass wir die uns umgebenden Dinge sehen, und gleichzeitig sagen wir, dass wir von ihnen eigentlich nur die Vorderseite sehen […] Wir sehen einen Würfel. Nehmen wir der Einfachheit halber an, dass das Phänomen unverändert bleibt, der Würfel bewegt sich nicht, und auch wir bleiben in gleicher Stellung zu ihm. Dann wendet uns der Würfel nur eine bestimmte Seite zu, wir sehen ihn so, wie er „von dieser Seite aussieht". Wir sehen dann „eigentlich" nur ein Stück seiner Oberfläche, nur die und die begrenzenden Quadrate mit ihren Färbungen und Zeichnungen. Das sind Bestimmtheiten des Würfels, die wir in einem gewissen ausgezeichneten Sinn selbst „sehen". Die übrigen Bestimmtheiten sehen wir nicht: die unsichtigen Oberflächenteile, Färbungen, das Innere usw. Andererseits sehen wir doch den Würfel, und dieser wahrgenommene, gesehene Gegenstand ist mehr als der Inbegriff jener Bestimmtheiten, von denen es eben hieß, dass nur sie eigentlich gesehen seien. Zum Sinn der gegenständlichen Auffassung, zum Inhalt des Würfels, wie er in der Wahrnehmung gemeint ist, gehört sicher auch das Innere, die Rückseite u.dgl. […] Der Würfel ist mehr als seine sichtbare Vorderseite und das an der Vorderseite „wirklich" Sichtbare. Sofern nun der Würfel, der ganze Würfel, in der Wahrnehmung gemeint ist, ist er der voll und ganz gesehene, fällt er ganz mit all den ihm zugemeinten Bestimmungen in die Wahrnehmung. Andererseits zeigen doch wieder die Beispiele, dass nur ein Teil der Bestimmtheiten in einem gewissen prägnanteren Sinn Anspruch darauf hat […] als gesehen, als wahrhaft in die Wahrnehmung fallend zu gelten. Was ist das für ein Unterschied, und wie ist er phänomenologisch aufzuklären? (Husserl, Hua XXXVIII, S. 26–27) ◀

**2**

In obigem Beispiel beschreibt Husserl nach eigener Angabe dabei nur das Phänomen selbst, also wie es uns erscheint. Dabei bleibt *die Frage der wirklichen Existenz des Würfels ‚außer Spiel'*, d. h. wir enthalten uns vorläufig eines Urteils oder einer Aussage hierüber und nehmen nur das Wahrnehmungserlebnis in den Blick. Anstatt sofort darüber zu urteilen, ob dieser Würfel tatsächlich existiert und warum, wird zunächst versucht zu beschreiben, wie und warum, d. h. durch welche Aspekte oder Elemente, uns der Würfel überhaupt als ‚real' erscheint.

**Aktuelle und potentielle Aspekte der Wahrnehmung**   Anhand der Beschreibung des Würfels macht Husserl hier den Unterschied deutlich zwischen dem, was wir ‚eigentlich' oder in ‚einem gewissen ausgezeichneten Sinn selbst sehen' (die jetzt präsente Seite, die Oberfläche des Würfels) und dem, was in der Wahrnehmung ‚gemeint' ist, d. h. der ‚gegenständlichen Auffassung' ‚Würfel' (mitsamt den nicht eigentlich gesehenen Aspekten). Der Würfel, so heißt es, ist mehr als seine jetzt sichtbare Vorderseite bzw. das an der Vorderseite ‚wirklich' sichtbare, und doch fällt nur ein Teil der ‚Bestimmtheiten' in unsere aktuelle Wahrnehmung. Die Meinung oder Intention ‚ich sehe einen Würfel' enthält also nicht nur aktuell eigentlich Wahrgenommenes, sondern auch Aspekte, die noch nicht im ‚ausgezeichneten Sinn' selbst gesehen wurden, jedoch potentiell (im weiteren Verlauf der Wahrnehmung) wahrgenommen werden können. Wahrnehmung besteht also aus der Verbindung von aktuellen oder erfüllten und möglichen (virtuellen), d. h. leeren ‚vermeinten' Aspekten, die zum Sinn ‚Würfel' gehören und potentiell (zumindest teilweise) wahrnehmbar sind, jedoch nicht in die aktuelle Wahrnehmung fallen.

In einem späteren Text führt Husserl dies weiter aus und nennt das eigentliche ‚Bewussthaben' ein **Originalbewusstsein**. Wahrnehmung ist dabei immer schon eine Mischung aus aktuellen (d. h. originalen) und möglichen (bzw. zukünftigen) Wahrnehmungen. Obwohl sich jede äußere Wahrnehmung auf den vollen Gegenstand (Haus) richtet, ist dieser wiederum nur in Abschattungen gegeben, besteht also aus original Gegebenem und lediglich ‚Indiziertem'.

> ▶ **Beispiel – Der Tisch (1): Original gegeben oder indiziert?**

> » Das ist eine merkwürdige Wesenslage. Denn zu dem eigenen Sinn jeder Wahrnehmung gehört ihr wahrgenommener Gegenstand als ihr gegenständlicher Sinn, also dieses Ding: der Tisch, der gesehen ist. Aber dieses Ding ist nicht die jetzt eigentlich gesehene Seite, sondern ist [...] eben das Vollding, das noch andere Seiten hat [...]. Wahrnehmung, ganz allgemein gesprochen, ist Originalbewusstsein. Jedoch in der äußeren Wahrnehmung haben wir den merkwürdigen Zwiespalt, dass das Originalbewusstsein nur möglich ist in der Form eines wirklich und eigentlich als original Bewussthabens von Seiten und eines Mitbewussthabens von anderen Seiten, die eben nicht original da sind. Ich sage mitbewusst, denn auch die unsichtigen Seiten sind doch für das Bewusstsein irgendwie da, ‚mitgemeint' als mitgegenwärtig. Aber sie erscheinen eigentlich nicht. [...] Das Wahrnehmen ist, noetisch gesprochen, ein Gemisch von wirklicher Darstellung [...] und leerem Indizieren, das auf mögliche neue

Wahrnehmungen verweist. In noematischer Hinsicht ist das Wahrgenommene derart abschattungsmäßig Gegebenes, dass die jeweilige gegebene Seite auf anderes Nichtgegebenes verweist, als nicht gegeben von demselben Gegenstand. Das gilt es zu verstehen. (Husserl, Hua XI, S. 4–5) ◄

Ein solches Indizieren oder Mitmeinen ist dabei keineswegs ein Hinzudichten, Vorstellen, oder Imaginieren, sondern gehört zur gegenwärtigen Wahrnehmung. Erst nachdem eine solche Wahrnehmung oder Präsentation stattgefunden hat, kann man den einheitlichen Gegenstand als Ganzen imaginieren, erinnern, vorstellen, d. h. re-präsentieren. Zwar können wir uns während einer Wahrnehmung die momentan nicht gesehenen Seiten des Tisches explizit vorstellen, ins Gedächtnis rufen oder imaginieren. Dies ist jedoch, so argumentiert Husserl, immer eine Vergegenwärtigung oder Imitation einer (einmal stattgefundenen) Wahrnehmung und nicht der Normalfall. Beim normalen Wahrnehmen, findet eine unmittelbare Deckung zwischen dem Gegebenen und dem Indizierten statt, die uns nicht eigens thematisch wird.

**Horizontintentionalität** In einer ähnlichen Passage, die aus einem späteren Text stammt, rückt Husserl die notwendige **Korrelation von Bewusstseinsweisen** (Erscheinen) **und Bewusstseinsgegenstand** (Erscheinendes) ins Zentrum. Husserl differenziert seine Beschreibung der Dingwahrnehmung weiter, indem er den Begriff des inneren und äußeren Horizonts aufseiten des Gegenstandes, und den der Horizontintentionalität aufseiten des wahrnehmenden Subjekts einführt. Jeder Gegenstand erscheint in einem Horizont (von nicht aufgemerkten, im Hintergrund verbleibenden oder noch gar nicht wahrgenommenen Aspekten); jede Intentionalität ist damit zugleich eine Horizontintentionalität, und erfüllte Intentionen (die wahrgenommene Vorderseite des Hauses) sind verflochten mit (noch) unerfüllten Intentionen, die über das gegenwärtig Gegebene hinausweisen. Auf der Gegenstandsseite finden wir ‚Hinweistendenzen‘ oder ganze ‚Hinweissysteme‘, die wiederum auf entsprechende potentielle Erscheinungen und Erscheinungssysteme hindeuten.

> ▶ **Beispiel – Der Tisch (2): Tritt näher und sieh mich neu!**

>> Mit anderen Worten, alles eigentlich Erscheinende ist nur dadurch Dingerscheinendes, dass es umflochten und durchsetzt ist von einem intentionalen *Leerhorizont*, dass es umgeben ist durch einen Hof erscheinungsmäßiger Leere. Es ist eine Leere, die nicht ein Nichts ist, sondern eine auszufüllende Leere, es ist eine *bestimmbare Unbestimmtheit*. [...] Seinen Sinn hat dieser Bewusstseinshof, trotz seiner Leere, in Form einer Vorzeichnung, die dem Übergang in neue aktualisierende Erscheinungen eine Regel vorschreibt. Die Vorderseite des Tisches sehend, ist die Rückseite, ist alles von ihm Unsichtige in Form von Leervorweisen bewusst, wenn auch recht unbestimmt; aber wie unbestimmt, so ist es doch Vorweis auf eine körperliche Gestalt, auf eine körperliche Färbung usw. [...] Die *Aspekte* [...] sind nichts für sich, sie sind *Erscheinungen-von* nur *durch die von ihnen nicht abtrennbaren intentionalen Horizonte*.

> Wir unterscheiden dabei zwischen *Innenhorizont* und *Außenhorizont* der jeweiligen Aspekterscheinung. [...] Auch hinsichtlich der schon wirklich gesehenen Seite ertönt ja der Ruf: Tritt näher und immer näher, sieh mich dann unter Änderung deiner Stellung, deiner Augenhaltung usw. fixierend an, du wirst an mir selbst noch vieles neu zu sehen bekommen, immer neue Partialfärbungen usw. vorhin unsichtige Strukturen des nur vordem unbestimmt allgemein gesehenen Holzes. Also auch das schon Gesehene ist mit vorgreifender Intention behaftet. Es ist, was schon gesehen ist, immerfort ein vorzeichnender Rahmen für immer Neues, ein x für nähere Bestimmung. Immerfort ist antizipiert, vorgegriffen. Neben diesem Innenhorizont dann aber die Außenhorizonte, die Vorzeichnungen für solches, das noch jedes anschaulichen Rahmens entbehrt, der nur differenziertere Einzeichnungen erforderte. (Husserl, Hua XI, S. 6–7, vgl. IX, S. 433 ff.; Herv. M.W.) ◄

In dieser Beschreibung der Dingerscheinung wird deutlich, inwiefern der erscheinende Gegenstand gekoppelt ist an den Modus des Erscheinens bzw. das subjektive Erscheinungssystem. Zwar können wir nicht einfach etwas in das gesehene Objekt hineinlegen, was es nicht selbst aufweist, jedoch muss eine subjektive Aktivität hinzukommen, ein Realisieren oder Bestimmen des noch unbestimmten Horizontes, ein Antizipieren und Vorgreifen auf dasjenige, was sich noch nicht selbst gibt. Der Tisch fordert uns (oder zumindest Husserl) regelrecht auf, ihn näher zu betrachten, deutlicher zu sehen und zu bestimmen; mit entsprechender Mühe, Konzentration und Änderung der Augenhaltung oder räumlichen Position bekommen wir mehr und anderes von ihm zu sehen, wie Husserl es ausdrückt. Dabei greifen wir zwar immer schon vor, dieses Vorgreifen ist jedoch nicht willkürlich, sondern folgt bestimmten Regelmäßigkeiten oder einem ,Stil'. Es ist vorgezeichnet durch Form und Inhalt dessen, was wir vom Objekt schon zu sehen bekamen, und von den Regeln der Dingwahrnehmung allgemein (Intentionalität, Abschattung etc.). Wahrnehmen ist insofern kein kreatives Imaginieren oder Phantasieren weiterer Seiten eines Objektes: Ich antizipiere lediglich im Rahmen des Möglichen und Wahrscheinlichen, z. B. weitere Stuhlbeine derselben Form und Qualität, derjenigen ähnlich, die ich bereits eigentlich wahrgenommen habe.

Dingwahrnehmung und Bewegung In anderen Texten und Zusammenhängen macht Husserl deutlich, dass die Realisierung der inneren und äußeren Horizonte mit den sogenannten *kinästhetischen Möglichkeiten unseres Körpers bzw. Leibes* zu tun haben. ,Leib' ist Husserls Begriff für den lebenden Körper, der nicht nur ausgedehnt ist wie andere Körper oder materielle Dinge, sondern primär ein von innen, d. h. subjektiv empfundener sowie wahrnehmender, frei beweglicher und agierender Leib ist (vgl. Hua IV, S. 143–162).

Erst die freie leibliche Fortbewegung macht es möglich, dass wir ein Objekt von verschiedenen Seiten sehen können: Die Wahrnehmende kann um ein Ding herumgehen und sich versichern, dass das entsprechende Haus auch tatsächlich eine Rückseite hat, zugleich kann sie das ganze Ding in all seinen Seiten (wenn auch niemals zugleich) erfahren, indem sie jederzeit zur Ausgangserscheinung zurückgehen kann. **Dreidimensionale Räumlichkeit,** so argumentiert Husserl anhand seiner

Beschreibung von Dingerscheinungen in den Vorlesungen über *Ding und Raum* von 1907 (Hua XVI), hängt damit zusammen, dass wir normalerweise zwei Augen haben und damit bereits zwei integrierte Ansichten eines Dinges. Diese Augen können wir bewegen, um damit verschiedene Aspekte an einem Ding zu fixieren. Weiterhin ist es uns möglich, uns im Raum frei zu bewegen, um Dinge aus anderen Perspektiven betrachten zu können. Schon die Wahrnehmung eines unbewegten zweidimensionalen Dinges zeichnet sich durch ein Hin und Her der Augenbewegung aus, dessen Ansichten zu einer Wahrnehmung des Objektes im Bewusstsein verbunden werden (Husserl, Hua XVI, S. 166 f., 196 f., vgl. Mertens 2017). Ein Wahrnehmender, der von Geburt an nur ein Auge besitzt und zu keinerlei Bewegung fähig ist (auch nicht der Augen), würde demnach keine dingliche Tiefe oder dreidimensionale Räumlichkeit erfahren können (vgl. Husserl, Hua XVI, 228, 170, 171 ff., 206, 250, 252 f.; IV, 150; VI, 121; Claesges 1964, S. 79 ff.).

Durch die Fortbewegung im Raum findet eine Kenntnisnahme von Gegenständen und die konkrete Realisierung des äußeren Horizontes statt. Jeder visuellen Erscheinung korrelieren dabei Bewegungen; ändert sich die Bewegung, ändern sich damit in geregelter Weise auch die Erscheinungen. Aber unsere Leiblichkeit (der fühlende und sich bewegende Körper) ist auf eine noch viel fundamentalere Weise Voraussetzung der Wahrnehmung eines kontinuierlichen Gegenstandes. Jede Erfahrung eines Dinges, also seiner Merkmale (d. h. Sinnesdaten, die Merkmale des Gegenstandes oder der Umgebung darstellen), ist zugleich verbunden mit Bewegungsempfindungen bzw. kinästhetischen Empfindungen. Dabei handelt es sich um unmittelbare subjektive Empfindungen oder ‚Propriozeption‘, die mit unseren Bewegungen einhergehen. Wären meine Wahrnehmungsaktivitäten und die Wahrnehmung des jeweiligen Dinges nicht unmittelbar verbunden (durch sinnliche Rückkoppelung), wie könnte ich sonst die sich verändernden Erscheinungen als meine Erscheinungen ein- und desselben Gegenstandes erfahren? In der Sinnesempfindung verbinden sich also Selbst- und Dingerfahrung, d. h. sowohl Sinnesinformation über die Dinge und die Welt als auch über unsere eigene Position und Bewegung.

**Leiblichkeit und Dingerfahrung**  Einheitliche und kohärente räumliche Dingwahrnehmung geht daher einher mit

- **einem impliziten Körperwissen** oder -feedback, das jede Erfahrung an mich, d. h. meinen Körper und meine leibliche Erfahrung zurückkoppelt. Eine Einheit und Kontinuität von verschiedenen Wahrnehmungen kann nämlich nur dann gewährleistet werden, wenn diese als zum selben Erfahrungs- oder Bewusstseinszusammenhang gehörend empfunden werden;
- **einem erworbenen praktischen Wissen** darüber, dass, wenn ich mich so und so bewege und positioniere, ich wahrscheinlich dies und jenes zu sehen bekomme. Das Gesehene motiviert dabei weitere kinästhetische Bewegungsverläufe und damit weitere Wahrnehmungen.

„Dabei finden wir beständig die Zweigliederung kinästhetischer Empfindungen auf der einen Seite, der motivierenden, die Merkmalsempfindungen auf der anderen Seite, der motivierten" (Hua IV, S. 58). Zu jeder Wahrnehmung ge-

**2**

hören somit Bewegungsmöglichkeiten: „Die Verläufe der kinästhetischen Empfindungen sind hier freie Verläufe, und diese Freiheit im Ablaufsbewusstsein ist ein wesentliches Stück der Konstitution von Räumlichkeit" (Hua IV, S. 58; zur Bedeutung der Leiblichkeit in der Phänomenologie z. B. Bernet 2009; Zahavi 1994; Taipale 2014; Alloa, Bedorf & Grüny 2019; Doyon/Wehrle 2020).

**Vom Einzelobjekt zur Welt**   Wie hier deutlich wird, sind wir in der alltäglichen Erfahrung nicht nur mit separaten oder einzelnen Dingen beschäftigt. Dies ist vielmehr schon eine besondere Form der Wahrnehmung, nämlich eine fokussierte Wahrnehmung oder Aufmerksamkeit, in welcher wir ein spezielles Ding meinen oder aus einem dinglichen Zusammenhang heraus-meinen bzw. hervorheben (vgl. Hua XXXVIII). Und selbst hier weist das aufmerksam fixierte Ding notwendig über sich hinaus auf andere Dinge und seine Umgebung. Wie aber kommen wir von einer so auf das jeweilige Ding reduzierten Beschreibung zur Erfahrung von größeren Objektkomplexen oder gar der Welt? Wie ist es zu beschreiben, wenn wir nicht nur ein Haus, sondern eine Wohnsiedlung wahrnehmen? Im strengen Sinne wahrgenommen, sind doch nur einige Objekte und Aspekte, die in unser Blickfeld fallen, aber was passiert mit den anderen Häusern in der Umgebung, die doch zur Wahrnehmung einer Wohnsiedlung dazugehören?

> ▶ **Beispiel – Vom wahrgenommenen Ding zur Welt**

>> Wir sehen einen Saal voll Menschen, einen Wald mit Bäumen, eine Wiese oder ein Getreidefeld, das in einem Blick nicht zu fassen ist. Das jeweils eigentlich Gesehene ist für unser ‚Sehen' doch nicht allein da; so gut wie die Rückseite des Objektes eigentlich nicht gesehen und doch mit aufgefaßt und mitgesetzt ist, so auch die nicht gesehene Umgebung des Objektes. Das dargestellte Objektfeld ist Objektfeld in einer ‚Welt' […]. Die Auffassung, und eventuell die Meinung, reicht über die eigentliche Wahrnehmung hinaus. Ändern sich die kinästhetischen Umstände, so bringt jede Phase ein neu erfülltes visuelles Feld, und in ihr stellt sich ein neues, wenn auch partiell identisches Objektfeld dar.
>> In dem sukzessiven Ablauf eigentlicher Erscheinungen vollzieht sich eine sukzessive Wahrnehmung einer umfassenden Objektität, und zwar einer solchen, die in einer ruhenden Wahrnehmung (also bei kinästhetischer Konstanz) nie wahrgenommen sein könnte. Jede Phase bietet eigentliche Wahrnehmung eines beschränkten Teiles dieser Objektität; die Auffassung reicht aber weiter. […] *die Welt hat nicht ihr Ende, wo die jeweilige motorische Wahrnehmung endet.* Phänomenologisch haben wir offenbar zu sagen: Die im kinästhetischen Verlauf kontinuierlich ineinander übergehenden Bildfelder erfahren stetig solche Auffassung, daß die stetige Folge von Erscheinungen Einheit einer Erscheinung begründet. (Husserl, Hua XVI, S. 209–210; Hervorh. M.W.) ◄

**Von der Beschreibung zur Philosophie**   Was anhand der ausgewählten Beispiele von phänomenologischer Dingbeschreibung deutlich wird, ist, dass es Husserl bei dieser Beschreibung weniger darum ging, das jeweilige Ding (Würfel, Tisch) in seiner Eigenheit zu beschreiben. Wir erfahren wenig bis gar nichts darüber, wie der Würfel oder Tisch jeweils genau aussieht – es könnte sich um jeden beliebigen Würfel oder Tisch handeln. In anderen Texten spricht Husserl sogar gänzlich abstrakt von den Dingen oder ‚Objektitäten‘ (im Sinne von Objektheit/en) allgemein (s. Beispiel „Vom wahrgenommenen Ding zur Welt"). Das jeweilige erfahrene Ding wird hier lediglich exemplarisch verwendet, um etwas über die Art und das Wesen des Erscheinens von physischen Dingen, Objekten, Objektkomplexen und der Welt zu erfassen oder ‚einzusehen‘.

Bereits in der Beschreibung wie uns etwas erscheint, steckt die philosophische Frage, wie uns etwas (überhaupt) als Objekt oder Objektität erscheinen kann, also **wie wir in der subjektiven Erfahrung Objektivität erfahren** und warum diese für uns so selbstverständlich ist. Dabei wird dieser Zusammenhang bei näherem Hinsehen und Beschreiben stets mysteriöser und komplexer; selbst eine isolierte Dingwahrnehmung erfordert mehrere zeitlich und inhaltlich verknüpfte Erscheinungen, impliziert eigentlich (noch) nicht oder (nicht) mehr Gesehenes. Das jeweils gesehene Ding verweist wiederum auf andere Aspekte an ihm selbst sowie auf andere Dinge und die räumliche Umgebung. Wahrnehmung im vollen Sinn richtet sich insofern eigentlich niemals nur auf ein physisches Ding, sondern dieses ist lediglich ein Ausschnitt in einem weiteren Objektfeld und letztlich ein kleiner Ausschnitt der Welt.

**Die Rolle des Bewusstseins**   Die Beschreibung des Dinges oder der Welt, stößt also quasi automatisch auf die ‚subjektiven‘ Anteile in den Leistungen bzw. Synthesen des Bewusstseins oder des kinästhetischen Leibes, die den zeitlichen und inhaltlichen Zusammenhang der jeweiligen Wahrnehmung verbürgen: die Korrelation von Dingerscheinung und jeweiliger Position und Augenbewegung, von Fortbewegung und wechselnden visuellen Erscheinungen, von den Empfindungen des Dinges und den Empfindungen des Leibes (und seiner Bewegung). Um ein Ding einheitlich als Ding sehen zu können oder die Erfahrung einer objektiven Welt zu haben, braucht es also Bewegung (Augen und Körperbewegung), ansonsten würden wir nur einen minimalen Ausschnitt der Welt sehen und diesen weder als dreidimensional noch als bloßen Ausschnitt einer darüberhinausgehenden Welt erfahren können. Objektivität hängt, so wird in obigen Beschreibungen deutlich, direkt mit den Bewegungsmöglichkeiten und dem sich potentiell ständig erweiternden Wahrnehmungshorizont des jeweiligen erfahrenden Subjekts zusammen.

Und trotz all dieser Möglichkeiten bekommen wir die Dinge und die Welt nie ganz zu fassen, einige Aspekte entwischen uns immer, es gibt immer noch mehr und anderes zu entdecken. Die Welt hat nicht ihr Ende, wo unsere Möglichkeiten aufhören, wie Husserl dies so schön formuliert. Gerade diese negative Erfahrung des Entzugs, macht ihren objektiven und transzendenten Charakter aus. Ein weiteres Moment, das unerlässlich ist für die Erfahrung der Objektivität, ist das, was Husserl die ‚Einheit der Erscheinung‘ nennt. Ohne, dass die verschiedenen Empfindungen, Erscheinungen und Perspektiven eine Einheit oder einen Zusammenhang bilden, also als aufeinanderfolgende, gleichzeitige, inhaltlich zusammengehörige sowie als mir gegebene und von mir motivierte Wahrnehmungen erlebt werden, wäre die Erfahrung von Objektivität ebenso wenig möglich.

**2**

## 2.1.2  Beispiele: Zeitlichkeit und Erfahrung

Was in all diesen und anderen Dingbeschreibungen hervorsticht, ist, dass etwas nie plötzlich und auf einmal gegeben ist, dass Wahrnehmung nicht statisch zu fassen ist, sondern immer auf einen zeitlichen Verlauf verweist (vgl. Rinofner-Kreidl 2000; Rodemeyer 2006; James 2010). Wie Zeitlichkeit erfahren und im Bewusstsein konstituiert wird, ist denn auch ein zentrales Thema bei Husserl und anderen Phänomenolog:innen, wie Maurice Merleau-Ponty und Martin Heidegger. Auch hier beginnt Husserl zunächst mit der Beschreibung eines zeitlichen Objektes, einer Melodie, um von da das allgemeine Wesen des (inneren) Zeitbewusstseins zu bestimmen (eidetische Bestimmung); oder zurückzufragen nach den Bedingungen für das einheitliche Erscheinen von zeitlichen Objekten allgemein (transzendentale Begründung), z. B. wie die Erlebnisse zeitlich und motivational in der Erfahrung eines Subjekts verknüpft sind (genetische Intentionalanalyse).

Wie erscheint uns nun ein zeitliches Objekt? Warum hören wir eine Melodie und keine unzusammenhängenden Töne?

> ▶ **Beispiel – Die Melodie: Erste Annäherung**

» Nehmen wir das Beispiel einer *Melodie* oder eines zusammenhängenden Stückes einer Melodie. Die Sache scheint zunächst sehr einfach: wir hören die Melodie, d.h. wir nehmen sie wahr, denn Hören ist ja Wahrnehmen. Indessen, der erste Ton erklingt, dann kommt der zweite, dann der dritte usw. Müssen wir nicht sagen: wenn der zweite Ton erklingt, so höre ich ihn, aber ich höre den ersten nicht mehr usw.? Ich höre also in Wahrheit nicht die Melodie, sondern nur den einzelnen gegenwärtigen Ton. Daß das abgelaufene Stück der Melodie für mich gegenständlich ist, verdanke ich – so wird man geneigt sein zu sagen – der Erinnerung; und daß ich, bei dem jeweiligen Ton angekommen, nicht voraussetze, daß das alles sei, verdanke ich der vorblickenden Erwartung. Bei dieser Erklärung können wir uns aber nicht beruhigen, denn alles Gesagte überträgt sich auch auf den einzelnen Ton. Jeder Ton hat selbst eine zeitliche Extension, beim Anschlagen höre ich ihn als jetzt, beim Forttönen hat er aber ein immer neues Jetzt, und das jeweilig vorangehende wandelt sich in ein Vergangen. Also höre ich jeweils nur die aktuelle Phase des Tones, und die Objektivität des ganzen dauernden Tones konstituiert sich in einem Aktkontinuum, das zu einem Teil Erinnerung, zu einem kleinsten, punktuellen Teil Wahrnehmung und zu einem weiteren Teil Erwartung ist. [...] Hier muß nun eine tiefere Analyse einsetzen. (Husserl, Hua X, S. 23) ◄

Husserl beginnt hier wie bei allen Beschreibungen mit einer alltäglichen Beobachtung, und nimmt diese als Leitfaden. Die erste Intuition scheint jedoch nicht auszureichen, nun nehmen wir unsere methodische Distanznahme hinzu und versuchen die obigen Vorannahmen zu überprüfen, und lediglich das zu beschreiben, was sich uns tatsächlich in der Erfahrung gibt.

» Wir *schalten* jetzt alle *transzendente Auffassung* und *Setzung aus* und nehmen den Ton rein als hyletisches Datum [so wie er empfunden wird, M.W.]. Er fängt an und hört auf, und seine ganze Dauereinheit, die Einheit des ganzen Vorgangs, in dem er anfängt und endet, „rückt" nach dem Enden in die immer fernere Vergangenheit. *In diesem Zurücksinken „halte" ich ihn noch fest*, habe ihn in einer „*Retention*", und solange sie anhält, hat er seine eigene Zeitlichkeit, ist er derselbe, seine Dauer ist dieselbe. Ich kann die *Aufmerksamkeit richten* auf die *Weise seines Gegebenseins*. Er und die Dauer, die er erfüllt, ist in einer Kontinuität von „Weisen" bewußt, in einem „beständigen Flusse" [...]. „Während" dieses ganzen Bewußtseinsflusses ist der eine und selbe Ton als dauernder bewußt, als jetzt dauernder. „Vorher" (falls er nicht etwa erwarteter war) ist er nicht bewußt. „Nachher" ist er „eine Zeitlang" in der „*Retention*" *als gewesener „noch" bewußt*, er kann festgehalten und im fixierenden Blick stehend bzw. bleibend sein. Die ganze Dauerstrecke des Tones oder ‚der' Ton in seiner Erstreckung steht dann als ein sozusagen Totes, sich nicht mehr lebendig Erzeugendes da, [...] das aber stetig sich modifiziert und ins „Leere" zurücksinkt. Was wir hier beschrieben haben, ist die Weise, wie das immanent-zeitliche Objekt in einem beständigen Fluß „erscheint", wie es „gegeben" ist. Diese Weise beschreiben, heißt nicht, die erscheinende Zeitdauer selbst beschreiben. Denn es ist derselbe Ton mit der ihm zugehörigen Dauer, der zwar nicht beschrieben, aber in der Beschreibung vorausgesetzt wurde. Dieselbe Dauer ist jetzige, aktuell sich aufbauende Dauer, und ist dann vergangene, „abgelaufene" Dauer, noch bewußte oder in der Wiedererinnerung „gleichsam" neu erzeugte Dauer. Derselbe Ton, der jetzt erklingt, ist es, von dem es im „späteren" Bewußtseinsfluß heißt, er sei gewesen, seine Dauer sei abgelaufen. Die Punkte der Zeitdauer entfernen sich für mein Bewußtsein analog, wie sich die Punkte des ruhenden Gegenstandes im Raum für mein Bewußtsein entfernen, wenn ich „mich" vom Gegenstand entferne. Der Gegenstand behält seinen Ort, ebenso behält der Ton seine Zeit, jeder Zeitpunkt ist unverrückt, aber er entflieht in Bewußtseinsfernen, der Abstand vom erzeugenden Jetzt wird immer größer. Der Ton selbst ist derselbe, aber der Ton, „in der Weise wie" er erscheint, ein immer anderer. (Husserl, Hua X, S. 24–25; Hervorh. M.W.) ◄

In dieser Beschreibung der Erfahrung einer Melodie wird besonders deutlich, dass das Zeitobjekt das Resultat von synthetisierenden Prozessen des Bewusstseins ist. Der Unterschied zwischen dem erscheinenden Tisch und der Melodie ist dabei, dass sich letzteres erst nach und nach zeigt oder zeitlich aufbaut. Die Melodie ist im Gegensatz zu einem Tisch objektiv besehen – und nicht auf das Wie seiner Erscheinung bezogen – nicht einfach da, und kann aus verschiedenen Perspektiven erfahren werden. Der real ertönende Ton und seine Dauer scheint zunächst identisch mit der erscheinenden Dauer des Tones, und doch ist ihre Zeitlichkeit unterschiedlich. Der gehörte Ton hat ebenfalls seinen zeitlichen Horizont, er wird eingeordnet in den Bewusstseinsfluss, in eine quasi zeitliche Struktur, in der jede eintreffende Impression sich modifiziert und herabsinkt. War es bei der visuellen Dingwahrnehmung die immer partielle Gegebenheit des Gegenstandes, die über sich hinausweist und weitere Intentionen motivierte, ist es nun das Bewusstsein, das über den jetzt erklingenden Ton hinausgeht.

Der vorangegangene Ton oder das Tondatum ist nämlich als **Retention** ‚noch im' Bewusstsein irgendwie gegeben, und kann dadurch unmittelbar mit dem jetzt erklingenden Ton in Verbindung treten. Retention ist dabei nicht zu verwechseln mit dem realen Nachhall eines Tones, es ist das *Noch-im-Griff-Halten* des verklungenen Tones im Bewusstsein. Weiterhin findet eine sogenannte **Protention** statt, d. h., es kommt zu einer automatischen Antizipation des (noch) folgenden Tones (oder Tondatums). Die eingehenden Impressionen werden also im Bewusstsein verbunden mit vergangenen Erscheinungen und Antizipationen von noch kommenden Tönen. Dieses innere Zeitbewusstsein ermöglicht es, dass wir erklingende Töne als einheitlich aufeinanderfolgend und zusammenhörig erfahren. Alle einmal gehörten Tondaten verbleiben dabei im Bewusstsein, jedoch in modifizierter Form, sie verlieren etwa an Intensität und Deutlichkeit, sie geraten in die Bewusstseinsferne, so wie die visuelle Erscheinung eines Dinges, wenn ich mich von ihm wegbewege.

Das **Zeitobjekt** wird hier also erst Stück für Stück aufgebaut. Erst wenn der letzte Ton verklungen ist, kann man auf die Melodie als Ganzes, als immanentes Zeitobjekt, zurückgreifen. Von da an, kann ich mich jederzeit an diese Melodie als Ganze erinnern sowie den Zeitpunkt angeben, an dem ich sie gehört habe. Erst nach dem Erscheinungsablauf haben wir insofern ein Zeitobjekt, nicht jedoch schon während wir der Melodie lauschen. Der Ton wie und während er uns erscheint, ist wie Husserl dies so schön sagt, jedes Mal anders erfahren, als Impression, Retention oder antizipiert in der Protention, oder hernach als erinnerter, d. h. ‚gleichsam neu erzeugter' Ton. Hier wird deutlich, dass der ‚Gegenstand' unserer Wahrnehmung, sei es ein Haus oder eine Melodie, zwar statisch gesehen immer der Ausganspunkt oder Leitfaden jeder Beschreibung ist: Ich sehe ja nicht nur Teile eines Hauses oder isolierte Töne, sondern ich erfahre den Wahrnehmungsgegenstand normalerweise als einheitlich, vollständig und kontinuierlich. Zugleich ist dieser einheitliche Gegenstand aber auch das Ziel jeder Beschreibung bzw. das Rätsel, dass es aufzuklären gilt: Wie kommt es überhaupt zu einer solchen stabilen und kontinuierlichen Dingwahrnehmung? Welche konstitutiven Leistungen des Bewusstseins gehen dieser zeitlichen und inhaltlichen ‚Einheit' voran? Reduziert man die Beschreibung also nicht nur auf einen bestimmten ‚statischen' Ausschnitt, sondern achtet auf die wechselnden Erscheinungsweisen, den Zusammenhang von Eigenbewegung, Zeitlichkeit und der Erscheinung des Dinges, so wird deutlich, dass jede Dingwahrnehmung eine genetische Dimension hat. Dieses Zurückfragen nach den genetischen Bedingungen jeder Erfahrung gehört zur transzendentalen Phänomenologie (▶ Abschn. 2.3).

**?** **Aufgaben**

1. Machen Sie einen kleinen Spaziergang. Suchen Sie sich ein beliebiges statisch-räumliches Objekt ihn ihrer unmittelbaren Umgebung aus (Gebäude, Pflanze) sowie ein zeitliches Objekt (eine Melodie, Geräusch, Leuchtreklame, sich bewegendes Tier etc.) und beschreiben Sie dieses. Unterscheiden Sie dabei zwischen Erfahrungsgegenstand und Erfahrungsweise. Verwenden Sie die Differenzierungen und Begriffe in den obigen Beispielen als Orientierung.

2. Warum spricht die Phänomenologie von einer vorurteilslosen Beschreibung? Was ist hiermit gemeint und warum ist dies wichtig? Diskutieren Sie dies mit Mitstudierenden.

3. Glossar: Notieren Sie alle Fachbegriffe und Wörter, die zur Differenzierung innerhalb der Beschreibung beitragen sollen (z. B. eigentlich/uneigentlich wahrgenommen, meinen, Horizontintentionalität, Impression – Retention – Protention, Kinästhese etc.). Definieren Sie diese anhand des Textes und anderer Quellen und fügen Sie diese dem Glossar hinzu. (Tipp: Dieses Glossar kann gemeinsam mit anderen Kommiliton:innen erstellt werden.)

4. Versuchen Sie, eigene Unterscheidungen und Differenzierungen zu formulieren, die für die phänomenologische Beschreibung nützlich sein können, etwa in Bezug auf die Beschreibung neuer Technologien, Medien oder anderer ‚Sachen'.

## 2.2 Das Allgemeine bestimmen

» Das ist eine Eigenart der phänomenologischen Methode: Daß sie weder aus einem obersten Prinzip heraus ihre Gesetzmäßigkeiten gewinnt, noch auch durch die induktive Häufung einzelner Beispiele, sondern dadurch, dass sie am einzelnen Beispiel das allgemeine Wesen, die allgemeine Gesetzmäßigkeit erschaut. (Geiger 2009 [1925], S. 34)

Schon in seinen frühen Vorlesungen, z. B. in der Vorlesung *Die Idee der Phänomenologie* von 1907, beschreibt Husserl die Phänomenologie als Wesensanalyse oder Wesensbetrachtung (Hua II, S. 51; vgl. Jansen 2017). Die Losung ‚zu den Sachen selbst' zielt hier zunächst auf das Wesen der entsprechenden Sachen, d. h. das, was eine Sache oder einen Gegenstand in Allgemeinheit und Notwendigkeit als solche/n bestimmt. Eine solche eidetische Phänomenologie, die sich auf die Bestimmung von sachlicher Allgemeinheit der wahrgenommenen Dinge oder Bedeutungen richtet, prägt denn auch Husserls Philosophie bis zur sogenannten transzendentalen Wende um 1913 (Publikation der *Ideen I*).

---

**Definition**

Das **Wesen** ist dasjenige, was alle Gegenstände derselben Art gemeinsam haben (Allgemeinheit) sowie dasjenige, was für diese ‚Art von Sache' notwendig spezifisch ist, d. h., was sie zu dieser Art von Gegenstand macht (Spezifizität) und von anderen ‚Sachen' unterscheidet.

Das **Wesen als Eidos** ist eine Idee im platonischen Sinne, aber ohne metaphysische Interpretation: Sie existiert nicht in einem ‚Ideenhimmel', sondern ist das Allgemeine, das uns in und an der Erfahrung oder Phantasie von Etwas intuitiv zur Gegebenheit kommt. Auch wenn das Wesen keine neben dem Realen separate Existenz hat, gilt seine Bestimmung zugleich notwendig und a priori (vor/unabhängig von der jeweils konkreten Erfahrung), da es den Umfang und die Grenze tatsächlich existierender oder aber nur möglicher oder denkbarer Gegenstände notwendig bestimmt.

---

**2**

**Wesenswissenschaft vs. Tatsachenwissenschaft** Obwohl sie bei der Erfahrung beginnt, diese beschreiben, bestimmen und aufklären will, ist die Phänomenologie nach Husserl keine Tatsachenwissenschaft, sondern eine Wesenswissenschaft (Eidetik). Das zu bestimmende Wesen ist denn auch nicht die Allgemeinheit oder Verallgemeinerung von empirischen Einzelheiten (etwa eine induktive Verallgemeinerung von beobachteten oder gemessenen Eigenschaften von tatsächlich existierenden Löwen). Eine solche empirische Allgemeinheit ist nach Husserl immer zufällig, d. h. zufällig so und so beschaffen (aufgrund von Umweltbedingungen oder Naturgesetzen dieser Welt), nicht jedoch a priori (vor und unabhängig von jeglicher tatsächlicher Erfahrung) notwendig. Notwendig in diesem Sinne sind lediglich reine Begriffe, deren Bildung nicht von der Zufälligkeit eines faktisch gegebenen Löwen abhängt, von dem aus dann erst im Nachhinein das Allgemeine bestimmt wird. Das reine Wesen muss nach Husserl das jeweilige Einzelding nicht erst im Nachhinein, sondern schon vorweg, also vor und unabhängig von jeder tatsächlichen Erfahrung, bestimmen (Husserl 1939, S. 409). Hierbei geht es also um dasjenige, ohne was sich eine Sache nicht denken lässt, also um den Bereich des Möglichen und nicht des Tatsächlichen.

**Eidetik in Wissenschaft und Phänomenologie** Eidetik wird jedoch auch außerhalb der Philosophie betrieben, z. B. auf rein formale Weise in der Logik: Die formale Logik gibt dabei die allgemeinen formalen Richtlinien für jede mögliche wahre Aussage vor. Eine typisch eidetische Wissenschaft, die sich auf die inhaltlich allgemeinste Form anschaulicher Dinge beschränkt, ist die Geometrie. Hier gilt das individuelle und zufällig hier stehende Haus meiner konkreten Wahrnehmung lediglich als Exemplar für allgemeine geometrische Formen, wie z. B. ein Dreieck, eine Gerade oder einen rechten Winkel. Die Sachen, auf welche sich die Phänomenologie bezieht (Wesen der Wahrnehmung, Psyche, äußere Dinge), sind jedoch keiner exakten Wesensbestimmungen zugänglich, lassen sich also nicht, wie z. B. in der Mathematik, als Axiome für eine Deduktion verwenden oder einwandfrei beweisen. Wie die Biologie auch, ist die Phänomenologie eine beschreibende Wissenschaft. Ihr entsprechen daher nur ‚vage‘ oder morphologische Wesen, wie Husserl dies nennt. Dies meint sachhaltige Wesen, die auf die Beschreibung von allgemeinen Formen oder Gestalten, z. B. verschiedene Lebensformen in der Biologie, angewiesen sind. Bewusstseinserlebnisse wesensmäßig zu beschreiben, ist daher etwas ganz anderes als einen mathematischen Beweis führen. Im Bewusstsein und der erfahrenen Welt lässt sich nichts endgültig fixieren, hier ist alles vage und im Fluss. Und doch, daran glaubte Husserl zutiefst, kann man auch hier notwendige Allgemeinheiten erkennen oder sogar unmittelbar oder methodisch erschauen.

**Erfahrung von Typischem und Bestimmung des Wesens** Wir können dabei unterscheiden zwischen der Möglichkeit der Erfahrung des Allgemeinen und dem expliziten Bestimmen und Überprüfen dieser Allgemeinheit als Wesen von Etwas. Die bloße Erfahrung des Allgemeinen versteht Husserl später genetisch als Bildung oder Konstitution eines Typus in der Erfahrung, z. B. wenn ein Kind etwas aufgrund vorheriger Erfahrungen von Ähnlichem nicht nur als singuläres

Etwas, sondern automatisch als Typ, d. h. als dem Typus ‚Hund' zugehörig erfährt. Eine solche Allgemeinheit bildet sich durch passive Assoziation, also ohne bewusstes Zutun in der konkreten Erfahrung heraus und basiert auf wiederholten individuellen Erfahrungen. Jedes ähnliche Etwas wird nun sofort als Dies oder Das, also mit einem bestimmten Sinn versehen, aufgefasst. Eine typische Erfahrung oder ein erfahrener Typus ist dabei noch kein Wesen im strengen und reinen Sinn, da diese Typen sich mit wechselnden Erfahrungen anpassen können und müssen und lediglich vage sachliche Allgemeinheiten umfassen.

**Das reine Wesen** soll hingegen die Sache selbst bestimmen und nicht bloß unseren Begriff davon oder unsere Gewohnheit (was wir häufig sehen und daher miteinander assoziieren), sondern eben das Wesen, das ein bestimmtes Ding unabhängig von seiner Bestimmung und Erkenntnis ausmacht. Bei der Bestimmung des Wesens muss dabei

a) **die lediglich (implizit) erfahrene Allgemeinheit** explizit (gemacht) werden, und

b) **das vermeintlich Allgemeine** oder Invariante als solches methodisch bestimmt und überprüft werden.

In der Wesensbestimmung wollen wir also herausfinden, was jedem Gegenstand dieser Art gemein ist *(Allgemeinheit)*, was diesen Gegenstand ausmacht *(Notwendigkeit)* und dabei von anderen Arten von Gegenständen unterscheidet *(Spezifizität)*.

Auch bei einer Wesensbestimmung gibt es graduelle Unterschiede der Allgemeinheit und Notwendigkeit. So unterscheidet Husserl etwa zwischen *materialen,* also sachhaltigen *Wesen* (wie Haus, Baum, Farbe, Ton, Raum, Empfindung, Gefühl etc.) und *formalen Wesen* (wie Etwas oder Eines, Gegenstand, Beschaffenheit, Beziehung, Verknüpfung, Mehrzahl, Ganzes, Teil, Größe usw.; vgl. Hua XIX/1, S. 256). Sachhaltige Wesen sind dabei, wie der Name schon angibt, nicht nur formal, sondern konkret inhaltlich bestimmt, daher sind sie weniger allgemein als formale Wesen. Innerhalb einer sachhaltigen Unterscheidung kann man dabei auch zwischen mehr oder weniger Allgemeinem unterscheiden. Zunächst haben wir etwa das singuläre Eidos ‚Hund', dann Gattungen und Speziesbegriffe, wie ‚Säugetiere', ‚Tiere', ‚Lebewesen', und zuletzt den Bereich ‚Gegenstand' (im allgemeinen Sinne: möglicher Gegenstand für ein Bewusstsein, wobei die allgemeinsten Kategorien die jeweils anderen beinhalten).

Generalisierung und Formalisierung  Von einem Hund zu einem Ding überhaupt kommt man durch eine Generalisierung. Will man jedoch ausgehend von einer konkreten Hundewahrnehmung das formale Wesen ‚Gegenstand überhaupt' bestimmen, stellt dies keine sachliche Generalisierung, sondern eine Formalisierung dar. ‚Gegenstand überhaupt' ist keine inhaltliche, sondern eine formal-ontologische Bestimmung: Zum Beispiel lässt sich ein Dreieck zunächst zu einer Raumgestalt und dann zu einem Gegenstand überhaupt formalisieren oder ein gesehenes ‚Rot' zu einer ‚sinnlichen Qualität'. Eine Generalisierung ist hingegen eine sachliche Verallgemeinerung, hier gehen wir vom Spezifischen oder Besonderen zum Allgemeinen. Materiale Wesen haben daher immer einen gewissen Umfang, den es einzugrenzen gilt (was gehört noch zur Gattung ‚Säugetiere'?, was fällt unter die Kategorie ‚Baum' oder ‚Farbe'?). Auf diese Weise kann man eine deskriptive ‚regionale' Ontologie betreiben, die versucht, die allgemein(st)en Regionen des Seins, wie etwa Natur, Bewusstsein oder Geist (Husserls und auch Hegels Bezeichnung für Kultur und Soziales), und ihre Unterregionen deskriptiv zu bestimmen.

Je konkreter bzw. sachhaltiger die Beschreibung des Allgemeinen wird, desto schwieriger lässt sich dabei das bei allen Dingen einer Art Invariante bestimmen. Sich auf die formale Bestimmung zu einigen, dass es zum Wesen der Farbe gehört, sinnliche Qualität zu sein, ist also einfacher, als diejenigen Merkmale zu bestimmen, die jedem denkbaren Hund zukommen müssen bzw. die einen Hund (gegenüber anderen Tieren) als Hund ausmacht.

Phänomenologisch Wesen erschauen  Das Allgemeine (‚Haus') eines wahrgenommen singulären Gegenstandes oder Individuums (‚dieses Haus dort') lässt sich nach Husserl nicht nur im Nachhinein begrifflich oder konzeptuell bestimmen, d. h. denken, sondern zeigt sich in der Erfahrung – es lässt sich regelrecht *erschauen*. Husserl spricht hierbei auch von einer Wesensschau. Hiermit ist keine direkte sinnliche Anschauung von Wesen gemeint, als würde man in der alltäglichen Dingwahrnehmung mit entsprechender ‚Erleuchtung' zusätzlich noch ein irgendwie darüber schwebendes Wesen erkennen. Und doch hält Husserl daran fest, dass man das Ideale oder Kategoriale nicht nur denken, sondern *erschauen* kann, nicht direkt mit einem Mal, aber durch wiederholte Anschauung entsprechender Beispiele. Er nennt dies auch *kategoriale Anschauung*. In diesem Sinne kann man allgemeine Kategorien in ähnlicher Weise geistig erschauen wie man konkrete weltliche Dinge sinnlich wahrnimmt (Hua XIX/2, S. 674). Eine solche Wesensschau ist dabei kein unmittelbarer oder schlichter Akt der Wahrnehmung, sondern muss sich erst stufenweise konstituieren. Eine solche Schau des Allgemeinen ist dabei immer fundiert in einer schlichten Wahrnehmung: Die höherstufige Kategorie (Eidos) ‚Farbe' kann demnach nur auf der Basis der schlichten Wahrnehmung farbiger Dinge erschaut werden.

Das Wesen ‚rot' lässt sich etwa aus exemplarischen Erfahrungen roter Gegenstände oder das Wesen der Wahrnehmung aus exemplarischen Wahrnehmungserlebnissen erschauen (Jansen 2017, S. 145). Dabei haben wir zunächst die jeweilige Ähnlichkeit selbst gesehener Sachen vor Augen, und es vollzieht sich automatisch eine „geistige Überschiebung, in der das Gemeinsame, das Rot, die Figur etc. ‚selbst' hervortritt, und das heißt, zur schauenden Erfassung kommt" (Husserl 1939, S. 421). Dies ist natürlich nicht dasselbe, wie ein sinnliches Sehen, sondern eine Erweiterung des Sprachgebrauches von Sehen. „[D]as allgemeine Rot kann man nicht sehen, wie man ein individuelles, einzelnes Rot sieht" (Husserl 1939, S. 421). Jedoch besteht hier eine Analogie: Ein „Gemeinsames und Allgemeines beliebig vieler einzeln gesehener Exemplare" wird uns „analog direkt und als es selbst zu eigen" (ebd.), genauso wie ein individuell Einzelnes in der sinnlichen Wahrnehmung. Jedoch nicht einfach so und direkt, sondern in einem „komplizierten Erschauen der aktiv vergleichenden Überschiebung der Kongruenz" (ebd.).

**Zur Vertiefung**

**Das reine Wesen als Eidos**

In früheren Texten verwendet Husserl den Begriff ‚Wesen‘, um alle möglichen Formen des Idealen oder Allgemeinen zu bezeichnen, also im platonischen Sinne einer Idee (der konkrete Gegenstand Tisch hat Anteil an der Idee ‚Tisch‘), einer Spezies (der konkrete Mensch ist Teil der Spezies Mensch) oder einer idealen Allgemeinheit oder Bedeutung. Das Wesen ist dabei dasjenige Allgemeine, was sich in einer Vielzahl von individuellen Gegenständen vereinzeln kann, also das Wesen ‚Mensch‘ oder ‚Tisch‘ in willkürlich viele tatsächlich existierende und erfahrene Menschen und Tische.

In späteren Texten, z. B. dem sogenannten *„Logos“-Artikel* von 1911 (Hua XXV, S. 29–41), spricht Husserl vom Allgemeinen und Wesen als Eidos, und meint hiermit in engerem Sinne Universalien (‚Mensch‘, ‚rot‘), also eine Art allgemeine Gattung oder Kategorie, die als Prädizierbares so etwas wie einen Umfang haben kann (alles was zur Kategorie ‚rot‘ oder ‚Mensch‘ gehört). In den *Ideen I* (Hua III/1) definiert Husserl das Eidos als ein im bestimmten Sinne reines Allgemeines, also die allgemeine Bestimmung, die wir Gegenständen prädikativ (begrifflich) oder vorprädikativ (in kategorialen Anschauungen) zuschreiben. ‚Rein‘ meint hier gereinigt von sachlichen Besonderheiten, also *rein formal* allgemein bestimmt.

Das reine Wesen oder Eidos umfasst dabei keine empirischen Wesen, es muss so allgemein sein, dass es dabei nicht mehr an Empirisches, also an Konditionen und Umstände dieser Welt (wie z. B. Naturgesetze, materielle Umwelt etc.) gebunden ist. So kann man z. B. auch allgemein von den Europäern, dem italienischen Schuh oder zoologischen Begriffen, wie Eidechse oder Löwe etc., sprechen. Diese empirischen Wesen sind jedoch an einen wirklichen Zusammenhang gebunden, sie bezeichnen lediglich den Umfang von wirklichen Löwen oder real möglichen Löwen. Das reine Wesen hingegen hat keinen realen Umfang von wirklichen oder möglichen (also in Zukunft existierenden Löwen), sondern bezieht sich auf einen **Umfang reiner Möglichkeiten,** also Möglichkeiten reiner Phantasie (vgl. Sowa 2010, S. 70).

**Allgemeinheit als Notwendigkeit**   Obwohl also das Erschauen und die Bestimmung der Wesen auf die Wahrnehmung konkreter Dinge angewiesen ist, darf das konkrete Einzelding oder ein zeitliches Individuum (ein Lebewesen wie z. B. der Mensch) nicht als Ursache des Eidos verstanden werden. Das Wesen bestand bereits vor und unabhängig davon, ob wir es zum jetzigen (oder einem anderen) Zeitpunkt nun erschauen oder erkennen. Vielmehr steht jedes Farbliche unter den Wesensgesetzen des Farblichen überhaupt (Qualität, Intensität), jedes Einzelne (farbiges Ding) ist damit in der Gattung oder Spezies (Farbe) qua Umfang enthalten. Diese gesetzliche Allgemeinheit (Wesensallgemeinheit) ist damit zugleich eine Wesensnotwendigkeit, d. h. eine Voraussetzung dafür, zu dieser Gattung zu

2

gehören (Hua III/1, S. 19). Dies gilt auch für richtige Urteile über Wesen, wie z. B., dass Farbe nicht ohne Ausdehnung sein kann, dies gilt nicht nur allgemein, sondern auch notwendig (wenn das Wesen richtig bestimmt wurde).

Die wahrgenommenen Dinge oder Individuen sind daher als beliebige Beispiele anzusehen, die das jeweilige Wesen vereinzeln oder exemplifizieren. Um diese Unabhängigkeit des Wesens von der konkreten Wahrnehmung deutlich zu machen, betont Husserl später, dass sich der Übergang vom konkreten Ding oder Individuum zum Allgemeinen oder Idealen ebenso gut in freier Fiktion, d. h. in der Phantasie realisieren lässt (Hua XIX/1, S. 456). Die echte, d. h. freie eidetische Variation ist demnach vor allem in der Phantasie ausführbar, nur hier lässt sich die Wesensschau vom Charakter der Zufälligkeit bewahren (Husserl 1939, S. 410).

> **▶ Beispiel – Ein Wesen ist kein Individuum**

» Stellen wir uns etwa ein individuelles Haus vor, das jetzt gelb gefärbt ist, so können wir ebensogut denken, es könnte blau gefärbt sein, oder es könnte statt des Ziegeldaches ein Schieferdach haben, oder statt dieser Gestalt eine andere. Das Haus ist eines, das möglicherweise statt irgendwelcher ihm einheitlicher Vorstellung zukommender Bestimmungen ebensogut andere mit ihnen unverträgliche haben könnte. Es, dasselbe, ist denkbar als *a* und als *non-a,* aber natürlich, wenn als a, dann nicht zugleich als *non-a*. Es kann nicht beides in eins, beides zugleich sein, es kann nicht zugleich wirklich sein mit jedem von beiden, aber es kann statt *a* in jedem Moment *non-a* sein. Es ist als Identisches gedacht, an dem entgegengesetzte Bestimmungen getauscht werden können.
[…] Was hier als Einheit im Widerstreit erschaut wird, ist kein Individuum, sondern eine konkrete Zwittereinheit sich wechselseitig aufhebender, sich koexistential ausschließender Individuen: ein eigenes Bewußtsein mit einem eigenen konkreten Inhalt, dessen Korrelat konkrete Einheit im Widerstreit, in der Unverträglichkeit heißt […].
Das Einzelne, das der Wesensschau zugrunde liegt, ist nicht im eigentlichen Sinne ein geschautes Individuum als solches. Die merkwürdige Einheit, die hier zugrunde liegt, ist vielmehr ein ‚Individuum‘ im Wechsel der ‚außerwesentlichen‘ konstitutiven Momente. (Husserl 1939, S. 416–117) ◀

**Reale und ideale Möglichkeiten**  Warum kann und darf ein Wesen keine Verallgemeinerung von tatsächlich existierenden Löwen, roten Rosen oder Menschen sein? Weil es so immer an dasjenige, was momentan ist, gebunden bleibt. Alles, was real existiert und passiert, tut dies zwar nicht ohne Grund, Motivation und Regel, aber eben aus realer und nicht aus reiner Notwendigkeit. Selbst Naturgesetze, obschon allgemein gültig, gelten nur für diese zeitlich und materiell existierende Welt. Husserl unterscheidet damit strikt zwischen realen und idealen Möglichkeiten, also Möglichkeiten, die für diese Welt und diese Menschen gelten, aber nicht für Gegenstände und bewusste Subjektivität allgemein. Die Wahrnehmung ist demnach immer eine konkrete Erfahrung individueller Gegenstände (oder Lebewesen), wie z. B. diese Hauswahrnehmung. Dabei ist jede weitere Wahrnehmung horizonthaft vorgezeichnet (die Rückseite des Hauses) und inhaltlich mitbestimmt durch das, was wir vom Haus bereits aktuell und eigentlich erfahren haben (die Vorderseite). Die wechselnden Perspektiven und Ansichten des Hauses müssen zusammenpassen, d. h. einstimmig sein, wollen wir von der Wahrnehmung desselben Hauses sprechen (und nicht von Ansichten verschiedener Gegenstände). Dies ist wiederum ein Wesensgesetz der Wirklichkeit: Wirklich ist für uns nur, was einstimmig ist, d. h., was mit dem übereinstimmt, das wir oder andere Subjekte bereits erfahren haben.

**Die Freiheit der Phantasie** Nicht so in der Phantasie. Hier können wir ausgehend von einem phantasierten Haus frei variieren, wobei die Variationen nicht miteinander übereinstimmen müssen. Wir können das Haus einmal gelb, einmal blau, einmal mit diesem Dach, einmal mit jenem vorstellen. Dies ist deshalb wichtig, da es uns ja nicht um die Individualität des jeweiligen Gegenstandes geht (also darum, ein bestimmtes Haus zu identifizieren), sondern um dasjenige, was allen Häusern als solchen zukommen muss. Dasjenige, was in allen möglichen (und unendlich fortsetzbaren) Variationen dasselbe bleibt, das Invariante inmitten der Variation.

Um dieses Invariante nun erschauen und bestimmen sowie in zukünftigen Wahrnehmungen und Vorstellungen überprüfen oder darüber urteilen zu können, bedarf es laut Husserl einer aktiven willentlichen Anstrengung und Methode, die uns vom Konkreten, Individuellen und Zufälligen zum Abstrakten, Allgemeinen und Notwendigen führt: die eidetische Wesensschau bzw. eidetische Variation.

> **Definition**
>
> In der **eidetischen Variation** nehmen wir einen erfahrenen oder phantasierten Gegenstand als Beispiel, den wir dann beliebig gedanklich imaginär variieren, d. h., wir erzeugen offen endlose Varianten dieser Sache. Was sich hierbei zeigt, ist die sich in der Vielzahl der Varianten enthaltene oder durchgehaltene Einheit: Dasjenige, was in jeder möglichen Variation gleich bleibt. Diese Invariante stellt die allgemeine Form der Sache dar, ohne die ein derartiges Ding (als Vorbild seiner Art) nicht gedacht, d. h. nicht anschaulich als ein solches phantasiert werden kann (Husserl 1939, S. 411).
>
> Die eidetische Variation besteht aus drei Hauptschritten:
> 1. das aktiv erzeugte „**Durchlaufen der Mannigfaltigkeit der Variation**",
> 2. die ‚**überschiebende Deckung**', also passive Verknüpfung innerhalb der Anschauung derjenigen Variationen, die sich in Bezug auf einen Aspekt decken (Kongruieren), und
> 3. die aktive **Identifizierung des Kongruierenden** (das, was invariant bleibt) gegenüber den Differenzen (das, was sich jeweils ändert) (Husserl 1939, S. 419; Hua IX, S. 86).

**2**

## 2.2.1  Beispiele eidetischer Variation

Wie wir gesehen haben, geht es in der eidetisch orientierten Phänomenologie nicht so sehr um empirische, reale Dinge oder Individuen, sondern mit den ‚Sachen selbst‘ ist in beinah platonischer Weise deren Wesen gemeint, d. h. das, was alle Sachen dieser Art notwendig ausmacht und sie allgemein, d. h. nach ihrer Möglichkeit (und nicht Konkretheit) bestimmt. Man könnte also sagen, Phänomenologie so betrieben, ist eine **Wissenschaft der Möglichkeiten** und nicht der Tatsachen. So muss auch das bestimmte Eidos einer Sache, z. B. des Tones oder der Farbe, auf jeden real und möglich existierenden Ton oder jedes real und möglich existierende Vorkommnis von Farbe zutreffen. Ist dies nicht so, treffen wir entweder auf eine Farbe oder einen Ton, die bzw. der dem jeweiligen Eidos nicht entspricht, oder, wenn wir beides anders denken können, dann haben wir das Eidos noch nicht in reiner Allgemeinheit zu fassen bekommen. Dann stellt sich heraus, dass das, wovon wir dachten, es gehöre zum unabtrennbaren Wesen einer Sache, nur eine mögliche Variante oder beliebige Ausformung derselben ist.

▶ **Beispiel – Von einem Ton zum Ton überhaupt**

» Z.B. verfahren wir so im Ausgang von einem Ton, mögen wir ihn nun wirklich hören oder als Ton „in der Phantasie“ vorschweben haben, so gewinnen wir das im Wandel ‚beliebiger‘ Varianten erfaßte Eidos Ton als das hier notwendig Gemeinsame. Nehmen wir nun ein anderes Tonphänomen als Ausgang, als beliebig Variiertes, so erfassen wir an dem neuen „Exempel“ nicht ein anderes Eidos Ton, sondern im Aneinanderhalten des neuen und des früheren sehen wir, daß es dasselbe ist, daß die beiderseitigen Varianten und Variationen sich zu einer einzigen Variation zusammenschließen, und daß die Varianten da und dort in gleicher Weise beliebige Vereinzelungen des einen Eidos sind. Uns selbst ist evident, daß wir fortschreitend von einer Variation zu einer neuen, diesem Fortschreiten und Bilden neue Variationsmannigfaltigkeiten selbst wieder den Charakter des beliebigen geben können, und daß […] sich „immer wieder“ dasselbe Eidos ergeben muß: dasselbe allgemeine Wesen „Ton überhaupt“. (Husserl 1939, S. 412) ◀

Die Phantasie bzw. Möglichkeit der freien Variation in der Phantasie, spielt hier eine wichtige Rolle. Zwar lässt sich auch auf der empirischen Ebene Allgemeines bestimmen. Ich kann etwa eine Vielzahl hier und jetzt existierender und wahrgenommener Dinge vergleichen und dabei das ihnen Allgemeine bestimmen. Selbst wenn ich dies mithilfe digitaler Technologie auf unendlich viele tatsächlich existierende Dinge dieser Art ausweiten würde, erhielte ich am Ende immer nur einen empirisch begrenzten Umfang. Will ich jedoch den reinen Begriff von Etwas bestimmen, darf dieser nicht an einen tatsächlichen Umfang existierender Dinge gebunden sein.

**Algorithmische Vorurteile und eidetische Variation**  Dies lässt sich gut an der gegenwärtigen Debatte um sogenannte *implicit bias* (implizite Vorurteile) bei

Algorithmen zeigen. Trainiert man einen selbstlernenden Algorithmus zur Gesichtserkennung mit einer nicht repräsentativen empirischen Datenauswahl, also z. B. nur mit Bildern von Gesichtern mit weißer Hautfarbe, wird dieser nicht in der Lage sein, Gesichter mit anderen Hautfarben als solche zu erkennen. Bekannt wurde dies, als der Facebook-Algorithmus Urlaubsfotos von Nutzer:innen mit nicht-weißer Hautfarbe nicht als Fotos einer Person, sondern als Fotos eines Affen kategorisierte, oder als eine Software zur Erkennung von Hautkrebs diesen nur bei Personen mit weißer Haut identifizieren konnte. Dies ist nicht nur ein Beispiel für die Vorurteile der jeweiligen Programmierer:innen, die mangelnde Diversität im IT-Bereich oder die eingeschränkte Auswahl an Trainingsdaten, sondern auch ein Beispiel für eine automatisierte (falsche bzw. unzureichende) empirische Generalisierung. Würde man hier dagegen die Methode der eidetischen Variation anwenden, so würde man nicht mit der selektiven Auswahl real existierender Gesichter beginnen, sondern bei einem beliebigen Gesicht – bzw. allgemeinen Einzelheiten eines Gesichts –, um dann potentiell unendliche Variationen möglicher Gesichter zu simulieren, bis man stabile Kongruenzen entdeckt und dann an der Realität prüft. Das Ausgangsbeispiel muss dabei so beliebig wie möglich sein. Es darf dabei keinen Unterschied machen, ob wir mit unserer Variation bei jenem Gesicht (oder Ton oder mit jener roten Farbe) beginnen.

> ▶ **Beispiel – Das Eidos ist keine empirische Verallgemeinerung**

>> Wir gewinnen für dieses Rot hier und jenes Rot dort wohl ein beiderseits Identisches und Allgemeines, aber nur als Gemeinsames eben dieses und jenes Rot. Wir gewinnen nicht das reine Rot überhaupt als Eidos. Freilich können wir, ein drittes Rot oder mehrere, sich wann immer darbietende Rot heranziehend, erkennen, daß das Allgemeine der zwei identisch dasselbe ist wie das Allgemeine der Vielen. Aber wir gewinnen so immer nur Gemeinsamkeiten und Allgemeinheiten in bezug auf empirische Umfänge […]. Sowie wir jedoch sagen, jedes beliebige und neu heranzuziehende Gleiche muß dasselbe ergeben, und abermals sagen: das Eidos Rot ist Eines gegenüber der Unendlichkeit möglicher Einzelheiten, die diesem und irgendeinem damit zu deckenden Rot zugehören, brauchen wir schon eine unendliche Variation in unserem Sinne als Untergrund. […] Sie liefert uns […] den sogenannten Umfang des Eidos, des rein begrifflichen Wesens […]. (Husserl 1939, S. 422–423) ◀

**Reduktion auf das Wesentliche** Um ein solchermaßen reines Allgemeines oder begriffliches Wesen formulieren zu können, ist es notwendig, die Unabhängigkeit von empirischen Notwendigkeiten und Gesetzlichkeiten zu gewährleisten. Hierfür müssen wir von jeglicher Behauptung gegenüber der Wirklichkeit bzw. in Husserls Worten von jeder ‚Daseinssetzung' absehen. Husserl spricht diesbezüglich auch manchmal von einer *eidetischen Reduktion* (Husserl, Hua XIX/1, S. 412), also einer Reduktion auf das rein Mögliche (in Bezug auf eine Sache). Diese Reduktion ist jedoch streng von der transzendentalen Reduktion zu unterscheiden. Während die transzendentale Reduktion auf dasjenige reduziert, was

**2**

die (formalen, basalen) Bedingungen für Erfahrung sind, d. h. was konstitutiv notwendig ist für diese oder jene Erfahrung oder Erfahrung überhaupt, soll die eidetische Reduktion den Blick der Forschenden auf das ideal Allgemeine der jeweils zu bestimmenden Sache lenken. Die zu bestimmende Sache kann dabei ein Ton sein oder, wie später im Rahmen der transzendentalen Phänomenologie, das Wesen des Bewusstseins. Eine eidetische Reduktion auf das (z. B. sachliche oder kategoriale) Wesen ist dabei nicht notwendig auch transzendental im kantischen und Husserlschen Sinne, dies trifft streng genommen nur auf eine eidetische Bestimmung des Bewusstseins oder Subjekts zu (▶ Abschn. 2.3).

> ▶ **Beispiel – Das reine Eidos, an keine Wirklichkeit gebunden**

» Zuvor ist darauf hinzuweisen, daß auch die gänzlich freie Variation nicht genügt, das Allgemeine wirklich als reines zu gewinnen. Selbst das durch Variation gewonnene Allgemeine muß noch nicht im eigentlichen Sinne rein, frei von Wirklichkeitssetzung sein. Wenngleich durch die Variation schon die Beziehung auf das zufällige, wirklich existierende Ausgangsexempel ausgeschaltet ist, so kann dem Allgemeinen doch noch eine Beziehung auf Wirklichkeit anhaften [...]. Für ein reines Eidos ist die faktische Wirklichkeit völlig irrelevant. [...] Die Wirklichkeiten müssen behandelt werden als Möglichkeiten unter anderen Möglichkeiten, und zwar als beliebige Phantasiemöglichkeiten. Das geschieht nur dann, wenn jede Bindung an vorgegebene Wirklichkeit aufs Sorgsamste ausgeschlossen ist. Variieren wir frei, aber im geheimen daran festhaltend, daß es z.B. beliebige Töne in der Welt sein sollen, von Menschen auf der Erde zu hören oder gehörte Töne, dann haben wir zwar ein Wesensallgemeines als Eidos, aber auf unsere tatsächliche Welt bezogen und an diese universale Tatsache gebunden. [...]
> Nur wenn wir uns dieser Bindung bewußt werden, sie bewußt außer Spiel setzen und somit auch den weitesten Umgebungshorizont der Varianten von aller Bindung, aller Erfahrungsgeltung befreien, schaffen wir vollkommene Reinheit. Wir stehen dann sozusagen in einer puren Phantasiewelt, einer Welt absolut reiner Möglichkeit. [...]
> Ein reines Eidos [...] ist z.B. die Artung Rot oder die Gattung Farbe; aber nur wenn sie gefaßt sind als reine Allgemeinheiten, also frei aller Voraussetzung irgendwelchen tatsächlichen Daseins, irgendeines faktischen Rot, bzw. irgend einer farbigen tatsächlichen Wirklichkeit. Das ist auch der Sinn geometrischer Aussagen; z.B. wenn wir den Kreis als eine Art von Kegelschnitt bezeichnen, bzw. eidetisch einsichtig erfassen, so ist dabei nicht die Rede von einer wirklichen Fläche als einer solchen der faktischen Naturwirklichkeit. Demgemäß ist ein rein eidetisches überhaupt-Urteilen, wie das geometrische oder das über ideal mögliche Farben, Töne u. dgl. in seiner Allgemeinheit an keine vorausgesetzte Wirklichkeit gebunden. (Husserl 1939, S. 423–425) ◀

Beginnen wir nun mit der Variation anhand einer vorgestellten beliebigen roten Farbe (Schritt 1). Hierbei zeigt sich in der durchgeführten Variation (als Leistung oder Erzeugung unserer Imagination) sowohl dasjenige, was sich innerhalb dieser verschiedenen Varianten deckt oder kongruiert, als auch das, was jeweils unterschiedlich ist (Schritt 2). Im zweiten Schritt vollzieht sich ein passives Erschauen von Kongruenz (überschiebende Deckung der in der Imagination ablaufenden Varianten) und Differenz (das was sich bei den Variationen nicht deckt, sondern als unterschiedlich abhebt). Zum Beispiel imaginiere ich eine rote Rose, einen roten Stuhl und eine rote Tasse, hierbei ändert sich die Form, die Farbe Rot aber ist allen gemeinsam. Wie Husserl dabei deutlich macht, ist jede erfahrene Differenz eng mit einer solchen Kongruenz verbunden. Ich kann gegebene Unterschiede nur wahrnehmen auf der Basis eines Gemeinsamen. Jede neu erfahrene Differenz oder der ,Widerstreit' zwischen den Variationen führt demnach wieder zu einer höheren (d. h. allgemeineren) Form der Gemeinsamkeit, bis hin zur letzten oder ersten Allgemeinheit, die alle mögliche Diversität als Teile oder mögliche Ausformungen dieses Eidos umfasst.

> ▶ **Beispiel – Das Eidos Rot: Kongruenz und Differenz**

>> Wenn wir z.B. von einer gegebenen roten Farbe zu einer Folge beliebiger anderer roter Farben übergehen – mögen wir sie wirklich sehen oder als Farben „in der Phantasie" vorschweben haben – so gewinnen wir das im Wandel der ,beliebigen' Varianten kongruierende Eidos Rot als das notwendig Gemeinsame, während die verschiedenen Ausdehnungen in der Deckung, statt zu kongruieren, vielmehr sich streitend abheben.
>> Die Idee der Differenz ist also nur zu verstehen in ihrer Verflechtung mit der des identisch Gemeinsamen als Eidos. Differenz ist dasjenige, was in der Überschiebung der Mannigfaltigkeiten nicht zur Einheit der dabei hervortretenden Kongruenz zu bringen ist, was also dabei nicht ein Eidos sichtbar macht. […]
>> Z. B. eine Farbe ist identisch, jedoch ist sie einmal Farbe dieser, das andere Mal jener Ausbreitung und Gestalt. In der Überschiebung streitet eines mit dem anderen, und sie verdrängen sich gegenseitig.
>> Andererseits ist klar, daß nichts in Widerstreit treten kann, was nichts Gemeinsames hat. Nicht nur, daß hier schon die identische Farbe vorausgesetzt ist, vielmehr wenn das eine Farbige rund, das andere eckig ist, so könnten sie doch nicht in Widerstreit treten, wenn nicht beides ausgedehnte Figuren wären. Also weist jede Differenz in der Überschiebung mit anderen als mit ihr streitenden Differenzen auf ein neues herauszuschauendes Allgemeines. (Husserl 1939, S. 417–418) ◀

In einem letzten Schritt (Schritt 3) muss das so erschaute Allgemeine nun explizit als solches identifiziert und formuliert werden. Da jede Wesensbestimmung auch falsch oder ungenügend sein kann, z. B. wenn mögliche Variationen nicht in Betracht gezogen wurden, muss sich diese auch überprüfen, d. h. bestätigen oder korrigieren lassen – etwa durch eidetische Variationen anderer Subjekte oder Beispiele aus zukünftiger Erfahrung oder durch empirische oder wissenschaftliche Tatsachen, die dann aber als pure Beispiele (in reine Möglichkeiten übersetzte Beispiele) herangezogen werden.

**2**

Obwohl das Wesen und die Möglichkeit der Dinge ihrem Status und ihrer Geltung nach der tatsächlichen Erfahrung und Existenz der Dinge vorrangig sind, bleibt die Bestimmung und Prüfung dieser Wesen und Möglichkeit doch an die Erfahrung gebunden, die uns mit eventuell nicht vorstellbaren oder neuen Varianten versorgt. So können wir bei Husserl etwa lesen, dass die Erfahrung den „Wesensforscher" darauf aufmerksam macht, dass er eventuell einen Fehler gemacht hat:

» Habe ich es als Wesen der Dingwahrnehmung gehörig betrachtet, daß Dinge gesehen werden müssen, und zeigt mir nun die Erfahrung eines Blindgeborenen, daß der Tastsinn zur Konstitution von Raumdinglichkeit genügt, so sehe ich ein, daß ich in der freien Gestaltung der möglichen Abwandlungen der Wahrnehmung nicht weit genug gegangen bin. (Husserl, Hua XXV, S. 248)

---

**Zur Vertiefung**

**Veränderliche Wesen?**

Gerade wenn es sich um materiale, d. h. sachhaltige Wesen, wie Welt, Natur oder Lebewesen oder Individuen handelt, die sich beständig entwickeln und verändern, wird es schwierig von einem ‚unzeitlichen' (Hua XIX/1, S. 129) oder ‚allzeitlichen' (Husserl 1939, S. 309 ff.) Wesen auszugehen. Sind diese Veränderungen nur Variationen oder Differenzen einer noch nicht gesehenen und bestimmten höheren Allgemeinheit? Haben wir aufgrund von uns nicht vorstellbaren Varianten, z. B. das Wesen des Menschen noch nicht erschauen können? Oder hat sich dieses Wesen seiner Sache nach geändert (oder ändert sich beständig), d. h. nicht nur in seinen realen, sondern auch seinen idealen Möglichkeiten? Müssen wir von der Veränderlichkeit, d. h. **Historizität materialer Wesen** ausgehen?

Merleau-Ponty würde hier ganz klar zustimmen. Für ihn wird Sinn beständig zeitlich *instituiert*: Sinn (und damit auch jede sachhaltige Bestimmung) kann es nur geben in Relation mit dem Vergangenen, d. h. in der Wiederaufnahme, die dann praktisch und sogar kreativ weitergeführt wird (vgl. Merleau-Ponty 2003 [1954]; vgl. Gerlek 2020, S. 163–179). Diese Prozesse der Institution (die nicht unbedingt von einem Subjekt ausgehen) aktualisieren den jeweiligen Sinn nicht nur, sondern bestimmen ihn jedes Mal neu und tragen ihn weiter in die Zukunft. Auch hier lässt sich Sinn fixieren und lassen sich Allgemeinheiten bestimmen, jedoch immer nur provisorisch und ‚auf Zeit'. Indem er das Wesen als historisch bestimmt, versucht Merleau-Ponty das Allgemeine und Notwendige mit dem Konkreten und Veränderlichen zu vereinen. Zugleich bestimmt er dabei aber ein neues, höheres Allgemeines, das vor jeder konkreten Erfahrung gilt, nämlich, dass jeder Sinn, jedes Individuum, jede Erfahrung und damit jedes Wesen qua Wesen historisch, d. h. zeitlich sein muss. Als das allgemeine Wesen aller Dinge und Individuen wird hier also die Zeitlichkeit bestimmt. Merleau-Ponty knüpft mit seiner Beschreibung der Institution als einer umfassenden Theorie der Geschichtlichkeit an Husserls Konzept der Stiftung und des historischen Apriori an (vgl. Hua IV).

## 2.2.2  Kritik am Essentialismus

Lässt sich das Wesen jeglicher Dinge und Lebewesen notwendig und allgemein, d. h. unabhängig von konkreter Erfahrung im Voraus bestimmen? Sind diese Wesen selbst unzeitlich oder überzeitlich wie Husserl anzunehmen scheint? Sind nur unsere Bestimmungen der Wesen möglich einseitig, fehlerhaft und vorurteilsbeladen, da es uns nicht gelingt, das wirklich Allgemeine zu fassen? Oder muss man materiale Wesen (zumindest der unteren Stufen) als zeitlich (etwa durch Evolution, Entwicklung, Kultur) veränderlich begreifen? Sind es die Wesen der Dinge selbst, die wir hier erfassen, oder nur unsere historisch und kulturell relativen Begriffe davon?

‚Existenz vor Essenz‘?  Dies sind kritische Fragen, denen sich Husserl und jedwede Eidetik stellen muss. Gibt es überzeitliche Wesen oder Ideen, die sich prinzipiell nie ändern können und die Welt bzw. unsere Erfahrung von Welt notwendig im Voraus bestimmen, z. B. die kategorialen Wesen der Logik? Jedoch selbst im Bereich der kategorialen Logik gibt es kulturelle Unterschiede und parallel verschiedene Logiken. Die Aussagenlogik europäischer Sprachen ist etwa durch seine Subjekt-Objekt-Struktur gekennzeichnet, diese gibt es jedoch nicht bei allen Sprachen gleichermaßen. Ist das ‚Wesen‘ von etwas dann lediglich eine nachträgliche Bestimmung oder gar politische Legitimation, die lediglich unsere Vorlieben, Interessen oder die Normen und Machtrelationen unserer Zeit ausdrücken? Dies wurde ausgiebig in Auseinandersetzung mit Husserl diskutiert und kritisiert, u. a. in der existentialistischen Phänomenologie, die ‚Existenz vor Essenz‘ zu ihrem Leitspruch machte. Auch die feministische Philosophie, die kritische Theorie sowie die Gender und Postcolonial Studies werfen den phänomenologisch eidetischen Beschreibungen Essentialismus vor, den Sie als kulturellen geschlechtsbinären und eurozentrischen Universalismus kritisieren. Zweierlei lässt sich hierzu in der gegebenen Kürze anmerken.

Erstens lässt sich zur Verteidigung anbringen, dass eine solche Kritik nicht eigentlich auf das abzielt, was im Zentrum von Husserls Eidetik steht, nämlich das reine (nur möglich denkbare) Wesen. Hierbei sind die Bestimmungen so formal-allgemein, dass sie keine für die obigen Philosophien relevanten Bereiche wie ‚Mensch‘ oder gar ‚Frau‘ betreffen. Selbst die Bestimmung eines sachhaltigen Wesens (wie Farbe, Ton überhaupt) lässt sich nur bedingt auf die Gattungskategorie ‚Mensch‘ oder gar konkret auf die Identitätsbestimmung ‚Frau‘ anwenden. Lediglich Strukturen von möglichem Bewusstsein oder Subjektivität (für Erfahrung) oder möglichen Gegenständen (von Erfahrung) überhaupt lassen sich phänomenologisch allgemein bestimmen.

Auch geht es Husserl bei der Eidetik mitnichten um eine Naturalisierung, also die Annahme, dass dem Menschen oder der Frau ein gewisser Charakter von Natur aus zukommt (wie Schwäche, Sorgsamkeit, Irrationalität, was lange als ‚Natur‘ der Frau galt) und alle Abweichungen davon als ‚schlecht‘ zu bewerten seien oder es solche gar nicht geben kann, wird bzw. geben darf. Eine solche Bestimmung wäre von Husserl als Kategorienfehler entlarvt worden. Handelt es sich doch bei existierenden Frauen oder Menschen um Individuen und keine Wesen.

Ihre Bestimmung ist daher gebunden an reale Möglichkeiten (Naturgesetze, biologische Konditionen, konkrete Umstände, vorherige Erfahrungen) und gerade nicht an notwendige oder ideale Möglichkeiten.

Zweitens, lässt sich nicht bestreiten, dass wir beständig allgemeine Aussagen über die Wirklichkeit treffen und nicht nur Individuelles, Partikuläres erfahren, sondern eben auch Allgemeines und Ideales. Gerade die Philosophie, wie jede Wissenschaft, ist auf allgemeine Einsichten angewiesen. Die Möglichkeit, etwas allgemein, d. h. für ein ganzes Gebiet von Dingen oder Sachverhalten aussagen zu können, muss dabei nicht erst in der Logik oder expliziten Begriffsbildung, sondern irgendwo in der Erfahrung selbst liegen. Wir gelangen zum Allgemeinen nicht erst durch Formalisierung oder Abstraktion, sondern erfahren etwas als ähnlich, zusammengehörig oder von derselben Art. Zwar ändern sich unsere Begriffe und Ordnungen der Welt, weshalb sie relativ und willkürlich zu sein scheinen. Und doch muss der Begriff seine Relation zur erfahrenen Sache behalten, will er noch sachhaltig sein und etwas Sinnvolles (d. h. Erfahrbares) ausdrücken.

**Begriff und Wesen**  Der Begriff und das Wesen der Sache müssen daher unterschieden werden, auch wenn sie sich gegenseitig beeinflussen. Einmal da aufgrund neuer Sachen (z. B. neuer Technologien oder Probleme) auch neue Begriffe entstehen, und einmal da man nicht willkürlich einen Begriff für jede Sache verwenden kann. So ist es vielleicht strittig (und ändert sich mit anderer Fakten- oder Interessenlage), ob eine bestimmte Pflanze nun ein Baum oder ein Busch ist. Man könnte sich jedoch nicht vorstellen, dieses grüne, wachsende Etwas als Flasche zu bezeichnen. Zu seinem sachlichen Wesen gehört eben nicht, dass man daraus trinken kann. Des Weiteren lässt sich ein Begriff lediglich denken, nicht jedoch ‚einsehen‘ oder erschauen, wie dies (nach Husserl) beim Wesen der Fall ist.

Trotzdem ist es legitim zu fragen, ob und wie eine solche allgemeine Wesensbestimmung möglich ist oder gelingen kann. Eine vermeintlich allgemeine Bestimmung kann von kulturellen und historischen Vorurteilen beeinflusst worden sein und eventuell lediglich subjektive Interessen, historische Diskurse oder normative Machtstrukturen verallgemeinern. Hier muss kritisch die Frage gestellt werden, inwiefern die freie Variation in der Phantasie wirklich ‚frei‘ war und nicht etwa durch bestimmte Denkweisen und Umstände der jeweiligen Zeit bereits vorgeformt (vgl. Aldea 2016). Jedoch ist der Versuch einer solchen allgemeinen Bestimmung deswegen nicht generell zu diskreditieren.

**Das Dilemma der freien Variation**  Der Leitspruch ‚Zu den Sachen selbst‘ lässt sich also nicht auf eine Begriffsanalyse reduzieren, sondern bleibt auf die deskriptive Wesensbestimmung angewiesen. Jedoch muss diese beständig an empirischen Beispielen geprüft werden, die nicht mit dem bestimmten Wesen übereinstimmen, genauso wie in der Übung der freien Variation. Ein Dilemma hierbei ist, dass das Ergebnis der freien Variation allgemein sein muss, die Ausübung wird jedoch von einem bestimmten existierenden, d. h. historisch und kulturell situierten Subjekt vorgenommen. Daher muss das entsprechende Resultat Bestand haben gegen jede mögliche Variation (ausgeführt durch vergangene, jetzige und zukünftige Subjekte). Und auch wenn man dadurch vielleicht nie das letztgültige objektive Wesen erreicht, dann doch zumindest die Grenzen der eigenen Phantasie- und Denkkraft. Hier zeigt sich dann auch einiges über das Wesen des Denkens und Phantasierens sowie über das Wesen des Menschen, der denkt und phantasiert.

**? Aufgaben**

1. Was ist der Unterschied zwischen einer Wesens- und einer Tatsachenwissenschaft? Definieren Sie und geben Sie Beispiele für beide.

2. Warum ist es für die Phänomenologie (aber auch andere Wissenschaften) wichtig, dass etwas eine allgemeine oder notwendige Gültigkeit hat? Geben Sie Gründe an und diskutieren Sie. Gehen Sie hierbei auf die Unterschiede und Gemeinsamkeiten von Allgemeinheit und Notwendigkeit ein.

3. Husserl spricht von Wesensschau. Inwiefern kann man Wesen erschauen, was ist hiermit gemeint und inwiefern spielt Phantasie hierbei eine Rolle? Erklären und diskutieren Sie.

4. Praktizieren Sie eine eidetische Variation an einer beliebigen, wahrgenommenen oder vorgestellten Sache. Versuchen Sie, die einzelnen Schritte zu beschreiben. Vergleichen Sie diese mit Mitstudierenden.

5. Versuchen Sie, Einwände, Kritik oder Schwierigkeiten (an) der Wesensbestimmung zu formulieren. Diskutieren Sie diese mit Mitstudierenden.

6. Glossar: Sammeln Sie relevante Begrifflichkeiten aus ▶ Abschn. 2.2. Definieren Sie diese anhand des Textes und weiterer Quellen und fügen diese dem Glossar hinzu. (Tipp: Dieses Glossar kann gemeinsam mit anderen Kommiliton:innen erstellt werden.)

7. Erklären Sie den Unterschied zwischen: materiellen und formalen Wesen; reinen und empirischen Wesen; Wesen und Individuum; realen und idealen Möglichkeiten; Generalisierung und Formalisierung; empirischer Verallgemeinerung und Wesensbestimmung.

## 2.3 Zurückfragen nach den Bedingungen

**Von der Beschreibung zur transzendentalen Reduktion** Schauen wir uns die besprochenen Beispiele in ▶ Abschn. 2.1 (Vorurteilsloses Beschreiben) einmal mit Blick auf die methodische Einstellung der Beschreibung an. Husserl betont etwa im ersten Text, den Vorlesungen zu Wahrnehmung und Aufmerksamkeit aus dem Jahre 1907, dass bei der Beschreibung die wirkliche Existenz des Dinges keine Rolle spielt, sondern nur die Erscheinung oder das Wahrnehmungserlebnis in Betracht kommt; wir halten uns ferner nur an den ‚intentionalen Würfel', d. h. den Sinn unserer Wahrnehmung und beschäftigen uns nicht mit der Frage nach der Existenz oder Realität desselben. Gleiches finden wir in der Passage aus Husserls Vorlesungen zum inneren Zeitbewusstsein von 1905, auch hier nimmt er die alltägliche Wahrnehmung und Bedeutung einer Melodie zum Ausgang, und beginnt

2

dann mit einer ‚tieferen Analyse'. Dabei sollen alle transzendenten Auffassungen und Setzungen ausgeschaltet werden, man solle den Ton rein als hyletisches Datum, d. h. Empfindung oder Erlebnis im Wie seiner Gegebenheit für die Erfahrung beschreiben.

Wir beschränken uns also in der Beschreibung auf dasjenige, was erscheint und in den Grenzen, in denen es uns erscheint. So wissen wir natürlich, dass ein Haus mehrere Seiten hat, und wir zweifeln nicht an seiner Realität, doch heißt das nicht, dass uns dies auch *unmittelbar* so erscheint. Mit der methodischen Einklammerung jeglicher Vorannahmen bezüglich des zu beschreibenden Gegenstandes vollzieht sich dabei ein Aufmerksamkeitswechsel, eine Öffnung oder Vorbereitung für eine neue phänomenale Perspektive der Deskription.

Deskriptive und transzendentale Epoché    In diesem Zusammenhang ist die Rede von einer sogenannten deskriptiven Epoché, also der Enthaltung oder Einklammerung von bestimmten Vormeinungen oder eines Urteils über das Sein oder die Existenz des zu Beschreibenden. Jedoch hat die Epoché oder Einklammerung hier noch keine transzendentale Bedeutung, d. h. der Glaube an das Sein der Welt, der jede Erfahrung charakterisiert, wird hier nicht vollends außer Spiel gesetzt. Was eingeklammert wird, sind lediglich Annahmen über die Qualität und Existenz des jeweils zu beschreibenden Gegenstandes oder Sachverhalts.

Nach seiner sogenannten transzendentalen Wende, die Husserl in den *Ideen* (Ideen zu einer reinen Phänomenologie und phänomenologischen Philosophie, vgl. Hua III/1; III/2; IV; V) im Jahre 1913 vornimmt, wird die Epoché (Einklammerung) als Vorbereitung oder **Eingangstor zu einer transzendentalen Untersuchung der Erfahrung** bestimmt. Während die vor-transzendentale Epoché zwar auch die Frage nach dem Sein oder der Existenz des jeweiligen Gegenstandes zunächst außer Acht lässt (sich also nicht dem *Ob* oder *Was* des Gegenstandes widmet, sondern sich zunächst auf das *Wie* konzentriert), verändert die Einklammerung bei der transzendentalen Epoché ihre Bedeutung. Nicht mehr die Frage nach dem Sein oder der Existenz eines bestimmten nun zu beschreibenden Phänomens wird vorübergehend eingeklammert, sondern die gesamte *Generalthesis* oder *natürliche Einstellung* (d. h. unser impliziter und allgegenwärtiger Glaube, dass die Welt existiert) wird außer Kraft gesetzt, um zu klären, wie wir überhaupt zur Annahme einer Objektivität und Transzendenz kommen und welche Rolle dabei die Leistungen des Bewusstseins spielen.

Mit der transzendentalen Reduktion verlassen wir also die von Husserl so genannte ‚natürliche Einstellung', um dasjenige thematisieren und begreifen zu können, was für uns immer schon selbstverständlich und von Geltung ist: die Existenz einer objektiven Welt.

» Die „Wirklichkeit", das sagt schon das Wort, finde ich *als daseiende vor und nehme sie, wie sie sich mir gibt, auch als daseiende hin.* Alle Bezweiflung und Verwerfung von Gegebenheiten der natürlichen Welt ändert nichts an der Generalthesis der natürlichen Einstellung. „Die" Welt ist als Wirklichkeit immer da, sie ist höchstens hier oder dort „anders" als ich vermeinte, das oder jenes ist aus ihr unter den Titeln „Schein", „Halluzination" u. dgl. sozusagen herauszustreichen, aus ihr, die – im Sinne der Generalthesis – immer daseiende Welt ist. (Hua III/1, S. 61; Hervorh. M.W.)

**Der Glaube an das Sein der Welt**   Während die deskriptive Epoché sich lediglich auf lokale oder sachbezogene Vorannahmen oder Urteile bezieht, wird mit der transzendentalen Epoché der implizit operierende Glaube an das Sein der Welt (und uns als empirisch seiende Wesen darin) gänzlich außer Kraft gesetzt. Husserl bezeichnet diesen Weltglauben auch als ‚**Generalthesis**', obwohl dies etwas missverständlich ist. Gemeint ist nicht, dass wir in allen unseren Erfahrungen oder Handlungen (zusätzlich) ein explizites Urteil über die Existenz der Welt vollziehen. Ein solches Weltbewusstsein ‚im Modus der Glaubensgewissheit' ist nach Husserl kein eigens auftretender Akt der Setzung von Sein. Vielmehr setzt jedes Urteilen und Setzen bereits ein solches „Weltbewußtsein in Glaubensgewißheit" voraus. „Dieser *universale Boden des Weltglaubens* ist es", so Husserl, „den jede Praxis voraussetzt, sowohl die Praxis des Lebens als auch die theoretische Praxis des Erkennens" (Husserl 1939, S. 25). Mit der transzendentalen Epoché, der Einklammerung dieses Glaubens, verschwindet jedoch weder der Glaube noch die darin als seiend erfahrene Welt. Der hier vollzogene Einstellungswechsel vom Existierenden zu seinen Bedingungen löscht Selbstverständlichkeit nicht völlig aus, sondern thematisiert sie allererst. Die Einklammerung des Weltglaubens funktioniert also wie die Markierung von etwas, das nun einer näheren Untersuchung unterzogen werden soll. Dies lässt sich vergleichen mit einer vorläufigen Annahme, die nun einer Rechtsprüfung unterzogen wird, d. h. deren Geltung sich im weiteren Verlauf der Untersuchung erst aufklären und beweisen lassen muss (vgl. Lohmar 2002, S. 751). In diesem Zusammenhang wird nun alles, was wir erfahren (die Inhalte unserer Erfahrung) zunächst rein als Phänomen behandelt.

**Bedingungen der Möglichkeit von Erfahrung überhaupt**   Nach der allumfassenden transzendentalen Epoché, die unseren Weltglauben im Ganzen einklammert, kommt daher derjenige methodische Schritt, den Husserl ‚Reduktion' nennt. Oft werden beide Schritte zusammengenommen, ohne noch zwischen den Begriffen ‚transzendentale Epoché' und ‚transzendentale Reduktion' eigens zu unterscheiden. Reduktion meint dabei nicht, dass wir an dem Wahrgenommenen zweifeln oder die Inhalte unserer Erfahrung (unseres Glaubens, Urteilens etc.) einfach wegstreichen, wie dies etwa bei René Descartes' methodischem Zweifel der Fall ist. Die Ausschaltung der natürlichen Einstellung ist also weder ein Zweifeln (Skeptizismus) an der Welt, noch ein Leugnen der Welt (Idealismus), noch eine naive Bekräftigung derselben (Realismus), sondern eine Rückfrage nach den Bedingungen für die Gegebenheit von Welt.

Vielmehr zielt Reduktion auf eine thematische Fokussierung oder Einengung auf einen spezifischen Aspekt: Durch die Einklammerung des Weltglaubens wird nun die Aufmerksamkeit nicht nur darauf gelenkt, *wie* uns ein bestimmter Gegenstand gegeben ist, sondern darauf, *wie uns überhaupt etwas* (Gegenstände, die Welt) gegeben sein kann. Wir reduzieren dabei auf diejenigen Aspekte, die hierfür

**2**

absolut notwendig sind (und nicht nur nebensächlich oder zufällig). Diese sind dann die Bedingungen der aktuellen, aber auch jeder möglichen Erfahrung.

Dieses transzendentale Rückfragen nach den Bedingungen der Möglichkeit von Erfahrung überhaupt ist dabei eine **genuin philosophische Frage** bzw. Aufgabe. Sie muss zwar immer mit einer Beschreibung dessen beginnen, was uns aktuell gegeben ist, geht aber über eine bloße Beschreibung hinaus und fragt, wie diese bestimmte Erfahrung (z. B. die Wahrnehmung als Modi von Erfahrung) oder jede mögliche Erfahrung (als Erfahrung von Etwas) ermöglicht wird. Aufgrund dieses wesentlichen Unterschiedes zwischen vor-transzendentaler (deskriptiver Epoché) und transzendentaler Epoché kann man mit Blick auf die angewandte Phänomenologie (z. B. in der Psychologie) argumentieren, dass es missverständlich wäre, zu sagen, dass jede phänomenologische Beschreibung einer (transzendentalen) Epoché bedürfe (vgl. Zahavi 2021).

**Wieso transzendental?** Diese Bedingungen der Erfahrung sucht Husserl (wie auch Kant) im subjektiven Bewusstsein, im Erkennen oder Erfahren. Die transzendentale Reduktion öffnet damit den Blick für die ‚konstitutiven Leistungen‘ unserer Subjektivität. Dies ist insofern eine Reduktion, da ich mich nicht mehr für meine persönliche Motivation und Situation, mein Aussehen (empirische Gestalt), kurz für mich als Menschen in dieser Welt interessiere. Stattdessen konzentriere ich mich nun auf diejenigen Funktionen der Erfahrung, die für jede nur denkbare Erfahrung notwendig sind. Diese Funktionen oder Leistungen haben dabei den Status ‚transzendental‘, da sie nicht abhängig von einer bestimmten Erfahrung sind, sondern a priori (d. h. unabhängig von bestimmten Erfahrungen, sozusagen ‚vor der Erfahrung‘) notwendig sind, damit Erfahrung überhaupt stattfinden kann. Diese Leistungen gelten dann auch nicht mehr als rein individuelle, persönliche oder psychologische Leistungen, sondern sind transzendentale; d. h., jedes existierende, vergangene, zukünftige oder nur denkbare Subjekt muss notwendigerweise dieselben Leistungen, Funktionen und Möglichkeiten haben, will man überhaupt von Erfahrung von Etwas sprechen.

> **Definition**
>
> Allgemein bedeutet **transzendental** eine Erkenntnis, die von empirischen Prinzipien unabhängig ist. Dies unterscheidet eine philosophische oder metaphysische Erkenntnis von einer bloß empirischen oder historischen, d. h. relativen Erkenntnis. Das ‚trans‘- in ‚transzendental‘ deutet darauf, dass diese Erkenntnisart die Grenzen der alltäglichen empirischen Erfahrung überschreitet, genauso wie das ‚meta‘- in ‚Metaphysik‘ über den Bereich der sinnlichen Erfahrung hinausweist. ‚Transzendentale Erkenntnis‘ bezieht sich daher auf Notwendigkeiten und nicht auf empirische, d. h. zufällige oder existierende, Sachverhalte; sie ist nicht auf die Sinne angewiesen und in Kants Formulierung ‚apriorisch‘ (vgl. Nenon 2005, S. 289).

**Ich als transzendentale Subjektivität** Dabei lenkt die transzendentale Epoché unsere Aufmerksamkeit nicht mehr nur auf die Erscheinung eines Phänomens

(d. h. auf den Inhalt), sondern auf das *Wie* der Erkenntnis (d. h. auf den Akt der Erfahrung), wodurch eine Art kopernikanische Wende eintritt: Wird nämlich alles Erfahrene zum Phänomen, gilt dies natürlich auch für mich selbst als psycho-physischer Mensch. Schließlich erfahre ich mich selbst ja auch und gelte daher als Inhalt oder Gegenstand meiner eigenen Erfahrung. Wie kann ich aber zugleich **Objekt und Subjekt meiner Erfahrung** sein, Inhalt und Bedingung desselben? Hier tritt eine Art Ich-Spaltung auf, ein ‚neues' Subjekt, oder besser: eine neue Dimension unserer Subjektivität, kommt zum Vorschein. Dies ist das transzendentale Bewusstsein, die transzendentale Subjektivität oder die transzendentale Person (vgl. Luft 2009, S. 152 f.). Nicht nur formale Anschauungskategorien wie Zeit und Raum sind daher transzendental (vgl. Kant) und Bedingungen für Erfahrung, sondern eben auch, dass das erfahrende Subjekt sich selbst und die Welt empfindet, materiell ist und sich bewegen kann sowie Sinn und bleibende Vermögen und Kenntnisse erwirbt. Dieses Subjekt mitsamt seinen Bewusstseinsleistungen, seiner Leiblichkeit und Historizität erscheint nun als dasjenige, was die jeweilige Erfahrung und jede weitere Erfahrung möglich macht. Es konstituiert jeweils die Kohärenz, den Sinn und die Geltung, die essentiell sind für die Erfahrung einer stabilen, sinnvollen und objektiven Welt.

---

**Zur Vertiefung**

**Kant und Husserl: Vom transzendentalen Ich zur transzendentalen Person**

Die moderne Tranzendentalphilosophie bei Kant heißt transzendental, weil sie die notwendigen Bedingungen für die Erfahrung von empirischen Objekten überhaupt identifiziert. Kant setzt sich damit gegen eine gängige Vorstellung seiner Zeit, für die transzendentale Erkenntnis sich auf das Transzendente (Übersinnliche oder Göttliche) bezieht. Eine transzendentale Untersuchung ist zwar die Suche nach den nicht-empirischen Bedingungen der Erfahrung. Kant sucht diese Prinzipien jedoch nicht mehr im Übersinnlichen, sondern leitet diese von endlichen, sinnlichen Erscheinungen in der Erfahrung ab, um von hieraus zu notwendigen und invarianten, d. h. apriorischen, Bedingungen für die Erfahrung zu gelangen. Dabei verfährt er zunächst *analysierend,* indem er unsere Erfahrung und die Gegenstände zergliedert und diejenigen Elemente identifiziert, die notwendig sind für eine solche Erfahrung, wie z. B. die Erscheinungskategorien Zeit und Raum; und dann *deduzierend,* indem die Notwendigkeit argumentativ aus der faktischen Erscheinung abgeleitet wird: Da eine sinnliche Wahrnehmung ohne Zeit (zeitliche Einheit) und Raum (räumliche Anordnung) nicht denkbar ist, müssen diese Kategorien notwendig sein, d. h. die Bedingungen für jede mögliche Wahrnehmung (vgl. Nenon 2005, S. 292).

Husserl schließt sich in Intention und Ziel dem Projekt Kants an und kommt teilweise zu ähnlichen Ergebnissen. Jedoch gibt es entscheidende Unterschiede. Zunächst verwendet Husserl den Begriff ‚transzendent' nicht mehr im Sinne von übersinnlich, sondern meint damit alles, was dem Bewusstsein nicht immanent ist, also alle sinnlich erscheinenden Dinge bzw. die Welt. Die transzendentale Frage richtet sich hier also darauf, welche Bedingungen im Subjekt/Bewusstsein erfüllt sein müssen, damit eine transzendente Welt erscheinen kann. Ein weiterer entscheidender Unterschied liegt darin, dass Husserl zu den transzendentalen Bedingungen nicht auf dem Weg der logischen Analyse oder Deduktion gelangt, sondern eine *deskriptive Transzendentalphilosophie* vertritt: Die gesuchten Bedingungen müssen für jedes Subjekt selbst *intuitiv gegeben,* d. h. erfahrbar und beschreibbar sein. Daher muss jede Transzendentalphilosophie bei der Beschreibung der jeweils eigenen Erfahrung beginnen und setzt damit ein individuelles, persönliches Subjekt voraus, dem im Hier und Jetzt etwas erscheint.

Die Singularität und Faktizität des transzendentalen Ich ist für Husserl relevant, da er die Bedeutung des Begriffs ,transzendental' nicht nur Kant entlehnt, sondern diesen auf die *cartesianische Einsicht* zurückführt, wonach sich die charakteristische Seinsweise des Bewusstseins wesentlich von derjenigen weltlicher oder dinglicher Wesen unterscheidet. Zum Beispiel ist es möglich, sich ein Bewusstsein ohne Welt vorzustellen, aber nicht eine Welt ohne ein Ich, dem es gegeben ist: In diesem Sinne ist das Bewusstsein die transzendentale Bedingung aller Transzendenz, der Welt. Allerdings können wir diese Bedingung nicht aus einzelnen Erfahrungen ableiten, sondern sie manifestiert sich beständig in und durch unser Erleben. Wir erfahren uns sozusagen implizit als diese Bedingung und können jederzeit explizit auf uns als Subjekt, d. h. Ausganspunkt und Bedingung unserer Erfahrung,

reflektieren. Dies macht das *transzendentale Ich* zu etwas, was es nach Kant nie war: ein notwendig *singuläres Wesen* (vgl. Heinämaa u. a. 2014, S. 8). Dies bedeutet zugleich, dass der Bereich der Transzendentalität nichts anderes ist, als der der konkreten, weltlichen Person; der Unterschied zwischen Empirischem und Transzendentalem bezieht sich vielmehr auf zwei *verschiedene Aspekte innerhalb des bewussten Lebens eines Individuums.* Diese Einsicht wird deutlich, wenn wir uns dem Thema der Leiblichkeit zuwenden (▶ Abschn. 2.3.2.1; vgl. Heinämaa u. a. 2014., S. 9; Wehrle 2021). Zusammenfassend lässt sich festhalten, dass Husserls Transzendentalphilosophie eine *Radikalisierung, Reartikulation* und *Erweiterung* des kantischen Begriffs des Transzendentalen darstellt (vgl. Heinämaa u. a. 2014, S. 8). Eine *Radikalisierung,* da Husserl seine transzendentale Erkenntniskritik auf die Logik ausdehnte, die Kant noch vorausgesetzt hatte (Husserl 1939). *Reartikulation,* da das ,Transzendentale' bei Husserl Teil der konkreten subjektiven Erfahrung sein muss, und nicht deduziert wird. *Erweiterung,* da Husserl den Bereich der transzendentalen Untersuchung um die zeitliche Entwicklung des Ichs, seine Leiblichkeit und die intersubjektiven Beziehungen erweitert. Statt sich nur auf das Innenleben des Subjekts zu konzentrieren, umfasst der Bereich des Transzendentalen auch seine Lebenswelt sowie Kultur und Sozialität. Hiermit wandelt sich das ehemals rein formale transzendentale Ich bei Kant (als formaler Ausganspunkt) zu einer transzendentalen Person, die leiblich, situiert, passiv, aktiv und vor allem intersubjektiv sinnstiftend ist.

**Genetische Konstitutionsanalyse**  Diese Wende vom erscheinenden Objekt zu den Bedingungen seiner Erscheinung im Subjekt wurde bereits in der Beschreibung zeitlicher Objekte wie der Melodie deutlich. Hier deutet sich die Notwendigkeit einer genetischen Intentionalanalyse an, die sich mit den Bedingungen der Entstehung oder der ‚Konstitution', d. h. dem genetischen Aufbau einer Gegenstandswahrnehmung beschäftigt. Dies gehört insofern zu einer transzendentalen Fragestellung, da hier auf allgemeine genetische Bedingungen zurückgefragt wird, die notwendig für jede mögliche Erfahrung sind. So wird etwa gefragt, wie sich das Bewusstsein selbst zeitlich konstituiert (Hua XXXIII; vgl. Bernet 2002; Held 1966); es wird untersucht, wie Urteilen in der sinnlichen Erfahrung fundiert ist (Husserl 1939); oder gezeigt, dass jede Aktivität (Denken) auf eine Passivität (Affektion, Rezeption) zurückweist. In einer solchen *genetischen Konstitutionsanalyse,* die sich auf zugrunde liegende Entwicklungen, Prozesse und dazugehörige Motivationen im Subjekt richtet, wird deutlich, dass jede Dingwahrnehmung bereits das Resultat von zeitlichen Aufbauprozessen und passiven Syntheseleistungen des erfahrenden Bewusstseins ist. Jede *statische Intentionalanalyse,* die noetisch eine Erscheinungsweise (Wahrnehmung, Urteil, Vorstellung) oder noematisch ein intentionales Objekt, wie z. B. ein Haus, zum Thema hat, weist daher zurück auf fundierende Prozesse oder Leistungen *im Bewusstsein,* die eine solche einheitliche Gegenstandserfahrung allererst ermöglichen.

**Transzendentale Phänomenologie und Eidetik**  Das Transzendentale bei Husserl bezieht sich also auf die Einsicht, dass die Bedingungen dafür, dass mir die Welt und die Dinge einheitlich als solche erscheinen, in den (passiven und aktiven Leistungen) der Subjektivität selbst liegen. Durch einen solchen Aufmerksamkeitswechsel kann jeder sich selbst nicht nur als Ding in der Welt, sondern als wahrnehmendes und sinnstiftendes, d. h. konstituierendes Subjekt verstehen. In einem zweiten Schritt werden dann die allgemeinen und notwendigen Strukturen jedes möglichen Subjekts, also des reinen (von aller Konkretheit gereinigten) Bewusstseins, ermittelt. Der erste Schritt ist die transzendentale Wende oder Besinnung auf die subjektiven Bedingungen; der zweite, die allgemeine Bestimmung dieser Bedingungen durch eine eidetische Variation meiner Subjektivität. Um zu den transzendentalen Prinzipien zu kommen, bedarf es also der eidetischen Bestimmung. Jedoch zeigt sich dabei, dass jede eidetische Variation unseres Bewusstseins zugleich immer schon transzendental ist.

## 2.3.1  Die drei Wege zur transzendentalen Reduktion

In Husserls transzendentaler Phänomenologie wird also strikt genommen nicht mehr die naiv angenommene ‚Welt' beschrieben, sondern ein neues Untersuchungsgebiet eröffnet: die transzendentale Person oder das transzendentale subjektive Leben. In diesem sind sowohl das Ego als Pol aller Bewusstseinsaktivitäten sowie das Ego als Substrat von durch die Erfahrung erworbenen Habitualitäten als auch alle aktuellen und möglichen Inhalte der Erfahrung (und damit die Welt als Erscheinung oder Phänomen) enthalten. Für diese Einsicht sind drei philosophiegeschichtliche Einflüsse zentral. René Descartes'

Fundamentalbetrachtungen und methodischer Zweifel in seinen *Meditationes de prima philosophia* (Descartes 2008 [1641]), die vom Empirismus inspirierte deskriptive Psychologie der inneren Erfahrung von Husserls Lehrer Franz Brentano, und Immanuel Kants Kopernikanische Wende von der ontologischen Betrachtung hin zur transzendentalen Sinnesdeutung der Welt als Welt möglicher Erfahrung (vgl. Kants *Kritik der reinen Vernunft,* 1970 [1781]) Dementsprechend ist auch von drei Wegen zur transzendentalen Reduktion oder transzendentalen Subjektivität die Rede, dem ‚cartesianischen', dem ‚psychologischen' und dem ‚ontologischen' bzw. ‚kantianischen' Weg (vgl. Kern/Bernet/Marbach 1996, S. 60–72).

## 2.3.1.1  Der cartesianische Weg

Wie der Name schon sagt, folgt Husserl in seinen gleichnamigen *Cartesianischen Meditationen* (Husserl, Hua I), die 1931 zuerst in französischer Sprache in einer Übersetzung von Emmanuel Levinas herausgegeben wurden, dem Vorbild Descartes', um zu einem unbezweifelbaren ersten Fundament zu gelangen, das alle Wissenschaften fundieren kann. Dieses erhält Descartes durch das strategische Negieren all dessen, wofür wir auch nur den geringsten Grund zum Zweifeln finden können. Beginnend bei der Welt, die uns durch unsere manchmal trügerischen Sinne gegeben ist und darum leicht bezweifelt werden kann, über den eigenen Körper, über den wir uns ebenfalls irren können – etwa, wenn wir im Traum meinen, durch Paris zu flanieren, während wir doch schlafend in unserem Bett liegen –, bis hin zu den universalen mathematischen und logischen Weisheiten, die sich dank eines betrügerischen Dämons, der uns in allem täuscht, ebenfalls bezweifeln lassen. Was bleibt dann noch übrig, wenn materielle sowie ideale Gegenstände zweifelhaft sind? Hier stößt Descartes nun auf das Ich, das bei dem ganzen Zweifeln immer schon vorausgesetzt sein muss: Descartes oder wir als Meditierende können nämlich nicht zugleich denken, dass wir getäuscht werden und zugleich nicht existieren. Das ich nicht existieren soll, während ich dies doch denke, ist sozusagen nicht denkbar. Dasjenige, was als unbezweifelbar übrigbleibt, ist also das denkende Ich. Die Einsicht, dass ich, während ich denke (zweifle etc.), auch existiere, ist notwendig wahr, wann immer ich sie denke oder ausspreche.

**Die apodiktische Evidenz des ‚Ich denke'**  Diese Idee der apodiktischen (notwendigen, im Sinne von nicht anders sein können) Gewissheit des *ego cogito* („ich denke") nimmt auch Husserl zum Ausgang seiner Überlegungen. Obwohl wir uns beim *Inhalt jeder Erfahrung* täuschen können bzw. immer nur eine partielle Evidenz des Gegebenen erreichen (nie alle Seiten und Aspekte eines Gegenstandes zugleich haben), ist der *aktuelle Akt des Erfahrens* apodiktisch evident, d. h., wenn und solange ich erfahre, existiere ich notwendigerweise (dies ist nicht bezweifelbar). Jedoch ist diese Gewissheit nur auf den Moment des Vollzugs der aktuellen Erfahrung beschränkt und nicht in demselben Maße gültig für vergangene Akte, mein vergangenes Ich. Husserl verwendet viel Mühe und Energie darauf, zu klären, wie weit diese Apodiktizität reicht, und spricht sich aus für eine apodiktische Kritik, in der wir immer wieder klären müssen, wie gewiss uns unser Erfahren und unsere Erfahrungen gegeben sind. Trotzdem betont er, dass jedes Subjekt zu seinem eigenen Erfahren und den darin erfahrenen Inhalten einen originalen, d. h. direkten Zugang hat. Deshalb muss jede phänomenologische Philosophie oder Erkenntniskritik bei der eigenen Erfahrung beginnen, da diese evidenter ist als die nur vermittelt gegebene Erfahrung unserer Mitsubjekte. Nur innerhalb unserer eigenen Erfahrung können wir uns von der Richtigkeit oder Falschheit von etwas überzeugen, etwas ‚zu Gesicht' bzw. zur Evidenz bringen. Die Inhalte der Erfahrung, obwohl niemals vollständig gegeben, haben demnach einen Anteil an der apodiktischen Evidenz des ‚Ich denke' oder ‚Ich erfahre'. Genau wie Descartes muss jede philosophische und wissenschaftliche Untersuchung darum bei der subjektiven Erfahrung oder Erkenntnis beginnen, um von diesem unbezweifelbaren Fundament weitere Evidenzen, wie die der erfahrenen Gegenstände und der Welt im Ganzen, zu prüfen und zu versichern.

**Descartes' Irrtum**   Trotz des Subjekts als gemeinsamen Ausganspunkts und der Hervorhebung der Praxis der Meditation als Aufmerksamkeitswechsel und Wendung nach Innen (auf die eigene Erfahrung), grenzt sich Husserl deutlich von Descartes' Verständnis des *ego cogito* in dessen *Meditationes de prima philosophia* (Descartes 2008 [1641]), dt. *Meditationen über die erste Philosophie,* 1994) ab. Für Husserl kann dieses unbezweifelbare Fundament nämlich nicht mehr das empirische Ego des Meditierenden sein (etwa von Descartes), da dieses Ich dann noch selbst Teil derselben Welt wäre, die Descartes ja durch den Zweifel negiert hatte. Dies führte bei Descartes zu einer Scheidung zwischen Geist und Körper: zwei weltlichen Substanzen, eine denkende *(res cogitans)* und eine materielle *(res extensa)*, wobei nur erstere nach dem methodischen Zweifel übrigbleibt. Dies war laut Husserl Descartes' Irrtum: Er nahm fälschlicherweise an, dass das *ego cogito*

---

**Zur Vertiefung**

**Zur Verteidigung Descartes': Das integrale Cogito**

Zur Verteidigung von René Descartes muss man jedoch anmerken, dass dieser in anderen Schriften, wie in den Briefen an Elisabeth (1643–1649) oder *Les Passions de l'âme* (Descartes 1649; dt. *Die Leidenschaften der Seele*), durchaus die Wechselwirkung von Geist und Körper betont und auch selbst einiges zu Gefühlen und Leiblichkeit verfasst hat. Paul Ricœur, Erstübersetzter von Husserls Ideen und berühmter Vertreter der hermeneutischen Philosophie und Phänomenologie, hat darauf zurückgegriffen und spricht von einem ‚integralen cogito' (Ricœur 2016 [1950]), das nicht nur das reflektierende *cogito* bzw. die *res cogitans* meint, sondern viel breiter angelegt ist und Leiblichkeit, Affektivität und den Willen umfasst. Später hat der französische Phänomenologe Jean-Luc Marion eine Neuinterpretation von Descartes vorgelegt, die ebenfalls für ein integratives Verständnis des *ego cogito* bei Descartes plädiert (vgl. Marion 2013). Jedoch ist Husserls Kritik mit Blick auf die Formulierung und argumentativen Positionierung des *ego cogito* in den *Meditationes* weiterhin berechtigt, auch wenn sie nicht (mehr) als allgemeine Kritik an Descartes' Dualismus gelten kann bzw. sollte.

**2**

doch noch ein „Endchen" der Welt ist (Hua I, S. 9), d. h. denselben Status hat, wie weltliche Objekte. Wie Husserl es weiter ausdrückt: Descartes hat die Tür zu einer transzendentalen Sichtweise geöffnet, ist jedoch nicht hindurchgegangen.

Transzendentale Erfahrung    Das ‚erkennende Ich', so Husserl, steht vielmehr für einen transzendentalen Blickwechsel, von dem wir nun uns selbst und die Welt als Teil unserer Erfahrung aus der Distanz überschauen können, als dass es eine eigenständige ontologische Substanz darstellt. Was wir dabei sehen und untersuchen können, ist unsere transzendentale Erfahrung: In dieser treffen wir alles, was vorher als Teil der Welt galt, nunmehr als intentionale vergangene, aktuelle oder mögliche Inhalte unserer Erfahrung. Vor allem treffen wir uns dabei selbst als Objekt und Subjekt unserer Erfahrung an, wobei wir letzteres als die konstitutive Bedingung jeder Erfahrung überhaupt erkennen. Descartes' methodischer Zweifel kann uns also – richtig verstanden – als Vorbild dienen, um auf einen Schlag zur transzendentalen Subjektivität zu gelangen, d. h. zur Möglichkeit des Erkennens von uns selbst, nicht nur mit bereits konstituiertem Sinn (als diese Person oder Inhalt unserer Erfahrung), sondern auch als die Bedingung von Erfahrung und damit als sinnkonstituierend: den Sinn von Welt, von mathematischen Weisheiten und schließlich den Sinn von uns und anderen Menschen als leiblichen, fühlenden, denkenden und eben auch transzendentalen Subjekten.

Ego-cogito-cogitatum    Das *ego cogito* als transzendentale Subjektivität ist denn auch kein formaler Ausgangspunkt des Denkens oder des Erfahrens, sondern beinhaltet alle aktuellen, vergangenen sowie zukünftigen Inhalte des Erfahrens und damit die gesamte erscheinende Welt. Da Bewusstsein immer Bewusstsein von etwas ist, haben wir es mit der Struktur *ego-cogito-cogitatum* zu tun. Da das Erscheinende als Phänomen Teil der transzendentalen Subjektivität ist, kommt es hier nicht zu einer Scheidung zwischen Körper und Geist, sondern es wird nur zwischen dem empirischen Menschen (als Inhalt der Erfahrung) und dem transzendentalen Subjekt (als Subjekt des Erkennens und Konstituierens) unterschieden. Letzteres ist dabei kein zweites Subjekt, sondern eine bestimmte, d. h. transzendentale Perspektive auf dasselbe Subjekt, nämlich auf das jeweilige Individuum, das diese Perspektive einnimmt. Da weder wir als Menschen noch die Welt verschwinden, sondern als erfahrene Phänomene im Wie ihrer Gegebenheit thematisch werden, handelt es sich bei der Epoché und Reduktion auch nicht um einen wie auch immer gearteten Zweifel. Die Welt und wir darin werden weder negiert noch bezweifelt, nur die jeweilige Geltung als ‚objektiv existierende' wird vorübergehend außer Spiel gesetzt, um untersuchen zu können, was mit der Bedeutung ‚objektiv' gemeint ist, und was (welche Aspekte und Schritte) für die Bedeutungen ‚Mensch', ‚Natur' und ‚Welt' konstitutiv sind.

Der epistemologische Vorrang des Subjekts    Mit dem cartesianischen Weg wollte Husserl den epistemologischen Vorrang des erkennenden Subjekts bzw. des Bewusstseins betonen, das auch dann noch als ‚Residiuum' übrig bleibt, wenn die Welt nicht wäre, wie er im Gedankenexperiment der Weltvernichtung deutlich zu machen versucht (Hua II, S. 65 f.). In dieser Hinsicht ist die Welt (ihre Erscheinung) abhängig vom jeweils erkennenden Subjekt, nicht jedoch umgekehrt.

Diese Darstellung verleitet jedoch zu der missverständlichen Idee eines *solus ipse,* dem einsamen Subjekt, das unabhängig von der Welt und anderen Subjekten bestehen kann. Dies suggeriert eine künstliche Trennung zwischen Subjekt und Welt sowie Subjekt und anderen Subjekten, die Husserl sicher nicht im Sinn hatte. So hat das Subjekt keinen ontologischen Vorrang, sondern lediglich einen epistemologischen. Natürlich ist jedes konkrete empirische Subjekt immer schon situiert in der Welt und Teil einer intersubjektiven Gemeinschaft. Da jedoch die Welt nach der Reduktion lediglich als Korrelat möglichen Bewusstseins untersucht wird, d. h. als erscheinendes Phänomen, bleibt sie als solches prinzipiell an die Möglichkeit eines Bewusstseins gebunden.

Die Bedeutung von ‚Welt‘, ‚Intersubjektivität etc., die wir immer schon vorfinden, soll nach der transzendentalen Reduktion nun sozusagen rückwärts wieder aufgerollt und befragt werden, um die konstitutiven Komponenten explizit zu machen. Die Frage, wie ich denn in meinen Erlebnissen zu etwas außer mir, d. h. zur Welt und anderen Subjekten, gelange, ist denn auch aus Husserls Sicht fehlgeleitet. Hier versteckt sich bereits die Annahme, dass Subjekt und Welt wie durch einen Abgrund getrennt seien. Nach der transzendentalen Epoché und Reduktion zeigt sich jedoch, dass die Erscheinung der Welt und der anderen Subjekte Teil der transzendentalen Subjektivität ist. Will man zwischen Selbst-, Welt- und Fremderfahrung unterschieden, muss diese Unterscheidung der Erfahrung *immanent* sein (vgl. Hua I, S. 5. Meditation; Hua II, S. 7), d. h., es muss gezeigt werden können, dass andere Subjekte, materielle Gegenstände und ich mir selbst jeweils auf eine andere Weise gegeben sind. Die **Bedeutung von Transzendenz und Objektivität muss sich in der Subjektivität zeigen** – oder sie zeigt sich überhaupt nicht. Trotzdem hat Husserl in späteren Texten die beiden anderen Wege zur Reduktion präferiert, die vom psychologischen Subjekt oder der Lebenswelt ausgehen, um dem Missverständnis eines *solus ipse* oder einer Ausschaltung der Welt vorzubeugen.

### 2.3.1.2 Der psychologische Weg

Mit dem Weg von der Beschreibung der Psyche des Menschen zu den Bedingungen von Erfahrung überhaupt möchte Husserl die enge inhaltliche Verbindung, aber auch den Unterschied von Psychologie und (transzendentaler) Philosophie deutlich machen. Hierbei denkt Husserl nicht so sehr an die empirische Psychologie seiner Zeit, sondern an eine deskriptive Psychologie, wie sie etwa von seinem Lehrer Franz Brentano angedacht wurde. Eine solche Psychologie soll das Eigenwesentliche der Psyche untersuchen. Anstatt also die Psyche mit den Mitteln der Naturwissenschaft kausal zu erklären und damit anderen materiellen Naturgegenständen gleichzusetzen, soll darauf geachtet werden, inwiefern sich die Psyche von anderen Gegenständen unterscheidet und welche Methode zu ihrer Untersuchung angemessen ist. So ist ein Grundcharakterzug des Psychischen eben nicht seine materielle Ausdehnung, sondern seine Intentionalität, d. h., dass es sich intentional auf die Welt bezieht: durch Vorstellen, Denken, Wahrnehmung, aber auch Fühlen, Werten und Urteilen. Genau wie die transzendentale Phänomenologie wendet sich die phänomenologische Psychologie dabei dem Subjekt und seinem Erfahren zu. Sie versucht das Wesen dieser inneren Erfahrung zu erschauen und festzustellen. Jedoch handelt es sich beim

**2**

Subjekt der Psychologie um den empirischen Menschen, bei der transzendentalen Phänomenologie um die transzendentale Betrachtung der Subjektivität allgemein. Die Psyche ist für die Psychologie dabei noch stets ein *Objekt in der Welt* (konstituiert) und nicht ein *Subjekt für die Welt* (konstituierend). Im Sinne Husserls ist die Psyche damit eine abhängige Seinsschicht (Hua VIII, S. 427), die auf eine erfahrende und sinnkonstituierende Instanz verweist. Die **Psyche ist ein Untersuchungsgegenstand** (Teil des Seins/der Welt), jedoch nicht die Bedingungen der Möglichkeit der Erfahrung von Sein überhaupt.

**Phänomenologie als Psychologie und Philosophie** Auch wenn sich der Status der untersuchten Subjektivität (als Psyche oder transzendentale Instanz) bei phänomenologischer Psychologie und transzendentaler Phänomenologie jeweils unterscheidet, trifft dies nicht auf die Inhalte beider Untersuchungen zu. In Bezug auf ihren Inhalt, bzw. die allgemeinen Strukturen des Bewusstseins, sind Psyche und transzendentale Subjektivität identisch. Beide zeichnen sich durch ihre Intentionalität, Zeitlichkeit, Assoziation und Motivationszusammenhänge (nicht Kausalzusammenhänge) aus. Es handelt sich bei der transzendentalen Ebene gerade nicht um ein zusätzliches Subjekt, das irgendwie über dem empirischen Menschen schwebt. Psyche und transzendentale Subjektivität sind nicht zwei nebeneinander existierende, verschiedene Seinsbereiche. Das Transzendentale ist ein reflektiver Blick auf sich selbst als empirischer Mensch oder Psyche. Es ist dieselbe Psyche, nur betrachtet nach ihren notwendigen Eigenschaften für eine *Erfahrung überhaupt.* Was sich unterscheidet, ist demnach der Status und nicht der Inhalt der Untersuchung. Geht es bei dem einen um die allgemeine Bestimmung der Psyche von empirischen Menschen, geht es bei dem anderen um die reine Beschreibung eines Bewusstseins überhaupt und die Einsicht in dessen transzendentale Notwendigkeit für jede Form von Erfahrung. So kann eine streng deskriptiv-eidetische Psychologie den Weg zu einer transzendentalen Betrachtung ebnen, ist jedoch selbst noch nicht transzendental.

Wie Husserl später betont, lässt sich seine eigene frühere Phänomenologie (sowie eine rein theoretische Psychologie) als eine phänomenologische (weil eidetisch beschreibende) Psychologie verstehen. Zur Philosophie wird eine solche phänomenologische Bestimmung allerdings erst dann, wenn man die Frage nach den Bedingungen der Möglichkeit von Erfahrung im Subjekt miteinbezieht. In Husserls transzendentaler Philosophie wird die Wesensbestimmung denn auch genutzt, um das Allgemeine (oder wie Husserl es nennt: das ‚reine‘ oder ‚pure‘, Bewusstsein) zu bestimmen, also die allgemeinen und notwendigen Strukturen jedes konkreten und je denkbaren Bewusstseins. Eine solche Bestimmung ist dann notwendig transzendental, da diese minimale Bestimmung derjenigen Attribute, die jedes denkbare Bewusstsein haben muss, zugleich die Bedingungen für Erfahrung überhaupt darstellen. Gefragt wird hier nach der Notwendigkeit verschiedener Prozesse im Subjekt für die Wahrnehmung eines Tones, einer Melodie, eines Hauses etc. Gewisse Strukturen wie Intentionalität oder zeitliche Synthese sind also notwendig, damit ein bestimmter Ton – wie ich ihn jetzt höre – durch ein bestimmtes empirisches Subjekt – die Autorin dieser Einführung – gehört werden kann. Und diese Bedingungen gelten dann unabhängig und vor jeder konkreten Erfahrung, d. h. a priori.

**Sachliche und konstitutive Notwendigkeit**  Dabei handelt es sich um einen anderen Status von Notwendigkeit, als wenn wir von einem eidetischen Apriori sprechen. Wenn wir z. B. urteilen, dass jeder (allgemein) materielle Gegenstand notwendig auch ausgedehnt sein muss, ist diese Bestimmung sachlich allgemein und notwendig. Wenn wir jedoch urteilen, dass jedes Bewusstsein intentional verfasst sein muss, ist diese Bestimmung zugleich *konstitutiv notwendig.* Letztere Bestimmung ist eine **transzendentale Notwendigkeit,** nicht nur eine sachliche. Während bei einem sachlich eidetischen Apriori das Wesen dasjenige bezeichnet, ohne welches ein Gegenstand dieser Art nicht als solcher erkannt werden kann, bezeichnet das konstitutives Apriori diejenigen Bedingungen, die notwendig sind, um überhaupt sinnvoll von der Erfahrung eines ausgedehnten Dinges (oder der Welt im Ganzen) sprechen zu können. Die intentionale Verfasstheit und die konstitutiven Leistungen des Bewusstseins sind daher nicht nur unabhängig von einer bestimmten Erfahrung, sondern für jede Erfahrung von Gegenständlichkeit überhaupt notwendig.

Obwohl eidetische Beschreibung und transzendentale Phänomenologie selbständige methodische Richtungen darstellen, gehören sie für Husserl in seiner Spätphilosophie untrennbar zusammen. Hier wird die eidetische Methode in eine transzendentale Begründung und Analyse eingebettet, um das allgemeine und reine Wesen des Bewusstseins oder der transzendentalen Subjektivität zu bestimmen. Sowohl die Beschreibung (als noematischer Leitfaden) als auch die Bestimmung der Allgemeinheit und des rein Möglichen einer Sache dienen nun als Eingangstor zu transzendentalen Fragen (wie ist Erfahrung von sinnvollen Gegenständen überhaupt möglich?). Hierbei wird die Wesensbestimmung hauptsächlich auf das transzendentale Subjekt selbst angewandt, um die notwendigen allgemeinen Strukturen des Bewusstseins zu bestimmen, ohne die (a) konkretes Bewusstsein nicht denkbar wäre (Wesen von Bewusstsein), noch (b) Erfahrung oder Erkenntnis überhaupt möglich wäre (transzendentale Bedingung). Im Falle von Bewusstsein oder Subjektivität ist die **Wesensbestimmung also immer zugleich transzendental,** d. h., das allgemeine Wesen des transzendentalen Subjekts (mitsamt seinem Leib, seiner Geschichte und Intersubjektivität) ist nichts anderes als die Bedingung der Möglichkeit von Erfahrung überhaupt.

### 2.3.1.3  Der lebensweltliche (oder ontologische) Weg

Anstatt die Erkenntnis und Geltung von Welt kritisch unter die Lupe zu nehmen, oder uns auf das Subjekt zu beschränken, können wir unsere transzendentale Untersuchung ebenso gut mit einer positiven Beschreibung ebendieser Welt beginnen. Eine Welt, die für uns immer schon da ist, bevor wir beginnen, Wissenschaft oder Philosophie zu betreiben. Eine Welt, in die wir hineingeboren sind und auf die wir uns in allem praktisch und theoretisch beziehen. Eine Welt, in der wir leben, die wir kennen, in der wir uns *auskennen: die Lebenswelt* (vgl. Soldinger 2010; Bermes 2017; Luft 2011). Die Lebenswelt und die darin gegründete ‚natürliche Einstellung‘ bildet damit den Ausganspunkt und auch die Motivation für jede theoretische Reflexion oder Untersuchung, sei es in den Wissenschaften oder in der Philosophie. Die Lebenswelt ist daher vor-theoretisch oder vor-reflektiv immer schon in Geltung, mitsamt ihren kulturellen und sozialen

**2**

Institutionen, Bedeutungen, Traditionen und Praktiken; und auch während wir Wissenschaft betreiben oder philosophieren, bleiben wir stets in diesem Horizont situiert. Auch hier lässt sich genetisch auf die subjektive (bzw. intersubjektive) Entstehung oder Konstitution einer solchen praktischen, sinnvollen und selbstverständlichen Welt zurückfragen.

» [Es] sei erinnert […], daß Wissenschaft eine menschliche Geistesleistung ist, welche historisch und auch fuer jeden Lernenden den Ausgang von der als seiend allgemeinsam vorgegebenen, der anschaulichen *Lebensumwelt* voraussetzt, welche aber auch fortwährend in ihrer Übung und Fortführung diese Umwelt in ihrer Jeweiligkeit des Sichgebens für den Wissenschaftler voraussetzt. Z.B. für den Physiker ist es die, in der er seine Meßinstrumente sieht, Taktschläge hört, gesehene Größen schätzt usw., in der er sich zudem selbst mit all seinem Tun und all seinen theoretischen Gedanken enthalten weiß. (Hua VI, S. 123; Herv. M.W.)

Husserl kritisiert hierbei, dass z. B. die Naturwissenschaften ihre Verbindung zur Lebenswelt regelrecht vergessen haben. Sie etablieren ein Bild von Wirklichkeit, das diese auf Formeln und Zahlen reduziert, ohne kenntlich zu machen, dass diese Formeln nicht der Ursprung der Wirklichkeit, sondern das Resultat einer bestimmten Praxis oder Methode der Abstraktion oder Formalisierung sind. Eine Praxis, die die vor-theoretische Wirklichkeit oder Welt immer schon voraussetzt, die sich dann im Anschluss berechnen und formalisieren lässt. So steht etwa am Anfang der abstrakten Geometrie das praktische Bedürfnis, Abstände zu messen und die räumlichen Verhältnisse zwischen Dingen zu bestimmen, um mit diesen besser hantieren zu können. Martin Heidegger formuliert bereits etwas früher eine ähnliche Kritik, wenn er betont, dass wir zunächst in einer praktischen Relation zur Welt stehen, die Dinge sind uns zunächst ‚zu-handen‘, bevor wir diese aus der Distanz betrachten, denken oder vorstellen, d. h. diese für uns ‚vorhanden‘ sind (Heidegger 1977 [1927]; vgl. Dreyfus 1990).

**Konstitution und Konstitutionsanalyse** Im Unterschied zu Heidegger möchte Husserl die Lebenswelt und das Sein (und uns Menschen als Teil dieses Seins) nicht lediglich ontologisch beschreiben, sondern diese auch erkenntniskritisch und genetisch aufklären und fundieren. Obwohl Heideggers Vorgehen also nicht erkenntniskritisch ist, lässt es sich dennoch als transzendental (in einem anderen Sinne als Kant und Husserl) verstehen, wenn er z. B. in *Sein und Zeit* (1927) die ‚Transzendentalien‘ des Daseins beschreibt (zum Thema des Transzendentalen bei Heidegger vgl. Crowell/Malpas 2007). In Husserls Verständnis einer transzendentalen Konstitutionsanalyse kann man jedoch nicht einfach von einer objektiven Welt oder einem objektiven Sein ausgehen, sondern muss zunächst danach fragen, *wie* wir diese überhaupt kennen oder erkennen können. Heidegger würde erwidern, dass ein solches Erkennen zweitrangig ist und nur möglich, weil wir jeweils schon in-der-Welt-sind, also selbst Teil desjenigen Seins, nach dem wir nicht nur fragen, sondern dem auch unsere Sorge gewidmet ist. Husserl möchte sich jedoch von einer bloßen Ontologie oder Anthropologie (zu der er auch Heideggers Vorgehen zählt), wie gegen den naiven Objektivismus der Naturwissenschaften, abgrenzen. Dieser bewegt sich auf „dem Boden der durch Erfahrung selbstverständlich vorgegebenen Welt" und fragt „nach ihrer ‚objektiven Wahrheit'", „nach dem, was sie an sich ist". Der Transzendentalismus hingegen besagt, so Husserl, dass „der Seinssinn der vor-gegebenen Lebenswelt" ein „subjektives Gebilde" (Hua VI, S. 70) ist:

» Leistung des erfahrenden, des vorwissenschaftlichen Lebens. In ihm baut sich der Sinn und die Seinsgeltung der Welt auf, und jeweils der Welt, welche dem jeweilig Erfahrenden wirklich gilt. Was die „objektiv wahre" Welt anlangt, die der Wissenschaft, so ist sie Gebilde höherer Stufe, aufgrund des vorwissenschaftlichen Erfahrens und Denkens bzw. seiner Geltungsleistungen. (Hua VI, S. 70)

Das, was wir also in der Lebenswelt antreffen, Kulturgegenstände, Sprache, Bedeutungen, Institutionen etc. sind das Resultat einer subjektiven oder besser intersubjektiven Konstitution. Hierbei kann Konstitution sowohl auf eine explizite Sinnstiftung oder Praxis eines Subjekts oder mehrerer Subjekte hindeuten, als auch auf eine passive Konstitution, wie z. B. in der passiven Synthesis der Zeitlichkeit oder Assoziation. Die Phänomene, die wir in unserer Lebenswelt antreffen, verweisen damit immer schon auf eine **intersubjektive Bedeutung oder vorangegangene Konstitution,** ob passiv oder aktiv, willentlich oder unwillentlich, praktisch oder theoretisch. Um diese intersubjektive Konstitution und Bedeutung sowie ihre Genese aufzuklären, müssen wir zurückgehen auf das Subjekt, d. h. uns und unsere Erfahrung. Nur in der jeweiligen subjektiven Erfahrung können wir andere Subjekte und Intersubjektivität als solche überhaupt erfahren.

Obwohl also die Konstitution immer schon intersubjektiv ist, genauso wie der Inhalt all unserer Erfahrungen, erfolgt die Analyse oder Aufklärung dieser Konstitution zunächst **in der eigenen Reflektion.** Nur hier können wir Erfahrenes durch weitere Erfahrungen zur Evidenz bringen, nur unsere Erfahrungen sind uns direkt zugänglich und können von uns verifiziert werden. Daher können wir nicht bei der Welt oder den anderen Subjekten beginnen, sondern müssen zunächst prüfen, wie diese uns gegeben sind und ob wir hier Hinweise und Indizien finden für ihre Existenz (ihr Sein) und ihr spezifisches Wesen (ihr Sosein). Deswegen kann Husserl trotz seiner Betonung der Wichtigkeit der Lebenswelt auf die Bedeutung einer transzendentalen Reduktion bestehen. Eine Reduktion, die nach der Einklammerung des Weltglaubens nun auf sich selbst zurückfragt. Dabei stellen wir fest, dass die Welt mitsamt allen Objekten (und uns selbst als Objekt unserer Erfahrung) und ihren Geltungen Teil unserer Erfahrung ist. Und dass das subjektive Bewusstsein einen Anteil daran hat, dass wir so etwas wie eine einheitliche und objektive Welt überhaupt, kontinuierlich, und ganz selbstverständlich erfahren:

» Nur ein radikales Zurückfragen auf die Subjektivität, und zwar auf die letztlich alle Weltgeltung mit ihrem Inhalt, und in allen vorwissenschaftlichen und wissenschaftlichen Weisen, zustande bringende Subjektivität, sowie auf das Was und Wie der Vernunftleistungen kann die objektive Wahrheit verständlich machen und den letzten Seinssinn der Welt erreichen. Also nicht das Sein der Welt in seiner fraglosen Selbstverständlichkeit ist das an sich Erste, und nicht, was ihr objektiv zugehört; sondern das an sich Erste ist die Subjektivität, und zwar als die das Sein der Welt naiv vorgebende und dann rationalisierende oder, was gleich gilt: objektivierende. (Husserl, Hua VI, S. 70)

**2**

## Konstitution und transzendentale Intersubjektivität

Der Begriff der Konstitution bezeichnet einen **Prozess der Sinnstiftung** oder Sinnaneignung. Bei der sogenannten Konstitutionsanalyse sollen Elemente oder Schritte identifiziert werden, die für den Sinn einer Sache, Handlung, eines Prozesses etc. konstitutiv sind. Von einer Konstitution durch ein oder mehrere Subjekte zu sprechen, ist daher nicht dasselbe, wie zu behaupten, dass die Welt oder die Dinge lediglich ein subjektives oder soziales Konstrukt sind. Konstitution bezieht sich vielmehr auf passive und aktive, individuelle und intersubjektive Prozesse der Assoziation, Sinnstiftung oder das Verstehen und Aneignen von Sinn. In dieser Hinsicht verwendet Husserl den Begriff in ambivalenter Weise. Er kann sich sowohl auf die intersubjektive Konstitution von Kulturbedeutungen und Kulturgegenständen beziehen, wo dieser Sinn mitsamt den dazugehörigen materiellen Gegenständen und Praktiken allererst durch gemeinsame Aktionen entsteht. Zugleich verweist der Begriff aber auch auf die erste Aneignung oder das Verständnis von bereits durch andere Subjekte ,konstituiertem' Sinn (bzw. sinnvollen Gegenständen und Praktiken). Als Beispiel für eine Stiftung oder Konstitution nennt Husserl etwa das erstmalige Erkennen einer Schere als Schere: Sobald wir das wahrgenommene Ding mit diesem praktischen Zwecksinn einmal verknüpft haben, sehen wir es unmittelbar als Schere, die uns auffordert etwas mit ihr zu schneiden.

In diesem Falle bezeichnet Konstitution eher die *Aneignung oder Erfassung eines Kultur- oder Zwecksinnes,* der bereits bestand, und zielt nicht auf den Akt der Erfindung der ,Schere'. Konstitution muss daher kein schöpferischer oder aktiver Akt sein, der einen neuen Sinn schöpft, sondern kann sich ebenfalls auf automatische Bewusstseinsprozesse der Assoziation und zeitlichen Synthesis beziehen. Konstitution bezeichnet demnach alles, was im Bewusstsein und der Erfahrung Zusammenhang und Sinn schafft, d. h. eine normale (einstimmige und optimale) Objekt- und Welterfahrung möglich macht, von den passiven bis aktiven Synthesen, von der Wahrnehmung über das praktische Handeln zum Denken und Urteilen bis hin zur Wir-Intentionalität. Diese ganze Bandbreite an passiven und aktiven Leistungen leiblicher Subjekte bezeichnet Husserl als Konstitution. Für die Konstitution der Welt als einen offenen Horizont möglicher Wahrnehmung und Handlung, sind dabei andere Subjektive konstitutiv notwendig. Dem Sinn von Welt ist dabei inhärent, dass dieser nicht nur subjektiv, sondern objektiv, d. h. für alle faktischen und möglichen Subjekte, erfahrbar ist und Geltung hat. Konkret deutet beinahe jeglicher Sinn, den wir in unserer Lebenswelt vorfinden, auf andere Subjekte. Besonders deutlich wird dies bei Kulturgegenständen, Institutionen und natürlich in der Sprache. Die Bedingung der Möglichkeit der (einstimmigen und sinnvollen) Erfahrung liegt also nicht mehr nur im konstituierenden transzendentalen Subjekt (wie noch bei Kant), sondern verweist auf eine transzendentale Intersubjektivität.

## 2.3.2 Beispiele: Selbsterfahrung und Fremderfahrung

### 2.3.2.1 Selbsterfahrung

Wie wir gesehen haben, geht es bei der transzendentalen Subjektivität nicht um den Menschen als Untersuchungsgegenstand der Wissenschaft, sondern um das erkennende Subjekt, ohne welches es keine Erkenntnis oder Untersuchungsgegenstände bzw. Evidenz hiervon gäbe. In dieser transzendentalen Wendung tritt also eine Art Ich-Spaltung auf. Durch diesen Blick- oder Aufmerksamkeitswechsel eröffnet sich eine andere Art von Selbsterfahrung, in der wir uns regelrecht überschauen und dabei sozusagen auf zweifache Weise erfahren und thematisieren können: **als Objekt und als Subjekt von Erfahrung.**

Eine schöne Illustration dieser Möglichkeit, die bereits eine transzendentale Überschau oder Distanznahme voraussetzt, ist Husserls Beispiel der *Doppelempfindung:* Wenn wir unsere eigene Hand berühren, empfinden wir demnach auf doppelte Weise. Unser Körper macht also doppelt ‚Sinn' für uns oder ist, in Husserls Worten, doppelt konstituiert.

▶ **Beispiel – Doppelempfindung**

» Die linke Hand abtastend habe ich Tasterscheinungen, d.h. ich empfinde nicht nur, sondern ich nehme wahr und habe Erscheinungen von einer weichen, so und so geformten, glatten Hand. Die anzeigenden Bewegungsempfindungen und die repräsentierenden Tastempfindungen, die an dem Ding „linke Hand" zu Merkmalen objektiviert werden, gehören der rechten Hand zu. Aber die linke Hand betastend finde ich auch in ihr Serien von Tastempfindungen, sie werden in ihr „lokalisiert", sind aber nicht Eigenschaften konstituierend (wie Rauhigkeit und Glätte der Hand, dieses physischen Dinges). Spreche ich vom physischen Ding „linke Hand", so abstrahiere ich von diesen Empfindungen (eine Bleikugel hat nichts dergleichen und ebenso jedes „bloß" physische Ding, jedes Ding, das nicht mein Leib ist). Nehme ich sie mit dazu, so bereichert sich nicht das physische Ding, sondern es wird Leib, es empfindet. (Husserl, Hua IV, S. 145) ◀

In der ‚natürlichen Einstellung' betaste ich zunächst meine linke Hand und bin an ihr interessiert als Objekt, d. h. daran, ihre Form und ihre Eigenschaften zu ertasten. Zugleich mit diesen repräsentierenden Empfindungen (da sie die Eigenschaften wie Rauigkeit, Glätte etc. der Hand re-präsentieren) habe ich jedoch auch lokalisierte ‚Empfindnisse' in der rechten Hand, aber diesen bin ich mir zunächst gar nicht bewusst. Währen sich Empfindungen also auf die repräsentierenden Eigenschaften (Inhalt der Tastempfindung) der ertasteten Hand beziehen, will Husserl mit dem Begriff *Empfindnisse,* die propriozeptiven Empfindungen in der tastenden Hand betonen: In der Selbstempfindung sind wir also beides: Subjekt und Objekt der Empfindung. Erst nach einem Aufmerksamkeitswechsel erfahre ich oder sehe ich ein, dass dieses physische Ding zugleich empfindet, also nicht nur Körper ist (also äußerlich sichtbar und tastbar, wie jedes andere materielle Ding), sondern auch Leib ist, d. h. (innerlich) empfindet.

**2**

Unser eigener Leibkörper kann demnach nicht nur als Objekt (mit Eigenschaften), sondern auch in seiner Subjekthaftigkeit (als Subjekt von Empfindungen) von uns erfahren werden.

---

**Zur Vertiefung**

**Merleau-Ponty und der Leib als Subjekt**

Maurice Merleau-Ponty betont in seiner *Phänomenologie der Wahrnehmung* (1966 [1945]), in welcher er eine situierte Phänomenologie der leiblichen Wahrnehmung und Lebenswelt vorlegt, dass der Leib nicht nur konstituierter Gegenstand von einem irgendwie gearteten transzendentalen Bewusstsein ist, sondern selbst das Subjekt der Wahrnehmung, das in seinen Bewegungen und Interaktionen mit der Welt und Anderen praktischen Sinn konstituiert bzw. stiftet. Schließlich gehören Leiblichkeit und Körperlichkeit, wie auch Husserl anerkennt, ebenfalls zu den transzendentalen Bedingungen der Möglichkeit von Erfahrung (Wehrle 2021). Ist das erkennende Subjekt, das seine eigene empfindende Subjektivität erkennt, dann nicht selbst notwendig leiblich? Müssen wir Bewusstsein, Leiblichkeit und die faktische Situierung in der Welt nicht als gleichursprünglich betrachten? Obwohl sich in Husserls genetischer Phänomenologie viele Belege und Beschreibungen finden, die in diese Richtung deuten, spricht er doch auch missverständlich vom ‚Leibkörper‘ als einer Form der Selbst-Objektivierung des transzendentalen Subjekts, als ob letzteres primär wäre und auch ohne einen jeweiligen Leib gedacht werden kann. Es war Merleau-Ponty, der die Leiblichkeit ins Zentrum einer Beschreibung von Subjektivität und Welt gerückt hat: ein leibliches Subjekt, das sowohl passiv in der Welt situiert ist, als sich auch aktiv zu dieser Welt und seiner faktischen Situation verhält. Intentionalität, Zeitlichkeit und Sinnstiftung werden so existentiell umgedeutet und als Dialog von Leib und Welt beschrieben – Merleau-Ponty stellt die Phänomenologie damit vom Kopf (Bewusstsein) auf die Füße (den Leib) (vgl. hierzu Kristensen 2012; Alloa 2012; Waldenfels 2000).

---

**Sich als transzendental erkennen**  Jedes empirische Ich hat darüber hinaus die Möglichkeit, sich als transzendental zu erkennen, nämlich als dasjenige, was für Erfahrung (von Welt) notwendig ist: formell (dass es Erfahrung gibt), aber auch inhaltlich (Konstitution von Sinn, z. B. dem Sinn von Wissenschaft). Diese **Einsicht in die konstitutive Dimension** muss dabei jedes empirische Subjekt selbst vollziehen, genauso wie die Aufklärung des in unserem Bewusstsein und Leben vorgefundenen Sinns. Phänomenologie ist in diesem transzendentalen Sinne immer eine Form der Selbstaufklärung oder ‚Selbstbesinnung‘.

## Zur Vertiefung

### Sartre und das Problem der Selbsterfahrung

Wie kann es überhaupt möglich sein, sich selbst als Subjekt zu erfahren? Immer wenn ich auf mich reflektiere, mache ich mich doch sogleich zum Objekt, da jede Thematisierung oder Reflektion bereits ein ‚Etwas‘ braucht, auf das es jeweils bezogen ist. Schließlich ist Bewusstsein doch immer Bewusstsein von etwas. Diesen Einwand bringt Jean-Paul Sartre gegen Husserl vor. Selbsterfahrung ist für diesen notwendigerweise eine Objekterfahrung, ein ‚thetisches‘ Bewusstsein, wie Sartre dies nennt. Als Subjekt meiner Erfahrungen oder Handlungen bin ich dagegen bei den Dingen oder der Welt, aber als solches (operierendes oder fungierendes Subjekt) nicht thematisch oder bewusst (nicht-thetisches Bewusstsein). Wie Sartre in seiner ontologischen Untersuchung *Das Sein und das Nichts* (1993 [1943]) zu zeigen versucht, folgt daraus, dass wir in unserer Funktion als Subjekt eigentlich über keine inhaltliche Bestimmung verfügen und daher im eigentlichen Sinne NICHTS sind. Sind wir dagegen ETWAS (also Teil des Seins), sind wir dies immer als gesehenes, thematisiertes und inhaltlich bestimmtes Objekt. Dieses Sein, der Inhalt, wird jedoch primär von anderen Subjekten bestimmt, deren Blick uns objektiviert und damit zugleich einen spezifischen Sinn und eine spezifische Bedeutung zuweist. Dies macht Sartre in seiner berühmten Blickanalyse deutlich, in der eine Person aus Eifersucht oder Neugier durch ein Schlüsselloch späht. Ist diese zunächst ganz versunken im Akt des Spähens und vollends bei dem erspähten Paar hinter dem Schlüsselloch, ändert sich dies plötzlich, sobald sie Schritte hört. In einem solchen Moment wird sie sich selbst bewusst als Objekt unter anderen in der Welt, für andere Subjekte sichtbar auf eine Weise, die ihr selbst unzugänglich bleibt. Was sie jeweils ist, wird dabei dadurch bestimmt, wie und als was die Anderen sie sehen: In diesem Fall als eine Person die verbotenerweise durchs Schlüsselloch späht, oder kurz: als Spanner.

Sartre kommt in seiner phänomenologischen Ontologie zu der radikalen Schlussfolgerung: Entweder ich bin Subjekt, d. h. Nichts, habe aber dafür die Welt, oder ich habe mich (als Objekt), jedoch nur zu dem Preis, dass ich mein selbstverständliches und sorgloses Agieren in der Welt (zumindest zeitweise) verliere. Entweder die Welt ist ‚für-mich‘ *(pour soi)* im Subjektmodus, oder ich bin, aber dann zunächst als Objekt für andere *(pour-autrui)*. Man ist entweder Subjekt oder Objekt, entweder objektiviere ich oder ich werde objektiviert.

Husserl würde zugeben, dass jede explizite Selbstthematisierung notwendig zu einer Verschiebung bzw. erneuten Ich-Spaltung führt, und dies in potentiell unendlicher Wiederholung. So kann ich jetzt etwa meine Kaffeetasse zum Thema haben, dann mich als diese Tasse wahrnehmend, hernach die Reflektion auf mich als diese Tasse wahrnehmend, dann die Reflektion auf die Reflektion auf mich, die ich diese Tasse wahrnehme und so weiter. Immer wieder erscheint ein neues reflektierendes Ich (als Subjekt) und ein Ich auf das reflektiert wird (Objekt). Dieser unendliche Regress lässt sich laut Husserl aber vernachlässigen. Wichtig ist lediglich, dass wir zu allen Zeiten auf uns selbst transzendental reflektieren können, und dabei die Möglichkeit haben, uns bei unserem Reflektieren, Operieren und Denken zu ertappen.

Die negative Bestimmung des Eigenen  Wenn nach der transzendentalen Reduktion alle aktuellen und möglichen Erfahrungsinhalte Teil der transzendentalen Subjektivität sind, wie kann ich dann noch zwischen mir, meiner Erfahrung und anderen Subjekten und ihrer Erfahrung unterscheiden? Alles ist doch demnach Inhalt meiner Erfahrung, also dieser Erfahrung immanent. Diesem Problem stellt sich Husserl z. B. in der berühmten und oft kritisierten fünften ‚cartesianischen Meditation' (Hua I). Zunächst versucht er mit einer zusätzlichen thematischen Reduktion (Reduktion auf die *primordinale Sphäre*, also eine allererste fundierende Schicht, oder *Eigenheitssphäre*) alle Inhalte der Erfahrung provisorisch einzuklammern, die bereits auf andere Subjekte verweisen. Dies scheint ein beinah absurd hoffnungsloses Unterfangen zu sein, bei dem wir feststellen, dass jeglicher Sinn, den wir in unserer Erfahrung, Erinnerung, Wahrnehmung etc. vorfinden bereits irgendwie direkt oder indirekt auf andere verweist (z. B. ‚Kulturgegenstände', die Bedeutung ‚Mensch', aber auch die Bestimmung von ‚Subjektivität' gegenüber einer ‚Objektivität' selbst). Husserl betont denn auch, dass eine solche Reduktion auf das Eigene uns lediglich eine negative Definition von diesem Eigenen gibt (was es alles nicht ist). Eine solche Definition bleibt jedoch abhängig von all dem, gegen das sie sich abgrenzen will (das Fremde) und setzt dieses damit schon voraus. Nach einer solchen thematischen Scheidung der Inhalte unserer Erfahrung, in Eigenes und Fremdes, bleibt zunächst nur die Erfahrung unserer Person mitsamt ihrem Leibkörper und einer vor-objektiven quasi räumlichen Umgebung übrig. Dies erscheint als eine künstliche Abstraktion und kann nicht als positive Definition des Selbst oder Eigenen fungieren.

Eine positive Bestimmung von Selbsterfahrung  Was Husserl hiermit bezwecken wollte, ist eine provisorische Differenzierung der Bewusstseinsinhalte, in diejenigen, die mich selbst zum Inhalt haben und diejenigen, die ein anderes Subjekt zum Inhalt haben. Wie soll ich das andere Subjekt ansonsten auch als anderes Subjekt erkennen, wenn nach der transzendentalen Reduktion doch zunächst alles nur als Phänomen oder Inhalt meiner Erfahrung gilt? Jedoch war der erste Versuch nicht ganz zufriedenstellend. Daher versucht sich Husserl nun an einer positiven Definition von Eigenheit und findet diese nicht in den **Inhalten der Erfahrung (Noema)**, sondern in der **Art und Weise wie wir erfahren (Noesis)**. Jedes Subjekt erfährt die Dinge und auch sich selbst aus erster Hand, es hat zu seinen Erscheinungen einen ‚originalen' Zugang. Die Erfahrungsinhalte eines anderen Subjekts können mir dagegen nie original gegeben sein, ich kann nur darauf schließen, was ein anderer erfährt, denkt und empfindet, anhand seines leiblichen Ausdrucks, Verhaltens oder wenn ich mit ihr oder ihm kommuniziere. Dies ist der eigentliche Unterschied zwischen Eigenem und Fremdem, Erfahrung und Einfühlung: Ich habe mich selbst und meine Erfahrung original, d. h. direkt gegeben, die des anderen Subjekts jedoch lediglich vermittelt durch seinen leiblichen Ausdruck. Auch wenn mir andere Körper bzw. Leiber unmittelbar als Menschen mit Gefühlen, Intentionen und Bewusstsein erscheinen, habe ich zu ihrem ‚Innenleben' doch nie direkten Zugang. Ansonsten würde es sich ja auch um mein Bewusstsein und meine Erfahrungen handeln, und gerade nicht um die eines anderen autonomen, d. h. mir transzendenten Subjekts. In dieser positiven

Bestimmung ist die Eigenheit also nicht so sehr etwas, das sich inhaltlich vom Fremden unterscheidet oder diesem vorangeht, sondern durch ihre Art der direkten Zugänglichkeit gekennzeichnet: Die Eigenheitssphäre ist eine **Original-sphäre.** Das wurde bereits im Beispiel der Doppelempfindung deutlich: In meiner Erfahrung habe ich beides, repräsentative Empfindungen der Eigenschaften der Dinge und propriozeptive *Empfindnisse.* Jede Erfahrung der äußeren Welt und Dinge (ich selbst als Körper eingeschlossen) wird also von einem impliziten, aber direkten Selbstbezug, begleitet. Zugleich ist mir diese Subjekthaftigkeit bewusst bzw. kann ich auf diese reflektieren. Neben einer automatischen sinnlichen Rück-koppelung, dem impliziten Selbstbezug in jeder Erfahrung von Etwas (Fremd-bezug), gibt es für bewusste (menschliche) Subjekte die Möglichkeit, diese Subjektivität explizit zu machen. Man könnte dies mit Helmut Plessner, einem phänomenologischen Anthropologen, so ausdrücken: Der Mensch hat nicht nur Erfahrungen, sondern erfährt auch seine Erfahrungen (vgl. Plessner 1975 [1928]).

> ▶ **Beispiel – Original- und Fremdbewusstsein**

> » Erfahrung ist Originalbewußtsein, und in der Tat sagen wir im Falle der Erfahrung von einem Menschen allgemein, der Andere stehe selbst *leibhaftig* vor uns da. Anderseits hindert diese Leibhaftigkeit nicht, daß wir ohne weiteres zugestehen, daß dabei eigentlich nicht das andere Ich selbst, nicht seine Erlebnisse, seine Erscheinungen selbst, nichts von dem, was seinem Eigenwesen selbst angehört, zu ursprünglicher Gegebenheit komme. Wäre das der Fall, wäre das Eigenwesentliche des Anderen in direkter Weise zugänglich, so wäre es bloß Moment meines Eigenwesens, und schließlich er selbst und ich selbst einerlei. Es verhielte sich ähnlich mit seinem Leib, wenn er nichts anderes wäre als der *Körper,* der rein in meinen wirklichen und möglichen Erfahrungen sich konstituierende Einheit ist, meiner primordinalen Sphäre zugehörig als Gebilde ausschließlich meiner *Sinnlichkeit.* Eine gewisse Mittelbarkeit der Intentionalität muß hier vorliegen, und zwar von der jedenfalls beständig zugrunde liegenden Unterschicht der *primordinalen Welt* auslaufend, die ein *Mit da* vorstellig macht, das doch nicht selbst da ist, nie ein Selbst-da werden kann. Es handelt sich also um eine Art des *Mit- gegenwärtig-machens,* eine Art *Appräsentation.* (Husserl, Hua I, S. 139) ◀

**Primordinale Transzendenz**   In dieser zweiten positiven Unterscheidung zwischen originalem Selbstbewusstsein und vermitteltem bzw. appräsentiertem Fremd-bewusstsein (was uns präsentiert wird, ist das sichtbare leibliche Verhalten des Anderen, das wir unmittelbar mit einem ‚Inneren‘, dem Bewusstsein, verbinden, d. h. ap-präsentieren) wird nun für Husserl auch eine inhaltliche Unterscheidung zwischen der Erfahrung von uns selbst und dem anderen deutlich. Die Selbst-erfahrung muss nämlich phänomenologisch der Fremderfahrung vorgeordnet sein. Dies meint nicht, dass das Eigene ontologisch primär ist, und das Fremde sekundär, sondern bezieht sich auf die **Reihenfolge der Konstitution,** d. h. des-jenigen, was konstitutiv für das Verstehen des Sinnes ‚anderes Subjekt‘ ist.

Hierfür muss die Selbsterfahrung als Vorbild oder Ausganspunkt dienen: Nur weil wir selbst uns sowohl als Subjekt (von innen) als auch als Objekt (von außen) erfahren, können wir dies auf die Wahrnehmung des Anderen unmittelbar

2

übertragen. Wir sehen Andere nie bloß als Körper, sondern immer auch als Leib (von innen gefühlt), da wir dies aus erster Hand auch bei uns selbst erfahren. Damit wir den Anderen als transzendent (also außerhalb unseres Bewusstseins existierend) erfahren können, bedarf es bereits der Erfahrung einer – wenn auch schwächeren – Transzendenz, und zwar unserer eigenen zeitlichen und körperlichen Transzendenz. Bereits in der Dingwahrnehmung wurde deutlich, dass eine kohärente und kontinuierliche Wahrnehmung aus der Synthese verschiedener Abschattungen des Dinges und verschiedener Perspektiven besteht, also die aktuelle Erfahrung immer schon zeitlich transzendiert. Unser ausgedehnter Leibkörper mit seinen kinästhetischen Fähigkeiten stellt dabei eine ‚primordinale Transzendenz‘ dar, er setzt schon eine irgendwie geartete Umwelt voraus, auch wenn wir den vollen Sinn von ‚Objektivität‘ und ‚Welt‘ noch nicht voraussetzten dürfen (dieser noch eingeklammert ist). Husserls – innerhalb der Phänomenologie umstrittene – Argumentation ist also, dass für die Konstitution der Bedeutung ‚Anderer‘ oder ‚Fremdes‘, die eigenen Erfahrung unabdinglich und auf eine Weise auch primär ist.

---

### Zur Vertiefung

**Gegen ein Primat des Eigenen**

Jean-Paul Sartre, Emmanuel Levinas und der bekannte deutsche Phänomenologe Bernhard Waldenfels haben in ihren Phänomenologien gegen ein Primat des Eigenen argumentiert: Der Andere, das Fremde ist immer primär, jede Erfahrung und jedes Erkennen des Subjekts ist eine Reaktion auf die Welt und andere Subjekte. Was wir tun und was wir sind, wird demnach als indirekte oder direkte Antwort verstanden, d. h., menschliche Existenz bedeutet Responsivität und keine reine Intentionalität. Als Verteidigung Husserls ließe sich hier anbringen, dass er sehr wohl betont, dass sich auf noematischer Ebene der Sinn von ‚mein‘ und ‚dein‘, ‚Ich‘ und ‚Anderer‘ notwendigerweise wechselseitig konstituiert. So macht das Wort ‚Subjekt‘ oder ‚meins‘ ohne eine Fremderfahrung keinerlei Sinn. Wenn es nur mich gäbe, wieso müsste ich dann darauf hinweisen, dass etwas ‚meins‘

ist? Diese Konzepte sind notwendigerweise *relativ* zueinander. Und trotzdem betont er die Sonderrolle der Selbsterfahrung: Für die Konstitution des Sinns anderer Subjekte muss etwa mein Leibkörper als urstiftendes Original immer mit dabei sein. Würde ich nicht ständig auch mich selbst auf diese Art und Weise erfahren oder hätte ich gar keinen Körper, könnte ich den Anderen auch nicht unmittelbar als Subjekt mit einem Bewusstsein erkennen.

Diese drei Phänomenologen (und viele andere Phänomenolog:innen) betonen allerdings mit Recht, dass sowohl meine Existenz als auch meine Bedeutung sekundär sind gegenüber einer bereits bestehenden Welt und Intersubjektivität. Schlichtend können wir jedoch festhalten, dass eventuell beides richtig ist: Jedes Subjekt ist bereits situiert, ungewollt in eine Welt geworfen, die bereits lange vor ihm existierte, und dabei vollständig fremdbestimmt, da es seine Existenz sowie seinen Namen Anderen verdankt (vgl. Waldenfels 1997, 1998a, 1998b, 1999). Doch sobald dieses Subjekt versucht, sich philosophisch zu erkennen und diesen Sinn nachzuvollziehen, muss dies bei der Selbsterfahrung ansetzen. Die Selbsterfahrung ist dabei im guten wie im schlechten Sinne vorrangig; letzteres zeigt sich inhaltlich in Form von Vorurteilen, Gewohnheiten oder *implicit bias*. So gehen wir immer von uns selbst, unseren Gewohnheiten und der uns vertrauten Umgebung aus, von dem, was für uns normal ist, an was wir gewöhnt sind. Alles, was wir erfahren, wird vor diesem Hintergrund, der sogenannten ‚Heimwelt' (vgl. hierzu Held 1991; Steinbock 1995; Renker 2010), wie Husserl dies nennt, erfahren und beurteilt, ohne dass dies uns eigens thematisch wird. Hier wird deutlich, dass es phänomenologisch Sinn macht, auf diesen erwünschten oder unerwünschten Vorrang des Eigenen kritisch zu reflektieren.

### 2.3.2.2 Fremderfahrung

Schauen wir uns nun die Beschreibung der Fremderfahrung an. Folgende Frage ist hier leitend: Wie ist es möglich, dass der Andere in meiner Erfahrung als anderes Subjekt erscheint – mit dem Sinn ‚transzendent', ‚außerhalb meiner existierend', ‚mit denselben mentalen und körperlichen Fähigkeiten' – und nicht bloß als Produkt meiner Vorstellung? Husserl versucht, in einem Gedankenexperiment nachzuzeichnen, wie der Sinn ‚anderes transzendentes Subjekt mit Bewusstsein' Schritt für Schritt konstituiert wird. Zunächst stellt sich die Frage, wie sich die Erfahrung eines anderen Subjekts von einer gewöhnlichen Dingwahrnehmung unterscheidet. Beide beziehen sich ja genaugenommen auf externe Dinge. Warum lässt sich die Erfahrung eines Dinges (leichter) auf eine Vorstellung reduzieren (intentionale Gegebenheit), die eines anderen Subjekts jedoch nicht?

Wahrnehmung eines anderen Innenlebens Normalerweise nehme ich andere Subjekte unmittelbar als menschliche, psycho-physische Personen, als ‚Mensch wie Du und ich', wahr. Jedoch sind all diese bereits konstituierten Bedeutungen zunächst eingeklammert. Was also sehe ich eigentlich, sobald ein Subjekt in mein Wahrnehmungsfeld tritt? Präsentiert ist ein ausgedehnter Körper oder ein leiblicher Ausdruck, Verhalten und Bewegung. Genauso wie ich momentan die Rückseite unseres Nachbarhauses nicht sehen kann, sehe ich auch nicht das Innenleben des Anderen. Jedoch mit dem Unterschied, dass es mir möglich ist, die Rückseite des Nachbarhauses in zukünftigen Wahrnehmungen evident zu machen, nicht jedoch, dasjenige zu erfahren, was den anderen eigentlich zum Erfahrungssubjekt macht: seinen von innen gefühlten und gelebten Leib, seine Psyche, seine Gedanken und letztlich seine transzendentale Dimension. All dies kann ich nur aufgrund dessen, was ich bereits durch meine eigene Erfahrung bei mir kenne, antizipieren.

Wie läuft dies im Einzelnen ab? Zunächst erscheint ein anderer Mensch als Körper in unserem Wahrnehmungsfeld. Wir können diesen als Körper eines anderen erkennen, da wir zuvor durch die Reduktion auf das Eigene die Selbsterfahrung von der (möglichen) Fremderfahrung inhaltlich getrennt hatten. Zu dem mir inhaltlich Eigenen gehört dann mein eigenes Selbst mitsamt Leibkörper und einer vor-objektiven Umgebung oder Welt. Dies nennt Husserl ‚primordinal‘ oder ‚**primordinale Sphäre‘.** Hier haben wir bereits eine Art vor-objektive Umgebung, jedoch haben weder mein Leibkörper noch dessen räumliche Umgebung zu diesem Moment eine objektive Bedeutung (als Mensch oder Welt). Diese muss sich ja erst noch herausstellen im Nachweis, dass wir andere Subjekte als andere erfahren und ihre Evidenz bewähren können. Es handelt sich also um primäre Transzendenzen, die notwendig und der Konstitutionsanalyse des Fremden vorrangig sind.

Wir nehmen nun den jetzt erscheinenden Körper automatisch als ähnlich und mit dem unseren zusammengehörig wahr. So wie wir mehrere Menschen oder Vögel an einem Ort ohne Nachzudenken als Gruppe auffassen. Dieses unmittelbare **Zusammenwahrnehmen aufgrund von Ähnlichkeit** läuft Husserl zufolge als passive Synthese im Bewusstsein ab. Er nennt sie in Anlehnung an mathematische Prozesse eine ‚**Paarung‘.** Danach folgen verschiedene Prozesse der Sinnübertragung von meinem Leibkörper auf den Anderen.

▶ **Beispiel – Meine Erfahrung des Anderen**

» Nehmen wir nun an, es tritt ein anderer Mensch in unseren Wahrnehmungsbereich, so heißt das primordinal reduziert: es tritt im Wahrnehmungsbereich meiner primordinalen Natur ein Körper auf, der als primordinaler natürlich bloß Bestimmungsstück meiner selbst *(immanente Transzendenz)* ist. Da in dieser Natur und Welt mein Leib der einzige Körper ist, der als Leib (fungierendes Organ) ursprünglich konstituiert ist und konstituiert sein kann, so muß der Körper dort, der als Leib doch aufgefaßt ist, diesen Sinn von einer apperzeptiven Übertragung von meinem Leib her haben, und dann in einer Weise, die eine wirklich direkte und somit primordinale Ausweisung der Prädikate der spezifischen Leiblichkeit, eine Ausweisung durch eigentliche Wahrnehmung, ausschließt. Es ist von vornherein klar, daß nur eine innerhalb meiner Primordinalsphäre jenen Körper dort mit meinem Körper verbindende Ähnlichkeit das Motivationsfundament für die *analogisierende* Auffassung des ersteren als anderer Leib abgeben kann. [...]
Sollen wir nun das Eigentümliche derjenigen analogisierenden Auffassung bezeichnen, durch die ein Körper innerhalb meiner primordinalen Sphäre als meinem eigenen Leib-Körper ähnlich ebenfalls als Leib aufgefaßt wird, so stoßen wir fürs erste darauf, daß hier das urstiftende Original immerfort lebendig gegenwärtig ist, also die Urstiftung selbst immerfort in lebendig wirkendem Gang bleibt; und zweitens auf die uns schon in ihrer Notwendigkeit bekannt gewordene Eigenheit, daß das vermöge jener Analogisierung Appräsentierte nie wirklich zur Präsenz kommen kann, also zu eigentlicher Wahrnehmung. Mit der ersteren Eigentümlichkeit hängt nahe zusammen, daß ego und alter ego immerzu und notwendig in ursprünglicher *Paarung* gegeben sind [...]. (Husserl, Hua I, S. 140, S. 141–143) ◄

Sinnübertragung  Die Sinnübertragung beginnt also passiv (nicht als Denkakt oder Urteil) bei meiner Erfahrung und wird von da aus ‚aktiver‘, bis hin zu
einem expliziten Hineinversetzen in den Anderen, einer ‚Einfühlung‘, wie Husserl
dies mit dem Konzept des Psychologen Theodor Lipps nennt. Nach einer unmittelbaren Paarung, die den Körper in Zusammenhang mit meinem wahrnimmt, folgt eine Art Appräsentation oder Apperzeption, die auf einer rezeptiven
Präsentation basiert und von dieser motiviert ist, also von dem sichtbaren Körper,
seinem leiblichen Ausdruck und seiner Art der Bewegung. Von da aus vollziehen
sich Schritt für Schritt, erst passiv, dann aktiv, weitere Antizipationen. Zentral
hierbei ist mein Leib, d. h. meine Erfahrung als subjektiver und objektiver Leib.
So wird deutlich, dass der andere auch ein Leibkörper ist wie ich, aber nie meine
räumliche Position einnehmen kann. Mein Leib ist immer das ‚absolute Hier‘, der
andere ‚dort‘ und umgekehrt. Zugleich kann ich mich nun aktiv in seine Position
hineinversetzen und einsehen, was ich sehen würde, stünde ich dort, wo dieser
jetzt ist. Der andere wird so wahrgenommen, als ‚wenn ich dort wäre‘.

Dabei wird deutlich, dass die Sinnübertragung zwar meine Selbsterfahrung
braucht und von dieser ihren Ausgang nimmt, aber sogleich wechselseitig stattfindet. Der Sinn des Anderen wird also epistemologisch nachvollzogen als eine
Art ‚Modifikation‘ des Selbst, aber zugleich zeigt sich, dass die eigentliche
Konstitution, das was es inhaltlich bedeutet ‚Selbst‘ zu sein, wechselseitig stattfindet, und nur als Resultat einer intersubjektiven Sinnstiftung verstanden werden
kann. Der Andere kann demnach kein bloßer Spiegel bzw. kein Duplikat meiner
selbst sein, er ist notwendig sein eigenes Subjekt mit einem eigenen leiblichen
Hier, einer eigenen Perspektive und eigenen konstitutiven Fähigkeiten.

▶ **Beispiel – Der Andere ist kein Duplikat meiner selbst**

» Mein körperlicher Leib hat, als auf sich selbst zurückbezogen, seine
Gegebenheitsweise des zentralen *Hier;* jeder andere Körper und so der Körper
des *Anderen* hat den Modus *Dort.* Diese Orientierung des Dort unterliegt
vermöge meiner Kinästhesen dem freien Wechsel. Dabei ist in meiner
primordinalen Sphäre im Wechsel der Orientierungen konstituiert die eine
räumliche Natur, und zwar konstituiert in intentionaler Bezogenheit auf meine
als wahrnehmend fungierende Leiblichkeit. Daß nun mein körperlicher Leib
aufgefaßt ist und auffaßbar ist als ein wie jeder andere im Raum seiender und
wie jeder andere beweglicher Naturkörper, hängt offenbar zusammen mit der
Möglichkeit, die sich in den Worten ausspricht: Ich kann meine Stellung durch
freie Abwandlung meiner Kinästhesen und im besonderen des Herumgehens so
ändern, daß ich jedes Dort in ein Hier verwandeln, d.i. jeden räumlichen Ort
leiblich einnehmen könnte. […]
Ich apperzipiere den Anderen doch nicht einfach als Duplikat meiner selbst,
also mit meiner oder einer gleichen Originalsphäre, darunter mit den räumlichen
Erscheinungsweisen, die mir von meinem Hier aus eigen sind, sondern, näher
besehen, mit solchen, wie ich sie selbst in Gleichheit haben würde, wenn ich

**2**

dorthin ginge und dort wäre. Ferner, der Andere ist appräsentativ apperzipiert als *Ich* einer primordinalen Welt bzw. einer Monade, in der sein Leib im Modus des absoluten Hier, eben als Funktionszentrum für sein Walten ursprünglich konstituiert und erfahren ist. Also indiziert in dieser Appräsentation der in meiner monadischen Sphäre auftretende Körper im Modus *Dort,* der als fremder Leibkörper, als Leib des alter ego apperzipiert [sic!] ist. *denselben* Körper im Modus *Hier,* als den, den der Andere in seiner monadischen Sphäre erfahre. Das aber konkret, mit der ganzen konstitutiven Intentionalität, die diese Gegebenheitsweise in ihm leistet. (Husserl, Hua I, S. 145f.) ◄

Wie nehmen den Anderen also in unserer Erfahrung als anderes Subjekt mit eigener Erfahrung wahr, und dies unmittelbar und direkt (also ohne explizit darüber nachdenken zu müssen). Jedoch ist das, was jeweils mitwahrgenommen oder antizipiert wird (dass dieser Körper ein Mensch ist), nie mit aller Sicherheit gegeben, da das Bewusstsein nie eigentlich in Erscheinung treten kann. Der erscheinende Körper muss sich in weiterer Erfahrung kontinuierlich in seinem Ausdruck und Verhalten als ‚Mensch' bewähren. Dabei kann unsere Intention auch enttäuscht werden: Bleibt der vermeintliche Mensch plötzlich stehen, dampft, blinkt und piepst, handelt es sich eventuell eher um einen humanoiden Roboter mit technischen Problemen.

▶ **Beispiel – Der Andere als originäre Unzugänglichkeit**

» Der erfahrene fremde Leib bekundet sich fortgesetzt wirklich als Leib nur in seinem wechselnden, aber immerfort zusammenstimmenden *Gebaren,* derart, daß dieses seine physische Seite hat, die Psychisches appräsentierend indiziert, das nun in originaler Erfahrung erfüllend auftreten muß. Und so im stetigen Wechsel des Gebarens von Phase zu Phase. Der Leib wird als Schein-Leib erfahren, wenn es damit eben nicht stimmt. In dieser Art bewährbarer Zugänglichkeit des original Unzugänglichen gründet der Charakter des seienden *Fremden.* Was je original präsentierbar und ausweisbar ist, das bin ich selbst bzw. gehört zu mir selbst als Eigenes. Was dadurch in jener fundierten Weise einer primordinal unerfüllbaren Erfahrung, einer nicht original selbstgebenden, aber Indiziertes konsequent bewährenden, erfahren ist, ist *Fremdes.* Es ist also nur denkbar als Analogon von Eigenheitlichem. Notwendig tritt es vermöge seiner Sinneskonstitution als *intentionale Modifikation* meines erst objektivierten Ich, meiner primordinalen *Welt* auf: der Andere phänomenologisch als *Modifikation* meines Selbst (das diesen Charakter *mein* seinerseits durch die nun notwendig eintretende und kontrastierende Paarung erhält). Es ist klar, daß damit in der analogisierenden Modifikation all das appräsentiert ist, was zur Konkretion dieses Ich zunächst als seine primordinale Welt und dann als das voll konkrete ego gehört. (Husserl, Hua I, S. 144) ◄

**Die erfahrene Transzendenz des Anderen**    Das andere Subjekt ist einerseits direkt zugänglich durch seinen leiblichen Ausdruck, d. h., wir erfahren andere immer unmittelbar als Subjekte wie uns, andererseits aber nie original zugänglich: Wir können nicht in die Köpfe oder Leiber der Anderen kriechen und ihre Gefühle fühlen oder Gedanken denken. Dies können wir immer nur mitwahrnehmen, antizipieren. Im Alltag funktioniert dies prima, wir können uns auf unsere Intuition verlassen. Diese Evidenz gilt aber nur bis auf weiteres und ist bezweifelbar; ein als Mensch wahrgenommenes Etwas kann sich etwa bei genauerem Hinsehen als Schaufensterpuppe herausstellen. Jedoch macht diese Unsicherheit, dass sich das andere Subjekt in seiner Anwesenheit zugleich entzieht, auch im positiven Sinne den Unterschied zwischen Selbst- und Fremderfahrung aus. Das Wesentliche des anderen Subjekts entwischt uns ständig, wir können es weder festhalten, kontrollieren noch vollständig erkennen, dies macht seine Transzendenz aus. Wäre der oder die Andere original erfahrbar, wäre er/sie lediglich eine meiner Erfahrungen, eine immanente Vorstellung. Der Umstand jedoch, dass wir Andere prinzipiell nicht original erfahren können, meint auch: Das andere Subjekt kann nicht auf meine Erfahrung reduziert werden, es transzendiert meine Erfahrung, es existiert unabhängig und außerhalb davon.

Fremderfahrung und Objektivität Mehr noch, der/die Andere hat denselben Status und dieselben allgemeinen Fähigkeiten wie ich selbst. Das heißt im Umkehrschluss, dass auch ich ein Objekt der Erfahrung von Anderen bin, auch ich werde also in meinem Sinn von Anderen konstituiert. Wie Husserl in seiner Beschreibung Schritt für Schritt zeigt, muss diese:r Andere, der/die zunächst als bloßer wahrgenommener Körper in meinem Wahrnehmungsfeld erscheint, notwendigerweise auch einen empfindenden und sich bewegenden Leib und damit eine primordinale Räumlichkeit und Umgebung haben. Einen Leib, der für mich dort, für den/die Andere:n jedoch hier ist. Auch er/sie hat eine Psyche, ein Bewusstsein und schließlich eine transzendentale Dimension. Andere sehen dieselben Dinge wie ich, jedoch aus einer anderen Perspektive, sie stehen auf demselben Boden wie ich, aber in ihrem Hier. Der konstitutive Aufweis der Fremderfahrung und weiter der Intersubjektivität ist darum der Schlüssel zur Sicherung von Objektivität. Sobald wir die Transzendenz der Anderen in unserer Erfahrung nachweisen können, gilt, dass die Welt und die Dinge, die ich erfahre, nicht nur für mich existieren, sondern auch für andere, d. h., sie sind nicht nur subjektiv, sondern objektiv gültig.

**❓ Aufgaben**

1. Was macht eine transzendentale Fragestellung und Methode aus, welche Ziele hat sie? Wieso gilt (laut Husserl) erst die transzendentale Phänomenologie als eigentlich philosophisch? Definieren Sie ‚transzendental'. Verwenden Sie bei ihrer Antwort die Begriffe ‚Bedingung', ‚Notwendigkeit' (konstitutiv, logisch, sachlich), ‚a priori' und ‚Erkenntnis'.

2. Praktizieren Sie die transzendentale Epoché (Ausschaltung der natürlichen Einstellung) und Reduktion (Rückgang auf die Bedingungen der Erfahrung im Subjekt). Wählen Sie dabei jeweils einen der drei Wege (cartesianisch, psychologisch, ontologisch) zur transzendentalen Reduktion. Beschreiben Sie die

2

Schritte und notieren sie die Schwerpunkte, Vorteile und Schwierigkeiten bei der Ausführung.

3. Wechselseitige Bestimmung von Subjektivität und Objektivität:
   a) Warum muss man beim Subjekt, d. h. bei der eigenen Erfahrung, beginnen, um zu den Sachen selbst, der Welt, zu gelangen?
   b) Erklären Sie warum das Subjekt, die eigene Erfahrung, epistemologischen Vorrang hat.
   c) Warum braucht es die transzendentale Intersubjektivität, um die Objektivität der Welt zu gewährleisten?
   d) Erläutern Sie was Husserl unter transzendentaler Intersubjektivität versteht. Erklären Sie, wie man von der subjektiven Erfahrung zur Objektivität gelangt.

4. Was ist der Unterschied zwischen einer Selbst-, Ding- und Fremderfahrung? Versuchen Sie Schritt für Schritt zu beschreiben, wie sie sich selbst und einen anderen Menschen wahrnehmen. Was ist der Unterschied und was an dieser Erfahrung ist transzendental?

5. Glossar: Sammeln Sie relevante Begrifflichkeiten aus ▶ Abschn. 2.3. Definieren Sie diese anhand des Textes und weiterer Quellen und fügen Sie diese dem Glossar hinzu. (Tipp: Dieses Glossar kann gemeinsam mit anderen Kommiliton:innen erstellt werden.)

## 2.4 Phänomenologische Methode nach Husserl

Bereits zu Lebzeiten Husserls und vor allem nach dessen Tod haben sich viele Phänomenolog:innen in verschiedenster Weise auf die obigen Methoden bezogen, sei es durch eine Weiterentwicklung, Anpassung oder kritische Abgrenzung. Man könnte sagen, dass Phänomenologie sich gerade durch eine beständige kritische Reflektion auf die Methode auszeichnet. Allgemein lässt sich festhalten, dass sich alle Phänomenologien und Phänomenologietreibenden auf die **Beschreibung der Erfahrung als Kern einer Phänomenologie** einigen können. Viele betreiben hierbei auch eine mehr oder weniger explizite eidetische Bestimmung allgemeiner Strukturen der Erfahrung oder eine Bestimmung von allgemeinen Strukturen verschiedener Seinsregionen (regionale Ontologie). Und einige widmen sich einer transzendentalen phänomenologischen Erkenntniskritik oder genetischen Beschreibung der passiven und aktiven Leistungen des Bewusstseins oder leiblichen Subjekts.

**Kritik an der Eidetik nach Husserl**  Wie bereits erwähnt, wurde Husserls Eidetik mehrheitlich kritisch aufgenommen. In der analytischen Philosophie zweifelte man etwa, dass sich ‚Wesen' erschauen lassen oder generelle Strukturen intuitiv erfahrbar sind. Wie ließe sich so etwas verifizieren und welche Rolle spielt hierbei die Sprache? In der kritischen Theorie oder feministischen Philosophie galt Husserls Wesensbestimmung als Rückfall in eine platonische Ideenwelt oder als Beispiel eines Essentialismus, der einer politischen Strategie der Naturalisierung von menschlichen Unterschieden (Geschlecht, Herkunft, Fähigkeiten) in die

Hand spielt. Durch eine solche Naturalisierung werden Unterschiede oder Abweichungen vom vermeintlichen (idealen) Wesen des Menschen festgeschrieben
und dadurch eine Ungleichbehandlung legitimiert, die mit Marginalisierung, Ausgrenzung oder Gewalt einhergeht. Diese Einwände sind insbesondere mit Bezug
auf die unaussprechlichen Untaten in der Zeit des Nationalsozialismus mehr
als berechtigt. Wer bestimmt, was universal und ideal ist, und wie sind die vermeintlich rein deskriptiven Bestimmungen des Allgemeinen oder Natürlichen
mit Werturteilen verknüpft? Husserl erscheint hier als ein wenig naiv, wenn er an
die epistemologische Gewissenhaftigkeit des Einzelnen glaubt, das Allgemeine
neutral bestimmen zu können und zu wollen. Theoretisch mag dies möglich sein,
jedoch spielen praktisch Vorurteile, Ideologien, Interessen und Machtverhält-
nisse hierbei eine zentrale Rolle. Die Denker:innen nach dem Zweiten Weltkrieg
können sich also nicht mehr so einfach auf das ‚Wesen' der Dinge beziehen.

Das Problem, wie wir als Subjekte trotz und innerhalb unserer subjektiven
Erfahrung Zugang und Einsicht zum Allgemeinen haben können, bleibt jedoch
bestehen. Husserl hat dabei deutlich gemacht, dass wir in unserem Erfahren,
Denken und Kommunizieren mit Anderen immer schon von allgemeineren
Strukturen und Invarianten ausgehen müssen. Deshalb scheint die Methode der
Eidetik immer noch aktuell: Das Wesen ist dabei nicht mehr so sehr das Ziel,
sondern der provisorische Ausganspunkt, um herauszufinden, wie und ob sich
allgemeine Strukturen erkennen lassen, oder wie wir zu den meist impliziten Annahmen vom Allgemeinen kommen.

Neue Ansätze   Auch die Phänomenolog:innen nach Husserl beschäftigen sich
daher nicht nur mit der singulären oder privaten Erfahrung, sondern versuchen
auf ihre Weise das Allgemeine innerhalb der Pluralität menschlicher Erfahrungen
zu bestimmen. Als Beispiele lassen sich Merleau-Pontys existentielle Phänomenologie (vgl. *Phänomenologie der Wahrnehmung*, 1966 [1945]), Heideggers frühes
wie spätes Seinsdenken (vgl. *Sein und Zeit*, 1927; *Zum Wesen der Wahrheit*, 1930;
*Zur Sache des Denkens*, 1969) Sartres phänomenologische Ontologie (vgl. *Das
Sein und das Nichts*, 1993 [1943] oder Simone de Beauvoirs Beschreibung der
Situation von Frauen oder des Alterns (vgl. *Das andere Geschlecht*, 1992 [1949];
*Das Alter*, 2000 [1970]) nennen. Zwar findet man keine explizite Durchführung
der eidetischen Variation, jedoch steht die Bestimmung allgemeiner Modi von
Erfahrungs- oder Daseinsweisen bei allen im Vordergrund, wie z. B. das Wesen
des allgemeinen oder der Stil des mehr spezifischen leiblichen Erfahrens: Bei
Merleau-Ponty wird etwa der Unterschied zwischen normalen und patho-
logischen Weisen des Zur-Welt-seins untersucht, bei Beauvoir die unterschiedliche Erfahrungssituation von Frauen und Männern, Jüngeren und Älteren beschrieben. Weiterhin findet eine Unterscheidung verschiedener Regionen des
Seins statt: Bei Heidegger wird zwischen ‚Zu-handen-sein' und ‚Vor-handen-sein',
beim späten Merleau-Ponty zwischen dem Sichtbaren und dem Unsichtbaren
(Merleau-Ponty 1964), bei Sartre zwischen einem Sein als ‚Für-sich' und einem
Sein ‚An-sich' unterschieden; und Beauvoir beschreibt die künstliche Zuteilung
der Geschlechter zu der Region der Transzendenz einerseits (Männer) und der
Region der Immanenz andererseits (Frauen). Weiterhin treffen wir auf zahlreiche

**2**

Reflektionen zur Beziehung zwischen dem Faktischen und dem Wesen: Zum Beispiel in Heideggers Unterscheidung zwischen ontisch und ontologisch oder dem Wesen der Technik, in Merleau-Pontys späten Gedanken zur Institution oder im Schlachtruf des Existenzialismus bei Sartre als ‚Existenz vor Essenz'. Der Status des Wesens oder des Allgemeinen wird dabei nicht mehr als streng a priori, sondern mehr und mehr in seiner Verknüpfung mit bzw. in seiner Abhängigkeit von dem Faktischen, und damit auch historisch und veränderlich angesehen. Trotzdem zeichnen sich alle diese Ansätze durch die Bestimmung eines irgendwie Allgemeinen aus, von dem im Ausgang das Besondere, Andere, Konkrete als solches erst sichtbar wird.

**Neue methodische Verfahren**  Auch finden wir spezielle methodische Verfahren, der eidetischen Variation nicht unähnlich, um zu einer Bestimmung des Allgemeinen (oder Besonderen) zu gelangen. Merleau-Ponty verwendet etwa empirische Fallstudien von Pathologien, um der normalen Erfahrung auf die Spur zu kommen. Heidegger geht zurück auf die ursprüngliche Nutzung und Bedeutung von Begriffen in der antiken Philosophie (wie *techné* oder *poiesis*) oder lässt sich von seiner ländlichen, schwarzwälderischen Umgebung inspirieren (durch dort geläufige Begriffe wie ‚Kehre' oder ‚Gestell'), um das Wesen von Kausalität und Technik sowie darin unser Verhältnis zum Sein (neu) zu bestimmen. Dies sind Methoden der Variation, die helfen, die Ähnlichkeiten oder Unterschiede zwischen Dingen, Auffassungen, Erfahrungsweisen erscheinen zu lassen und das ihnen zugrunde liegende gemeinsame Prinzip festzustellen. Durch den Umweg über die Geschichte, das Alltägliche (aber für den Philosophen nicht immer Selbstverständliche) wird hier ein Abstand oder eine Distanz geschaffen zum Konkreten oder jetzt Gültigen, was eine andere Denkweise ermöglicht.

---

**Zur Vertiefung**

**Frühe realistische Phänomenologie: Der ‚Münchner' und ‚Göttinger Kreis'**

Die sogenannte ‚frühe' oder ‚realistische Phänomenologie' (von etwa 1890 bis in die Zeit des Ersten Weltkriegs) schließt sich dem objektbezogenen, eidetisch beschreibenden Ansatz Husserls an und entwickelt diesen eigenständig weiter. Sie steht bereits zu Beginn einigen Annahmen Husserls kritisch gegenüber, die über die konkrete Gegebenheit von Dingen oder Arten von Intentionalität hinausgehen: Wie etwa der Idee, dass Intentionalität sich allgemein als Struktur von Intention (intendierter Gegenstand) und Erfüllung (was von diesem Gegenstand aktuell direkt gegeben ist) auszeichnet. Gänzlich abgelehnt wird Husserls transzendentale Wende, die Fragen der Erkenntniskritik miteinbezieht. Eine solche Wende zum (transzendentalen) Subjekt oder Ich erscheint den frühen Phänomenolog:innen dabei als Rückfall in einen Psychologismus oder transzendentalen Konstruktivismus und damit als Verrat an der phänomenologischen Losung: zu den Sachen Selbst. Die Werke der frühen

Phänomenologie befassen sich mit einer Vielfalt an Themen, wie Fragen zu den Grundlagen der Logik, der Mathematik und der mathematischen Physik, die Erfahrung religiöser und mystischer Phänomene, Gefühl und Wille, Wahrnehmung, Ästhetik, Ethik, kollektive Intentionalität und Ontologie.

Anstatt über subjektive Bedingungen der Erfahrung zu spekulieren, widmen sich die Münchner und Göttinger Phänomenolog:innen primär der Beschreibung von spezifischen Dingen (vgl. z. B. Schapp 2013 [1910]), Sachverhalten (vgl. Lipps 1927) oder Intentionalitäten, wie z. B. rechtlichen Überlegungen (Reinach 2007 [1905]), Willens- und Gefühlsakten sowie der Einfühlung (vgl. Pfänder 1900; Scheler 1913; Stein 2008 [1916]) oder Formen der Gemeinschaft (vgl. von Hildebrand 1930; Walther 1923). Hedwig Conrad Martius (1923) entwickelt in diesem Zusammenhang eine Realontologie, die untersuchen soll, wie das Sein sich in sich selbst gründet, und unterscheidet drei phänomenologische Einstellungen: eine engere phänomenologische oder erkenntniskritische Einstellung im Sinne Husserls (vgl. transzendentale Epoché), eine breitere phänomenologische Einstellung, in der die Ein- oder Ausschaltung der natürlichen Einstellung keine Rolle spielt (vgl. deskriptive Epoché), und eine realontologische Einstellung, in der die Welt gerade als faktische vorausgesetzt werden soll, ob es sie nun gibt oder nicht (vgl. Ave-Lallemant 1975, S. 34).

Die frühe Phänomenologie wird in der Fachliteratur auch als „Münchner" oder „Göttinger Kreis" bezeichnet (vgl. Salice 2015). Diese Kreise gehen zurück auf den 1895 von Theodor Lipps in München begründeten „Akademischen Verein für Psychologie" sowie die 1907 von Theodor Conrad ins Leben gerufene „Philosophische Gesellschaft Göttingen". Mitglieder sind u. a. Theodor Conrad, Hedwig Conrad-Martius, Johannes Daubert, Herbert Leyendecker, Paul F. Linke, Alexander Pfänder, Adolf Reinach, Max Scheler, Dietrich von Hildebrand, Hermann Ritzel, Wilhelm Schapp und Edith Stein. In den letzten Jahren ist das Interesse an der frühen Phänomenologie wieder aufgelebt: Neue Forschungen beleuchten die Verbindung zur Phänomenologie Husserls sowie die Eigenständigkeit und Relevanz dieser phänomenologischen Bewegung. Erst jetzt wird der Reichtum dieser Untersuchungen ersichtlich, der beinahe verloren gegangen wäre, weil die meisten frühen Phänomenolog:innen und ihre Arbeiten durch historische Ereignisse, wie den Ersten Weltkrieg, in Vergessenheit geraten sind (Moran/Parker 2015, S. 12–13; vgl. Salice 2015; De Santis 2021). In Vergessenheit geraten sind auch die vielen Philosophinnen, die der frühen Phänomenologie angehörten, da Frauen zu dieser Zeit zwar an deutschen Universitäten studierten, aber noch nicht zur Habilitation zugelassen waren und somit keine Professorinnen werden konnten (Moran/Parker 2015, S. 13).

**Transzendentale Phänomenologie nach Husserl**  Der transzendentalen Ausrichtung der Phänomenologie begegnet man in der Philosophenzunft mit einer ähnlichen Skepsis. Statt eines Rückfalls in den Platonismus wird Husserl an dieser Stelle eine unkritische Weiterführung des deutschen Idealismus vorgeworfen. Die Reduktion wird dabei als Leugnung oder Ausschaltung der Welt verstanden, und das transzendentale Subjekt als ein allmächtiges, kreatives und vollständig transparentes Subjekt (miss)verstanden. Dies ist sicher auch der schlechten Rezeptionslage aufgrund Husserls Situation als jüdischer Professor in den 1930er Jahren und seinen (damals noch) unveröffentlichten Manuskripten zuzuschreiben (vgl. Vongehr 2017; Luft/Wehrle 2017). Insbesondere im englischsprachigen Raum ist die Rezeption der Phänomenologie daher hauptsächlich von Heidegger und Merleau-Ponty geprägt, Husserl steht fälschlicherweise für einen Intellektualismus und Repräsentationalismus, den es zu überwinden gilt (vgl. Dreyfus 1982). Zentrale Konzepte des transzendental-genetischen Ansatzes wie Passivität, passive Synthesis, Zeitlichkeit, Affektion, Gefühle, Leiblichkeit, Normalität, Intersubjektivität und Lebenswelt kommen erst langsam im allgemeinen philosophischen Diskurs an.

Gerade in der gegenwärtigen Phänomenologie spielt die transzendentale Phänomenologie wieder eine Rolle als Erkenntniskritik, vor allem auch in ihrem Potential für eine politische Phänomenologie: Hier werden Eidetik und transzendentale Reduktion als methodische Formen einer immanenten Kritik, d. h. einer Kritik unserer Erfahrung verstanden, die es uns ermöglicht, unsere eigenen Voraussetzungen zu erkennen, anders zu denken und so auch mehr Offenheit und Verständnis für die Perspektiven anderer zu erlangen (vgl. Aldea 2016; Aldea/Heinämaa/Carr 2022).

Zunächst kritisierte die Phänomenologie nach Husserl dessen transzendental erkenntniskritische Wende der Phänomenologie jedoch als zu cartesianisch oder kantianisch. Phänomenologie soll nicht mehr primär einen Abstand vom Konkreten, Alltäglichen oder der eigenen Existenz schaffen: Am Anfang der Phänomenologie steht demnach kein uninteressierter Beobachter, sondern gerade die Faktizität, Situiertheit, Engagiertheit und Weltlichkeit selbst ist die Motivation und der Motor der Beschreibung, in der die Welt sozusagen *in actu* eingefangen werden soll. So wird etwa daran gezweifelt, dass es möglich (und wünschenswert) ist, alle Vorurteile und weltlichen Interessen einfach so einzuklammern, um zu den Sachen selbst zu kommen. Ist nicht jede Erfahrung, auch die phänomenologische, durch bestimmte Erkenntnisinteressen geleitet? Und was motiviert uns eigentlich dazu, überhaupt eine solchen Epoché oder Reduktion auszuführen? Das Problem des Beginns und der Adäquatheit der phänomenologischen Beschreibung bestimmt denn auch das Werk vieler Phänomenologinnen und Phänomenologen.

Obwohl Husserls transzendentale Wende und Methoden auch von nachfolgenden Phänomenolog:innen größtenteils kritisch oder gar ablehnend aufgenommen wurde, sehen wir in der Praxis doch vielfältige Überlegungen transzendentaler Art. Beinahe alle phänomenologischen Ansätze reflektieren z. B., was die Bedingungen der Möglichkeit von Erfahrung sind und untersuchen, wie wir die Welt erkennen und beschreiben können, ohne deren Status und Bedeutung schon implizit vorauszusetzen. So bestimmt etwa Sartre das nicht-thetische (also operative und dem Subjekt nicht thematische) Bewusstsein als Voraussetzung für die Erfahrung einer Welt. Merleau-Ponty versteht seine Phänomenologie der Wahrnehmung als transzendentale Untersuchung, in der jedoch die Passivität und Situierung jeder faktischen Subjektivität selbst als Voraussetzung für Erkenntnis und Freiheit angesehen werden. Wie er in seinem Vorwort zur *Phänomenologie der Wahrnehmung* betont, tritt die zentrale Einsicht des In-der-Welt-seins durch Heidegger überhaupt erst auf dem Boden der transzendentalen Reduktion in Erscheinung (Merleau-Ponty 1966, S. 11). Heidegger selbst, der die Transzendentalphilosophie Kants wie Husserls entschieden als zu rationalistisch ablehnt, zielt dennoch in seiner Beschreibung des Daseins auf die Bedingungen der Möglichkeit der Erfahrung vom Sinn des Seins (vgl. Gethman 1993; Crowell 2002; Luft 2005). Statt eine erkenntniskritische Position einzunehmen, plädiert er jedoch für eine Offenheit gegenüber dem Sein (vgl. Heidegger 2015 [1955]).

**Zur Vertiefung**

**Heidegger: Gelassenheit statt Epoché**

So lässt sich etwa Heideggers frühes wie spätes Werk als kritische Auseinandersetzung mit Husserls transzendentaler Methode oder erkenntniskritischer Orientierung verstehen, in der er eine Alternative sucht, um mit der Phänomenologie zu beginnen (vgl. Hadjioannou 2018). Anstatt aktiv und rational einen Einstellungswechsel vorzunehmen, d. h. etwas einzuklammern, plädiert er für Gelassenheit gegenüber dem Sein oder den Sachen. Die Epoché oder transzendentale Methode ist ihm zufolge auch eine Form von Setzung, ein Ordnen, welches gerade nicht zu den Sachen selbst vordringt, sondern diese in eine rational geordnete Form bringt. Stattdessen soll man versuchen, das Sein von sich aus erscheinen zu ,lassen', sich ihm zu öffnen, durch eine Praxis des Fragens. Nicht Reflexion als theoretische Einstellung ist demnach das Eingangstor zur Phänomenologie, sondern Offenheit, Seinlassen und Gelassenheit gegenüber dem, was sich uns zeigt. Anstatt zu versuchen, etwas zu klären oder zu versichern, sollten wir uns öffnen oder den ursprünglichen Bedeutungen von Wörtern auf den Grund gehen.

In *Sein und Zeit* (Heidegger 1977 [1927]) spricht Heidegger diesbezüglich von einer *formalen Anzeige,* die die Phänomene nicht kategorisiert, sondern lediglich anzeigt, d. h. auf Phänomene in einer nicht objektivierenden Weise verweist. Heidegger versucht hier, eine Art der Beschreibung zu finden, die die Dinge nicht definiert oder einfriert, sondern in ihrer Lebendigkeit und Dynamik einfängt. In seinem Aufsatz „Zur Frage der Technik" (Heidegger 2000 [1953]) oder der „Meßkircher Rede" (Heidegger 2015 [1955]) spricht er von *Gelassenheit,* die eine freie Beziehung zum Sein ermöglicht. Diese Gelassenheit ist dabei auch eine Form des Abstandes vom Selbstverständlichen.

Sie wird erreicht durch das Hinterfragen von gängigen Theorien und das Zurückgehen auf ursprüngliche Begriffe und Bedeutungen, um von demjenigen, was in unserer Zeit als richtig gilt (dem ‚Korrekten‘), zum eigentlichen Wesen des Seins zu gelangen (dem ‚Wahren‘). ‚Zu den Sachen selbst‘ meint hier also, offen sein für das, was sich uns vom Sein enthüllt.

Auch hier werden Methoden verwendet, die eine solche Erkenntnis oder gar Offenbarung vorbereiten, mit dem Ziel einer vorurteilslosen Beschreibung. Jedoch entzieht sich Heideggers philosophisches Vorgehen einer intersubjektiven Kritik und Überprüfung. Heidegger stand/steht denn auch im Verdacht, ein Denker mit mythischen (und nicht nur biographisch sondern auch inhaltlich antisemitischen) Zügen zu sein: In seiner Philosophie verbirgt sich die Gefahr, dass einige ‚Erleuchtete‘ den echten Zugang zum Sein für sich proklamieren, während die anderen diesen (noch) nicht gefunden haben. Die Forschung der letzten Jahrzehnte bemüht sich jedoch verstärkt, diesen hermetischen Charakter der Philosophie Heideggers hin zu neuen Interpretationsmöglichkeiten, Themen sowie interdisziplinären Diskursen zu öffnen. Mit Heidegger, gegen und über diesen hinaus zeigt sich die thematische Relevanz und Anschlussfähigkeit seines Denkens.

**Die Selbstverständlichkeit der Welt** Die Phänomenologie in der Nachfolge Husserls verschiebt ihre Ausrichtung weg von der Erkenntnis der Welt, hin zum Existieren *in der Welt* (z. B. Heidegger, Merleau-Ponty, Sartre, Beauvoir, Fanon). Die existentielle Phänomenologie will mit der konkreten Erfahrung beginnen und die Existenz auf dieser begründen. Wenn es Objektivität und Transzendenz geben soll, muss diese vor aller Messung und Formalisierung auch erfahrbar sein: „Die Welt ist da, vor aller Analyse", wie Merleau-Ponty (1966, S. 6) betont. Und dies bestätigt ja auch unsere erste Intuition: In der alltäglichen Erfahrung zweifeln wir nicht im mindesten daran, dass die Dinge und die Welt unabhängig von uns existieren und für jeden gleichermaßen zugänglich und erfahrbar sind. Diese Selbstverständlichkeit der Welt philosophisch aufzuklären, ist auch hier die Grundmotivation der Phänomenologie.

**Engagierte Beschreibung** Nachfolgende Phänomenolog:innen argumentieren, dass nicht die reflektive Distanz, sondern gerade das Betroffen- und praktisch Engagiertsein in der Welt Voraussetzungen sind für eine Beschreibung eben dieser Erfahrung. Vertreter eines solchen Ansatzes der direkten Beschreibung ist etwa Maurice Merleau-Ponty, der es als Aufgabe der Phänomenologie sieht, die Welt *in statu nascendi,* also in ihrem Werden zu studieren (Merleau-Ponty 1966, S. 18). Jedoch spielt auch hier die nachträgliche Reflexion eine Rolle, schließlich kann man nicht zugleich in einer jeweiligen Erfahrung aufgehen und dieselbe Erfahrung philosophisch beschreiben. Im Unterschied zum Ideal des unbeteiligten Betrachters, das vor allem Husserls frühe Beschreibungen kennzeichnet, soll jedoch der Bezug von erlebter Erfahrung und Reflexion betont werden: Es wird ein ständiger Wechsel von Erleben und Reflektion angestrebt, nicht jedoch zwei strikt getrennte Ebenen. Dabei muss sich die Reflektion immer drüber bewusst sein, dass sie bereits eine vor-reflektive Welt, Sinn und Subjekt voraussetzt. Der thematisierten Erfahrung geht daher immer schon eine noch ‚stille Erfahrung‘, dem cartesianischen ‚ausgesprochenen‘ Cogito ein unausgesprochenes Cogito voraus (s. Vertiefungskasten „Merleau-Ponty und das Problem der Reflektion").

Hermeneutische Phänomenologie   Hierbei verschieben sich die Perspektiven und Schwerpunkte sowie die Methoden der Phänomenologie. Sind die Münchner Phänomenolog:innen zu Lebzeiten Husserls Verfechter einer realistischen Phänomenologie, die sich gegen eine transzendental subjektive Analyserichtung auf die Beschreibung des Wesens der Sachen fokussiert, orientieren sich einige an einer existentiell oder hermeneutisch ausgerichteten Phänomenologie. Während die existentielle Phänomenologie (Merleau-Ponty, Sartre und Beauvoir sowie Heideggers frühe hermeneutische Phänomenologie) sich nicht mehr auf das er-kennende Bewusstsein, sondern die leibliche Existenz, das In und Zur-Welt-sein, oder die konkrete Situierung des Subjekts beziehen und sich die Beschreibung hier von einer reflektiven hin zum Versuch einer direkten Beschreibung verschiebt; ent-wickelt sich insbesondere in der Hermeneutik mit und nach Heidegger, z. B. bei Hans-Georg Gadamer und Paul Ricœur, ein verstehender Ansatz, der weniger am unmittelbaren Erleben und seiner Beschreibung, sondern am (sprachlichen oder symbolischen) Ausdruck und seiner Interpretation interessiert ist (vgl. Tengelyi 2007). Unter Ausdruck werden dabei sowohl textuelle Überlieferungen als auch Symbole, Mythen oder Kunstwerke verstanden. Hierbei geht es um einen indirekt – also über die Interpretation – zu erschließenden Sinn, wie das folgende Zitat von Hans-Georg Gadamer gut zusammenfasst:

» Was der Ausdruck ausdrückt, ist eben nicht nur das mit ihm Gemeinte, sondern vorzüglich das, was in solchem Meinen und Sagen mit zum Ausdruck kommt, ohne daß es zum Ausdruck gebracht werden soll, also das, was der Ausdruck sozusagen ‚verrät‘. In diesem weiten Sinne umfaßt der Begriff ‚Ausdruck‘ weit mehr als den sprachlichen Ausdruck. Er umfaßt vielmehr alles, hinter das zurückgegangen werden muß, wenn man dahinter kommen will, und was zugleich so ist, daß es ermöglicht, hinter es zurückzugehen. Interpretation meint hier also nicht den gemeinten, sondern den verborgenen und zu enthüllenden Sinn. (Gadamer 2010 [1960], S. 318)

Als Begründer einer solchen phänomenologischen Hermeneutik stand schon Martin Heidegger der reflektiven Distanznahme der phänomenologischen Be-schreibung von Beginn an kritisch gegenüber. Seine hermeneutische Phänomeno-logie geht davon aus, dass wir uns überhaupt nur mit so etwas wie dem Sein und unserer Erfahrung beschäftigen können und wollen, weil wir eben selbst zu diesem Sein (als Dasein) gehören (Heidegger 1977 [1927]). Der Mensch als in-der-Welt-seiender kann demnach nicht hinter seinen implizit gegebenen Verständnishorizont zurückgehen. Wir können nur versuchen diesen Verständnishorizont selbst zu ver-stehen und seine einzelnen Momente aufzuweisen. Dieses Verstehen ist dabei not-wendigerweise zirkelhaft, da das Einzelne nur in Bezug zum Ganzen Sinn macht, und das Ganze sich wiederum nur im Einzelnen zeigt. So fragen wir nach unserem

Sein, da es uns betrifft und wir bereits eine Ahnung von seinem Sinn haben, jedoch diesen Sinn im Einzelnen noch nicht verstehen oder explizieren können. Hermeneutische Ansätze bei Paul Ricœur und Hans-Georg Gadamer setzten sich im Anschluss mit der Zeitlichkeit und Horizonthaftigkeit des Verstehens sowie der Zeitlichkeit und Narrativität der subjektiven Identität auseinander.

Das Ziel der Phänomenologie verlagert sich in diesem Sinne von einer strengen Wissenschafts- und Letztbegründung hin zu der Sichtbarmachung der Ambiguität, Situierung, Endlichkeit und Verletzlichkeit der menschlichen Existenz einerseits und der Interpretation oder gar Enthüllung des ,verborgenen Sinnes' menschlichen Ausdrucks in seiner geschichtlichen Vielfalt andererseits. Allen diesen Ansätzen, die sich noch auf ihre phänomenologischen Wurzeln berufen und die Beschreibung zu ihrem Ausgang nehmen, ist das **Ethos der Husserlschen ,Selbstverantwortlichkeit'** gemein, das besagt, dass man nur dasjenige gelten lassen kann, was man selbst in der Erfahrung, Reflexion und im Abgleich mit Anderen als evident ausweisen kann.

---

**Zur Vertiefung**

**Merleau-Ponty und das Problem der Reflektion**

Immer dann, wenn ich mich reflektierend und denkend auf mich selbst beziehe, setzt dies ein bereits existierendes und implizit operierendes Subjekt voraus. Mit Bezug auf Descartes betont daher Merleau-Ponty, dass jedem ausgesprochenen oder gedachten Ego ein stummes oder nicht gewusstes Ego vorausgeht. Die Situiertheit und die passiven Bestimmungen des Subjekts (biologische Dispositionen, kulturelle und soziale Einflüsse, Gewohnheiten) machen es dabei laut Merleau-Ponty unmöglich, all diese Aspekte reflektierend einzuholen. Eine vollständige Einklammerung aller Vorannahmen wird in der Epoché angestrebt, ist aber eine Illusion. Dabei ist Merleau-Pontys existenzielle Phänomenologie insofern transzendental, als sie auf die Bedingungen der Möglichkeit der Erfahrung zurückfragt und diese in der Zeitlichkeit und damit Situiertheit der Subjektivität selbst findet. Im Umkehrschluss bedeutet dies für ihn, dass die wichtigste Einsicht, die uns die transzendentale Reduktion bieten kann, die Unmöglichkeit ihrer vollständigen Ausführung ist (Merleau-Ponty 1966, S. 11). Hiermit meint Merleau-Ponty jedoch den methodischen Schritt der Epoché und nicht so sehr die Reduktion auf die konstitutiv notwendigen subjektiven Strukturen. Weder können wir uns von allen lebensweltlichen Bindungen und Motivationen loslösen, diese einfach neutralisieren oder als unbeteiligter Zuschauer thematisieren, noch lässt sich die Bestimmung der notwendigen konstitutiven Bedingungen von den jeweils faktisch existierenden Umständen gänzlich trennen. Merleau-Ponty betont daher die Verflechtung von Faktizität und Eidetik sowie von Faktizität und transzendentalem Zurückfragen. Hier stimmt er mit Heidegger überein, das Wesen der Subjektivität ist sein In-und-zur-Welt-sein, das jeweils jede epistemologische Aufklärung motiviert und ermöglicht.

**Phänomenologie ist eher Praxis als Schule**    Auffallend ist, dass die Phänomenologie nach Husserl sich trotz verschiedenster Abgrenzungen, Transformationen und Richtungsänderungen weiterhin positiv zu dem Begriff Phänomenologie bekennt. Wie bereits Husserl und viele andere nach ihm feststellten, liegt dies daran, dass die Phänomenologie eher eine Bewegung, eine Praxis bezeichnet, die durch ihre Methode bzw. ihre beständige Reflektion auf ihre Methode bestimmt ist, denn ein fest umrissenes Forschungsprogramm oder eine philosophische Schule (vgl. Husserl, Hua IX, S. 237; Spiegelberg 1988; Merleau-Ponty 1966, S. 3).

Gemein ist allen Phänomenologietreibenden die Frage und der Auftrag einer philosophischen Bestimmung der Erfahrung von Welt, dem Selbst und anderen Subjekten (oder Lebewesen). Hierbei kann der Fokus auf dem Bewusstsein, dem Subjekt, dem Leib, der Existenz, dem Sein, der Intersubjektivität, der Wahrnehmung oder Sprache liegen. Immer jedoch spielt dabei die sinnliche und sinnvolle Erfahrung, allgemein die Relation bzw. Interrelation von Subjekt und Welt, eine Rolle, sei es in der klassischen Bewusstseinsphänomenologie, der existentiellen oder hermeneutischen Phänomenologie. Dem Aufruf ‚Zu den Sachen selbst‘ wird so auf verschiedenste Weise gefolgt.

Dies setzt voraus, dass diese Phänomenologien sich nicht auf vorgegebene wissenschaftliche Definitionen oder vorgefertigte Normen und Meinungen verlassen, sondern versuchen, diese einzuklammern, um deren Bedeutung aufzuklären. Dies soll die (Grenzen der) Perspektivität der jeweiligen Erfahrung thematisieren, um so neue und andere Perspektiven auf die Welt, Dinge, uns selbst und Andere, möglich zu machen.

**Wissenschaft und die Mathematisierung der Lebenswelt**    Die Phänomenologie thematisiert die Welt dabei immer als Erfahrungsganzheit, praktischen Erfahrungshorizont oder Lebenswelt. Demgegenüber stellen z. B. die Naturwissenschaften innerhalb dieser erfahrenden Welt eine besondere Perspektive dar: Bestimmt man Wasser als $H_2O$, wird die vorherige erscheinende Realität nicht hierauf reduziert, ersetzt oder eliminiert, sondern es wird lediglich eine Bestimmung von Wasser in Bezug auf seine chemische Zusammensetzung hinzugefügt. Dabei setzt eine solche Bestimmung die vorherige Gegebenheit, d. h. Erfahrung von Wasser, stets voraus. Auch danach bleibt Wasser etwas, das auf eigene Weise sicht- und tastbar ist, jedoch nicht wie ein gewöhnlicher physischer Gegenstand, sondern wie etwas, indem man schwimmen und das man trinken kann. Wissenschaft nimmt insofern Idealisierung, Formalisierung, Abstraktion oder Mathematisierung der Lebenswelt vor, die neue Perspektiven und Anwendungen ermöglichen, aber immer auf unsere Lebenswelt und unsere Handlungen gegründet sind und auf diese zurückweisen (vgl. Husserl, Hua VI; Heidegger 1977 [1927]; Merleau-Ponty 1966). In der Phänomenologie, egal welcher Art, werden also nicht ‚zwei Welten‘ angenommen, eine erscheinende und eine wirkliche. Phänomenologisch betrachtet, gibt es nur *eine* Welt, diejenige, die wir erfahren (vgl. Zahavi 2007, S. 15). Wahrheit, Irrtum, Evidenz, Illusion oder Wirklichkeit müssen sich daher innerhalb der Erfahrung als solche erweisen und ausweisen. Erst die Erfahrung, dass meine Perspektive unvollständig ist, ich mich getäuscht habe, meine Erfahrung nicht mit anderen übereinstimmt, lässt mich zur Einsicht kommen, dass die Wirklichkeit mehr und teilweise anders sein muss, als dass, was ich momentan erlebe; oder dass sich meine Situation (historisch, kulturell, sozial, materiell) von der anderer Subjekte unterscheidet. Der Unterschied zwischen Erscheinen und Wirklichkeit, Richtig oder Falsch, Normal oder Abnormal (vgl. Canguilhem 1966; Husserl, Hua XXXVIII) entstammt also selbst aus der Erfahrung bzw. ist ein Urteil über diese Erfahrung.

**Gegenwärtige Phänomenologie und ihre ‚Sachen'** Phänomenologische Analysen und Konzepte wie Intersubjektivität, Intentionalität, Leiblichkeit, Zeitlichkeit, Passivität, Affektivität und Lebenswelt werden seit Husserl aufgenommen, weiterentwickelt, angepasst, differenziert, kritisch modifiziert und transformiert. Weitere genuin phänomenologische bzw. phänomenologisch interpretierte Konzepte kommen hinzu, wie das der Situation, der Freiheit (Merleau-Ponty, Sartre, Beauvoir), des Körper-Schemas, des Fleisches (Merleau-Ponty) oder des ‚historisch-rassischen Schemas' (Fanon 1952). Neben klassischen text- und autorbasierten Studien, widmet sich die gegenwärtige phänomenologische Forschung wieder vermehrt und dabei interdisziplinär den ‚Sachen'. Beschrieben und analysiert werden Gefühle und Emotionen, Wir-Intentionalität, gemeinsame Handlung, Praxis und Sozialität, Faktizität und Wahrheit, Imagination, Normativität der Erfahrung, Abnormalität und Krankheit.

Der klassischen Phänomenologie stehen dabei spezifische Ausprägungen und Anwendungen zur Seite, die die ‚Sachen' in politische und historische Kontexte rücken, interdisziplinär anwenden (Pflegewissenschaft, Sportwissenschaft, Psychiatrie, Neurowissenschaft), phänomenologische Beschreibungen sachlich erweitern und kritisch auf vorschnelle Wesensbeschreibungen oder Allgemeinaussagen blicken (Feministische Phänomenologie, Sozialphänomenologie, Kritische Phänomenologie, Post-Phänomenologie, Disability Studies, Postkolonialismus und Critical Race Studies). Was all diese unterschiedlichen Ansätze trotz ihrer Kritik an der klassischen Phänomenologie des Bewusstseins (und deren Subjektzentriertheit) eint und zu genuin phänomenologischen Ansätzen macht, ist die Überzeugung, dass eine philosophische und kritische Beschreibung und Analyse der subjektiven Erfahrung unerlässlich ist, wollen wir uns Menschen im Bezug zu unserer Welt und unseren Lebensumwelten verstehen oder gar verändern (zu den unterschiedlichen Ansätzen s. auch ▶ Kap. 3).

**Beschreibung – eine unablässige phänomenologische Arbeit** Dem Duktus der akribischen und differenzierten Arbeit der Beschreibung bleibt die Phänomenologie zu Lebzeiten Husserls und nach seinem Tod 1938 trotz einiger tiefgreifender Veränderungen ihrer Fragestellungen und Ausrichtung bis heute treu. Zeitgenoss:innen, nachfolgende und gegenwärtige Phänomenolog:innen aus aller Welt nehmen diese Aufgabe in verschiedenster Weise auf und versuchen, die Erfahrung der Welt, von sich selbst und anderen so vorurteilsfrei, differenziert, offen, so angemessen und kritisch wie möglich zu beschreiben und zu erfassen. Der Versuch, unserer Erfahrung wissenschaftlich und aus reflektiver Distanz oder aber involviert und engagiert sowie vermehrt auch kritisch und politisch

(Weiss et al. 2019; Bedorf/Herrmanns 2019) gerecht zu werden, ist es denn auch, was alte und neue, klassische und kritische, philosophische und nicht-philosophische (psychologische, soziologische, medizinische, neurowissenschaftliche) Phänomenologie eint.

## Literatur

Im Text werden die verwendeten Bände der Gesammelten Werke von Husserl (Husserliana) nur mit der Sigle Hua und der Bandnummer angegeben. Die einzelnen Bände werden immer in der Literatur aufgelistet.

Aldea, Smaranda Andreea. 2016. Phenomenlogy as Critique. Teleological-Historical Reflection and Husserl's Transcendental Eidetics. *Husserl Studies* 32(1): 21–46.

Aldea, Smaranda Andreea und Julia Jansen. Hg. 2020. Special Issue: Imagination in Husserlian Phenomenology: Variations and Modalities. *Husserl Studies* 36(3).

Aldea, Andreea Smaranda, Heinämaa, Sara, und David Carr, Hg. 2022. *Phenomenology as Critique. Why Method Matters*. London: Routledge.

Alloa, Emmanuel, Bedorf, Thomas, Grüny, Christian, und Tobias Nikolaus Klass. 2019. *Leiblichkeit. Geschichte und Aktualität eines Konzepts*. 2., erw. und verbesserte Aufl. Tübingen: Mohr Siebeck.

Alloa, Emmanuel. 2012. Maurice Merleau-Ponty II. Fleisch und Differenz. In *Leiblichkeit*, Hg. Emmanuel Alloa, Thomas Bedorf, Christian Grüny, und Tobias Nikolaus Klaas, 37–52. Tübingen: Mohr Siebeck.

Ave-Lallemant, Eberhard. 1975. Die Antithese Freiburg-München in der Geschichte der Phänomenologie. In *Die Münchner Phänomenologie*, Hg. Helmut Kuhn, Eberhard Ave-Lallemant, und Reinhold Gladiator, 19–38. Phaenomenologica 65. Den Haag: Martinus Nijhoff.

Beauvoir, Simone de. 1992. *Das andere Geschlecht. Sitte und Sexus der Frau*. Übers. Uli Aumüller und Grete Osterwald. Reinbek: Rowohlt. Frz. Original: *Le Deuxième Sexe*. Paris: Gallimard 1949.

Beauvoir, Simone de. 2000. *Das Alter*. Übers. Anjuta Aigner-Dünnwald und Ruth Henry. Reinbek: Hamburg. Fz. Original: 1970. *La Vieillesse*. Paris: Gallimard 1970.

Bedorf, Thomas. 2011. *Andere. Eine Einführung in die Sozialphilosophie*. Bielefeld: transcript Verlag.

Bermes, Christian. 2017. Die Lebenswelt. In *Husserl-Handbuch. Leben – Werk – Wirkung*, Hg. Sebastian Luft und Maren Wehrle, 230–236. Stuttgart: J.B. Metzler (Springer Nature).

Bernet, Rudolf. 2002. Die neue Phänomenologie des Zeitbewusstseins in Husserls Bernauer Manuskripten. In *Die erscheinende Welt*, Hg. Heinrich Hüni und Peter Trawny, 539–555 Berlin: Duncker & Humblot.

Bernet, Rudolf. 2009. Leiblichkeit bei Husserl und Heidegger. In *Heidegger und Husserl. Neue Perspektiven*, Hg. R. Bernet. Frankfurt a.M.: Klostermann, 43–71.

Canguilhem, George. 1966. *Le Normal et le Pathologique*. Paris: PUF. Dt. Ausgabe: *Das Normale und das Pathologische*. Übers. Monika Noll und Rolf Schubert. Berlin: August Verlag 2012.

Claesges, Ulrich. 1964. *Edmund Husserls Theorie der Raumkonstitution*. Phaenomenologica 19. Den Haag: Martinus Nijhoff.

Conrad-Martius, Hedwig. 1923. Realontologie. In *Jahrbuch für Philosophie und Phänomenologische Forschung 6*: 159–333.

Crowell, Steven. 2002. Does the Husserl/Heidegger Feud Rest on a Mistake? An Essay on Psychological and Transcendental Phenomenology. *Husserl Studies* 18(2): 123–40.

Crowell, Steven, Malpas, Jeff, Hg. 2007. *Transcendental Heidegger*. Stanford: Stanford University Press.

Descartes, René. 2008. *Meditationen über die Grundlage der Philosophie*. Lateinisch-deutsch. Übers. Christian Wohlers. Hamburg: Meiner (frz. Original *Meditationes de prima philosophia*, 1641).

Descartes, René. 2014. *Der Briefwechsel mit Elisabeth von der Pfalz*. Übers. Isabelle Wienand, Olivier Ribordy und Benno Wirz, unter Mitarbeit von Angela Schiffhauer. Hamburg: Meiner (frz. Original 1643–1949).

Descartes, René. 2014. *Die Leidenschaften der Seele*. Deutsch-französisch. Übers. Christian Wohlers. Hamburg: Meiner (frz. Original *Les Passions de l'âme* 1649).

Doyon, Maxime, Wehrle, Maren. 2020. Body. In *Routledge Handbook of Phenomenology and Phenomenological Philosophy*, Hg. Daniele De Santis, Burt C. Hopkins, und Claudio Majolino, chapt. 9, London: Routledge.

Dreyfus, Richard. 1982. *Husserl, Intentionality and Cognitive Science*. Cambridge, Massachusets: MIT Press.

Dreyfus, Richard. 1990. *Being-in-the-world. A Commentary on Heidegger's Being*. Cambridge, Massachusets: MIT Press.

Fanon, Frantz. 1952. *Peau noire, masques blancs*. Paris: Seuil. Dt. Ausgabe. Fanon, Frantz. *Schwarze Haut, weiße Masken*. Übers. E. Moldenhauer. Frankfurt a.M.: Suhrkamp 1985 (= Frankfurt a.M. Syndikat 1980).

Gadamer, Hans-Georg. 2010. *Wahrheit und Methode. Grundzüge einer philosophischen Hermeneutik* [1960]. 7. Aufl. Tübingen: Mohr Siebeck.

Geiger, Moritz. 2009. Phänomenologische Ästhetik [1925]. In *Anthologie der realistischen Phänomenologie*, Hg. Josef Seifert und Cheikh Mbacké Guye, 391–398. Frankfurt a.M.: Ontos Verlag.

Gethmann, Carl Friedrich. 1993. *Dasein: Erkennen und Handeln. Heidegger im phänomenologischen Kontext*. Berlin: De Gruyter.

Gerlek, Selin. *Revision der Leib-Körper Differenz in Maurice Merleau-Pontys philosophischem Werk*. Paderborn: Wilhelm Fink/Brill.

Hadjioannou, Christos. 2018. Heidegger's Critique of Technoscience as a Critique of Husserl's Reductive Method. In *Heidegger on Technology*, Hg. Aaron J. Wendland, Christopher Merwin, und Christos Hadjioannou, 57–74. London: Routledge.

Heidegger, Martin. 1977. *Sein und Zeit* [1927]. In Gesamtausgabe, Bd. 2., Hg. Friedrich-Wilhelm von Herrmann. Frankfurt a.M.: Vittorio Klostermann.

Heidegger, Martin. 1997. *Vom Wesen der Wahrheit* [1930]. *Zu Platons Höhlengleichnis und Theätet*. In Gesamtausgabe, Bd. 34, Hg. Hermann Mörchen. Frankfurt a.M.: Vittorio Klostermann.

Heidegger, Martin. 2000. *Zur Frage der Technik* [1953]. In Gesamtausgabe, Bd. 7., Hg. Friedrich-Wilhelm von Herrmann. Frankfurt a.M.: Vittorio Klostermann.

Heidegger, Martin. 2007. *Zur Sache des Denkens* [1969]. In Zeit und Sein, Gesamtausgabe, Bd. 14, Hg. Friedrich-Wilhelm von Herrmann, 3–30, Frankfurt a.M.: Vittorio Klostermann.

Heidegger, Martin. 2015. *Zur Gelassenheit. Heideggers Meßkircher Rede von 1955* [1955]. Freiburg: Verlag Karl Alber.

Heinämaa, Sara, Hartimo, Mirja, und Timo Miettinen. Introduction. Methodological, Historical, and Conceptual Starting Points. In *Phenomenology and the Transcendental*, Hg. Sara Heinämaa, Mirja Hartimo, und Timo Miettinen. New York: Routledge.

Held, Klaus. 1966. *Lebendige Gegenwart: Die Frage nach der Seinsweise des Transzendentalen Ich bei Edmund Husserl, Entwickelt am Leitfaden der Zeitproblematik*. Dordrecht: Martinus Nijhoff (Springer).

Held, Klaus. 1991. Heimwelt, Fremdwelt, die eine Welt. *Phänomenologische Forschungen* 24/25: 305–337.

Hildebrandt, Dietrich von. 1930. *Metaphysik der Gemeinschaft*. Augsburg: Haas & Grabherr.

Husserl, Edmund. 1939. *Erfahrung und Urteil. Untersuchungen zur Genealogie der Logik*. Prag: Academia Verlagsbuchhandlung.

Husserl, Edmund. 1950. *Cartesianische Meditationen und Pariser Vorträge*. In Edmund Husserl. Gesammelte Werke: Husserliana, Band I, Hg. S. Strasser. Den Haag: Kluwer.

Husserl, Edmund. 1952. *Ideen zu einer reinen Phänomenologie und phänomenologischen Philosophie. Zweites Buch. Phänomenologische Untersuchungen zur Konstitution*. In Edmund Husserl. Gesammelte Werke: Husserliana, Band IV, Hg. M. Biemel. Den Haag: Martinus Nijhoff.

Husserl, Edmund. 1962. *Phänomenologische Psychologie. Vorlesungen Sommersemester 1925*. In Edmund Husserl. Gesammelte Werke: Husserliana, Band IX, Hg. W. Biemel. Den Haag: Martinus Nijhoff.

Husserl, Edmund. 1966. *Zur Phänomenologie des inneren Zeitbewusstseins* (1893–1917). In Edmund Husserl. Gesammelte Werke: Husserliana Band X, Hg. R. Boehm. Den Haag: Martinus Nijhoff.

Husserl, Edmund. 1966. *Analysen zur passiven Synthesis. Aus Vorlesungs- und Forschungsmanuskripten 1918–1926*. In Edmund Husserl. Gesammelte Werke: Husserliana Band XI, Hg. M. Fleischer. Den Haag: Martinus Nijhoff.

Husserl, Edmund. 1950/1973. *Die Idee der Phänomenologie. Fünf Vorlesungen*. In Edmund Husserl. Gesammelte Werke: Husserliana, Band II, Hg. W. Biemel. Den Haag: Martinus Nijhoff (1950, Hamburg: Meiner).

Husserl, Edmund. 1973. *Ding und Raum. Vorlesungen 1907*. In Edmund Husserl. Gesammelte Werke: Husserliana Band XVI, Hg. U. Claesges. Den Haag: Martinus Nijhoff.

Husserl, Edmund. 1900/1975. *Logische Untersuchungen. Erster Band. Prolegomena zur reinen Logik*. In Edmund Husserl. Gesammelte Werke: Husserliana Band XIX/1, Hg. E. Holenstein. Den Haag: Martinus Nijhoff.

Husserl, Edmund. 1913/1976. *Ideen zu einer reinen Phänomenologie und phänomenologischen Philosophie. Erstes Buch*. In Edmund Husserl. Gesammelte Werke: Husserliana, Band III/1, Hg. K. Schuhmann. Den Haag: Martinus Nijhoff.

Husserl, Edmund. 1936/1976. *Die Krisis der europäischen Wissenschaften und die transzendentale Phänomenologie*. In Edmund Husserl. Gesammelte Werke: Husserliana, Band VI, Hg. W. Biemel. Den Haag: Martinus Nijhoff.

Husserl, Edmund. 1900/1984. *Logische Untersuchungen. Zweiter Band. Erster Teil. Untersuchungen zur Phänomenologie und Theorie der Erkenntnis*. In Edmund Husserl. Gesammelte Werke: Husserliana Band XIX/1, Hg. E. Holenstein. Den Haag: Martinus Nijhoff.

Husserl, Edmund. 1987. *Aufsätze und Vorträge (1910–1921)*. In Edmund Husserl. Gesammelte Werke: Husserliana Band XXV, Hg. T. Nenon, H.R. Sepp. Den Haag: Martinus Nijhoff.

Husserl, Edmund. 2001. *Die Bernauer Manuskripte über das Zeitbewusstsein* (1917/18). In Edmund Husserl. Gesammelte Werke: Husserliana, Band XXXIII, Hg. R. Bernet und D. Lohmar. Dordrecht: Kluwer.

Husserl, Edmund. 2004. *Wahrnehmung und Aufmerksamkeit*. Texte aus dem Nachlass (1893–1912). In Edmund Husserl. Gesammelte Werke: Husserliana Band XXXVIII, Hg. T. Vongehr, R. Giuliani. Dordrecht: Springer.

Jansen, Julia. 2017. Eidetik. In *Husserl-Handbuch. Leben – Werk – Wirkung*, Hg. Sebastian Luft und Maren Wehrle. Stuttgart: J.B. Metzler (Springer Nature), 142–149.

Kant, Immanuel. 1970. *Kritik der reinen Vernunft* [1781]. Akademie Ausgabe, Band 3, 2. Edition. Berlin: De Gruyter.

Kern, Iso, Bernet, Rudolf, und Eduard Marbach, Hg. 1996. *Edmund Husserl. Darstellung seines Denkens*. 2., verbesserte Aufl. Hamburg: Meiner.

Kristensen, Stefan. 2012. Maurice Merleau-Ponty I. Körperschema und leibliche Subjektivität. In *Leiblichkeit*, Hg. Emmanuel Alloa, Thomas Bedorf, Christian Grüny, und Tobias Nikolaus Klaas, 23–37. Tübingen: Mohr Siebeck.

Landgrebe, Ludwig. 1974. Reflexionen zu Husserls Konstitutionslehre. *Tijdschrift voor filosofie 3*: 466–482.

Lipps, Hans. 1927. *Das Ding und seine Eigenschaften*. In *Hans Lipps Werke in fünf Bänden*, Band 1. Frankfurt a.M.: Vittorio Klostermann.

Lohmar, Dieter. 2002. Die Idee der Reduktion. Husserls Reduktionen und ihr gemeinsamer methodischer Sinn. In *Die erscheinende Welt*. Festschrift für Klaus Held, Hg. Heinrich Hüni und Peter Trawny, 751–771. Berlin: Duncker & Humblot.

Luft, Sebastian. 2005. Husserl's Concept of the 'transcendental person': Another Look at the Husserl–Heidegger Relationship. *International Journal of Philosophical Studies* 13(2): 141–177.

Luft, Sebastian. 2009. Husserl's Theory of the Phenomenological Reduction: Between Lifeworld and Cartesianism. *Research in Phenomenology* 35(1): 198–234.

Luft, Sebastian. 2011. *Subjectivity and Lifeworld in Transcendental Phenomenology*. Evanston, Illinois: Northwestern University Press.

Luft, Sebastian, Wehrle, Maren, Hg. 2017. *Edmund Husserl. Leben – Werk – Wirkung*. Stuttgart: J.B. Metzler (Springer Nature).

Marion, Jean-Luc. 2013. *Sur la pensée passive de Descartes*. Paris: PUF. Engl. Ausgabe: *On Descartes' Passive Thought*. Chicago: University of Chicago Press 2018.

Mensch, James. 2010. *Husserl's Account of our Consciousness of Time.* Milwaukee, Wisconsin. Marquette University Press.

Merleau-Ponty, Maurice 1964. *Le visible et l'invisible.* Paris: Gallimard. Dt. Ausgabe: *Das Sichtbare und das Unsichtbare*, gefolgt von Arbeitsnotizen, Hg. Claude Lefort. Übers. Regula Giuliani und Bernhard Waldenfels. München: Wilhelm Fink Verlag 1986.

Merleau-Ponty, Maurice. 1966. *Phänomenologie der Wahrnehmung.* Übers. R. Boehm. Berlin: De Gruyter. Frz. Original: *Phénoménologie de la perception.* Paris: Gallimard 1945.

Merleau-Ponty, Maurice. 2003. *L'institution. Dans l'histoire personelle et publique. La passivité. Le sommeil, l'inconscient, la mémoire.* Notes de Course au Collège de France (1954–1955). Paris: Belin: Éditeur 1954.

Mertens, Karl. 2017. Phänomenologie des Raumes und der Bewegung. In *Husserl-Handbuch. Leben – Werk – Wirkung*, Hg. Sebastian Luft und Maren Wehrle. Stuttgart: J.B. Metzler (Springer Nature), 216–222.

Moran, Dermot, Parker, Rodney K.B. 2015. Editor's Introduction. Resurrecting the phenomenological movement. *Studia Phaenomenologica XV: Early Phenomenology*, 11–24.

Nenon, Thomas. 2005. Kants und Husserls unterschiedliche Bestimmungen der Transzendentalphilosophie. *Jahrbuch für Recht und Ethik/Annual Review for Law and Ethics* 13: 287–298.

Pfänder, Alexander. 1900. *Phänomenologie des Wollens. Eine psychologische Analyse.* Leipzig: Barth Verlag.

Plessner, Helmuth. 1975. *Die Stufen des Organischen und der Mensch. Einleitung in die philosophische Anthropologie* [1928]. Berlin: De Gruyter.

Reinach, Adolf. 2007. *Zur Phänomenologie des Rechts. Die apriorischen Grundlagen des bürgerlichen Rechts.* Saarbrücken: Verlag VDM Müller (Nachdr. der Ausgabe München 1953), Publikation der 1905 angenommenen Dissertation.

Renker, Jan. 2010. Heimwelt/Fremdwelt. In *Husserl-Lexikon*, Hg. Hans-Helmuth Gander. Darmstadt: WBG, 131–133.

Ricœur, Paul. 2016. *Das Willentliche und das Unwillentliche.* Übers. Christina M. Gschwandtner. Paderborn: Wilhelm Fink (frz. Original 1950).

Rodemeyer, Lanei M. 2006. *Intersubjective Temporality. It's about Time.* Phaenomenologica 176. Dordrecht: Springer.

Rinofner-Kreidl, Sonja. 2000. *Edmund Husserl. Zeitlichkeit und Intentionalität.* Freiburg: Alber Verlag.

Salice, Allessandro. 2015. *The Phenomenology of the Munich and Göttingen Circles.* Stanford Encyclopedia of Philosophy.

Santis, Danielle de. 2021. Theodor Conrad, Zum Gedächtnis Edmund Husserls (Ein unveröffentlichter Aufsatz aus der Bayerischen Staatsbibliothek). *Husserl Studies*, 38(1): 55–66.

Sartre, Jean-Paul. 1993. *Das Sein und das Nichts. Versuch einer phänomenologischen Ontologie.* Übers. Hans Schöneberg und Traugott König. Hamburg: Reinbek. Frz. Original: *L'être et néant. Essai d'ontologie phénoménologique.* Paris: Gallimard 1943.

Schapp, Wilhelm. 2013. *Beiträge zur Phänomenologie der Wahrnehmung* [1910]. 5. Aufl. Frankfurt a.M.: Vittorio Klostermann.

Scheler, Max. 1913. *Zur Phänomenologie und Theorie der Sympathiegefühle und von Liebe und Hass.* Berlin: Niemeyer Verlag.

Schnell, Alexander. 2019. *Was ist Phänomenologie?* Frankfurt a.M.: Vittorio Klostermann.

Sokolowski, Rolf. 1970. *The Formation of Husserl's Concept of Constitution.* Phaenomenologica 18. Dordrecht: Springer.

Soldinger, Emanuele. 2010. Lebenswelt. In *Husserl-Lexikon*, Hg. Hans-Helmuth Gander, 182–187, Darmstadt: WBG.

Sowa, Rochus. 2010. Eidos. In *Husserl-Lexikon*, Hg. Hans-Helmuth Gander. Darmstadt: WBG, 69–75.

Spiegelberg, Herbert. 1988. In *Edmund Husserl und die phänomenologische Bewegung. Zeugnisse in Text und Bild*, Hg. Hans Rainer Sepp. Freiburg: Alber Verlag.

Stein, Edith. 2008. *Zum Problem der Einfühlung* [1916]. Halle (Saale). (Teile II und IV aus o.g. Diss. sind veröffentlich in Edith-Stein-Gesamtausgabe. Band 5. Freiburg: Herder Verlag.)

Steinbock, Anthony. 1995. *Home and Beyond. Generative Phenomenology after Husserl*. Evanston, Illinois: Northwestern University Press.

Ströker, Elisabeth. 1984. Intentionalität und Konstitution. Wandlungen des Intentionalitätskonzepts in der Philosophie Husserls. *Dialectica* 38(2/3): 191–208.

Summa, Michela. 2014. *Spatio-Temporal Intertwining. Husserl's Transcendental Aesthetic*. Phaenomenologica 213. Dordrecht: Springer.

Summa, Michela. 2022. On the Functions of Examples in Critical Philosophy: Kant and Husserl. In *Why Method Matters: Phenomenology as Critique*, Hg. Andreaa Smaranda Aldea, David Carr und Sara Heinämaa. London: Routledge., 25–44.

Taipale, Joona. 2014. *Phenomenology and Embodiment. Husserl and the Constitution of Subjectivity*. Evanston, Illinois: North Western University Press.

Tengelyi, László. *Erfahrung und Ausdruck. Phänomenologie im Umbruch bei Husserl und seinen Nachfolgern*. Phaenomenologica 180. Dordrecht: Springer.

Vongehr, Thomas, 2017. Die Geschichte der Rettung von Husserls Nachlass. In *Husserl-Handbuch. Leben – Werk – Wirkung*, Hg. Sebastian Luft und Maren Wehrle. Stuttgart: J.B. Metzler (Springer Nature).

Waldenfels, Bernhard. 1997. *Topographie des Fremden. Studien zur Phänomenologie des Fremden*, Band 1. Frankfurt a.M.: Suhrkamp.

Waldenfels, Bernhard. 1998a. *Grenzen der Normalisierung. Studien zur Phänomenologie des Fremden*, Band 2. Frankfurt a.M.: Suhrkamp.

Waldenfels, Bernhard. 1998b. *Sinnesschwellen. Studien zur Phänomenologie des Fremden*, Band 2. Frankfurt a.M.: Suhrkamp.

Waldenfels, Bernhard. 1999. *Vielstimmigkeit der Rede. Studien zur Phänomenologie des Fremden*, Band 2. Frankfurt a.M.: Suhrkamp.

Waldenfels, Bernhard. 2000. *Das leibliche Selbst. Vorlesungen zur Phänomenologie des Leibes*, Hg. Regula Giuliani. Frankfurt a. M.: Suhrkamp.

Waldenfels, Bernhard. 2015. *Sozialität und Alterität*. Frankfurt a.M.: Suhrkamp.

Walther, Gerda. 1923. *Phänomenologie der Mystik*. Olten und Freiburg im Breisgau: Walter Verlag.

Wehrle, Maren. 2010a. Konstitution. In *Husserl-Lexikon*, Hg. Hans-Helmuth Gander. Darmstadt: WBG, 172–174.

Wehrle, Maren. 2010b. Intersubjektivität. In *Husserl-Lexikon*, Hg. Hans-Helmuth Gander. Darmstadt: WBG, 158–164.

Wehrle, Maren. 2015. ‚Feelings as a Motor of Perception'? The Essential Role of Interest for Intentionality. *Husserl Studies* 31: 45–65.

Wehrle, Maren. 2021. Normality as Embodied Space. The Body as Transcendental Condition for Experience. In *The Husserlian Mind*, chapt. 15, Hg. Hanne Jacobs. London: Routledge.

Zahavi, Dan. 1992. *Intentionalität und Konstitution. Eine Einführung in Husserls Logische Untersuchungen*. Kopenhagen: Museum Tusculanum Press.

Zahavi, Dan. 1994. Husserl's Phenomenology of the Body. *Études Phénoménologiques* 10(19): 63–84.

Zahavi, Dan. 2007. *Phänomenologie für Einsteiger*. Paderborn: Wilhelm Fink/Brill (UTB).

Zahavi, Dan. 2021. Applied Phenomenology: Why it is Safe to Ignore the Epoché. *Continental Philosophy Review* 54: 259–273.

# Phänomenologie in Aktion

## Inhaltsverzeichnis

© Springer-Verlag GmbH Deutschland, ein Teil von Springer Nature 2022
M. Wehrle, *Phänomenologie*,
Philosophische Methoden, https://doi.org/10.1007/978-3-476-05778-5_3

Was tun wir, wenn wir Phänomenologie betreiben? Dies lässt sich mit Blick auf die historische und gegenwärtige Phänomenologie so zusammenfassen: Wir beschreiben typische Erfahrung von konkreten, situierten und historischen Individuen oder Gruppen und versuchen dabei, die allgemeinen Strukturen dieser besonderen Erfahrung oder aber jeder möglichen Erfahrung überhaupt zu erfassen. Wir sind dabei gerichtet auf die jeweilige Erfahrung der Dinge oder auf die Art und Weise des Erfahrens selbst. Wir analysieren dabei jeweils eine der beiden Seiten, z. B. das Erfahrene oder die Erfahrung einzeln oder in ihrer notwendigen Zusammengehörigkeit. Philosophisch fragen wir dabei zurück nach den formalen und genetischen Bedingungen der Möglichkeit dieser spezifischen Erfahrung oder von Erfahrung überhaupt.

Um gegenwärtig, relevant, aber auch gültig zu bleiben, muss die Phänomenologie ihre Beschreibungen und Bestimmungen, d. h. ihre Praxis, beständig anhand von aktuellen Erfahrungen erweitern und prüfen. Merleau-Ponty betont dies in seinem Vorwort zur *Phänomenologie der Wahrnehmung* (1966), das eigentlich eher ein phänomenologisches Manifest und ein leidenschaftliches Plädoyer für die Methode der Phänomenologie darstellt. Er bezieht sich hierbei direkt auf Husserl, wenn er die methodischen Schritte der Phänomenologie als Beschreibung, Eidetik und transzendentale Befragung identifiziert. Über Husserl hinausgehend, versteht er diese methodischen Schritte als Teil einer notwendig *situierten und engagierten Phänomenologie*.

Mit Husserl betont er, dass für die phänomenologische *Beschreibung* eine gewisse Distanz bzw. „ein Bruch in unserem Vertrautsein mit der Welt" (Merleau-Ponty 1966, S. 11) notwendig ist, hält die Idee eines uninteressierten Beobachters bzw. einer vollständigen Vorurteilslosigkeit jedoch für illusorisch. Weiter macht er deutlich, dass Phänomenologie nicht ohne eine *Bestimmung des Allgemeinen* bzw. Eidetik auskommt, d. h. eine Erfassung der Sachverhalte, Strukturen oder Dinge, die über spezifische Kontexte und Zeiten hinausgeht; weist jedoch darauf hin, dass die Bestimmung solcher allgemeinen Wesen an das gebunden bleiben muss, was ist: das Wesen bekommt damit den Status eines immer nur vorläufigen und potentiell vorübergehenden Apriori. Zuletzt unterstreicht er, dass die *transzendentale Rückfrage* nach den Bedingungen der Möglichkeit der Erfahrung unablässig ist für eine phänomenologische Philosophie; zeigt jedoch, dass gerade diese Rückfrage zur Einsicht führt, dass unser konkretes In-der-Welt-sein, unsere zeitliche, räumliche, und kulturelle Situierung notwendig sind für Erfahrung wie Erkenntnis.

**Phänomenologie als gelebte Praxis** Phänomenologie ist bei Merleau-Ponty also definiert als eine Methode, die sich an den zu untersuchenden Sachen orientieren und beweisen muss. Phänomenologie ist daher nie nur Theorie, sondern vor allem eine gelebte Praxis (vgl. Depraz 2012). Eine Praxis, deren Methode(n) sich beständig in der Auseinandersetzung mit ihren Untersuchungsgegenständen anpassen, legitimieren und optimieren müssen. Der letzte Teil dieser Einführung befasst sich daher mit der gegenwärtigen Phänomenologie in Aktion, um von da aus der Frage nachzugehen, was tun Forschende heute, wenn sie Phänomenologie betreiben? Dabei sollen folgende Anwendungen der Phänomenologie unterschieden werden.

Im ersten Teil, *Phänomenologie konkret,* werden exemplarisch gegenwärtige phänomenologische Strömungen innerhalb der Philosophie vorgestellt, die allesamt eine, in Merleau-Pontys Worten, situierte Phänomenologie repräsentieren. Situiert bedeutet, dass sie sich mit konkreten gesellschaftlichen und kulturellen Gegenständen (Technik), Umständen und Problemen (Unterdrückung, Rassismus) deskriptiv und kritisch auseinandersetzen. Diese Ansätze verbinden verschiedene geistes- und sozialwissenschaftliche Perspektiven und integrieren zum Teil empirische Forschung zum Thema.

Im zweiten Teil, *Phänomenologie interdisziplinär,* stehen phänomenologische Forschungen im Mittelpunkt, die a) für die Beschreibung und Bestimmung ihrer Untersuchungsgegenstände (z. B. Zeitlichkeit, Leiblichkeit, Selbst- oder Weltbewusstsein) empirische Ergebnisse und Fallstudien heranziehen oder b) qualitative Forschungsmethoden in die phänomenologische Forschung integrieren.

Im dritten Teil, *Phänomenologie in anderen Disziplinen,* geht es um den Einfluss der Phänomenologie auf andere Disziplinen, wie z. B. Psychiatrie, Soziologie, Pflegewissenschaften oder Neurowissenschaften. Hierbei wird der Nutzen sowie mögliche Probleme der Anwendung phänomenologischer Methoden und Konzepte in qualitativer Forschung, Pflege und Therapie sowie als Ergänzung zu quantitativer Forschung diskutiert.

## 3.1 Phänomenologie konkret

Besonders seit den 1980er Jahren haben sich verschiedene gegenwärtige Strömungen der Phänomenologie entwickelt, die auf verschiedene Weise an die klassische Phänomenologie anknüpfen, sich aber auch zum Teil dezidiert gegen diese abgrenzen, wie etwa die Postphänomenologie oder die kritische Phänomenologie. Darüber hinaus knüpft die gegenwärtige Phänomenologie vielfältig an andere philosophische Positionen an, wie die Philosophie des Geistes, Kognitionswissenschaft, Soziologie, Poststrukturalismus und Politische Theorie, um nur einige zu nennen, und bezieht sich vermehrt auf empirische Forschungen und Fallstudien. Trotz aller Unterschiede, Abgrenzungen und Divergenzen zwischen diesen Bewegungen oder in Bezug auf die historische oder klassische Phänomenologie teilen sie denselben Untersuchungsgegenstand bzw. dieselben Forschungsfragen: Wie erfahren und erschließen Subjekte allgemein oder speziell sich selbst und die Welt, und was sind die allgemeinen, besonderen, notwendigen oder kontingenten Bedingungen dieser Erfahrung und dieses Verstehens? Während bei allen Ansätzen die Beschreibung der Erfahrung den Ausganspunkt darstellt, lassen sich ferner drei Untersuchungsebenen unterscheiden (vgl. Fernandez 2017):

3

— Erstens, die *allgemein philosophische Frage nach den notwendigen oder allgemeinen Strukturen der Erfahrung, der Kognition oder des Seins* überhaupt. Dies entspräche theoretisch einer transzendentalen oder einer allgemein ontologischen Fragestellung. Phänomenologische Untersuchungen dieser Ebene wollen die Struktur der menschlichen Existenz im Allgemeinen bzw. den Rahmen, durch den uns jegliche Bedeutung offenbart wird, freilegen.

— Zweitens, *die Frage nach spezifischen Formen und Ausprägungen der konkret situierten Erfahrung.* Diese Untersuchungsebene richtet sich auf die konkreten Modi und Situierung der Erfahrung, d. h. die unterschiedlichen Arten und Weisen, wie die Welt jeweils erfahren oder erschlossen werden kann (z. B. in verschiedenen materiellen Umständen, sozialen Kontexten oder historischen Zeiten).

— Drittens, *der erkenntniskritische Anspruch der Vorurteilslosigkeit.* Dabei wird versucht, die gewünschte Vorurteilslosigkeit durch entsprechende methodische Vorkehrungen zu gewährleisten, kritisch auf subjektive Gewohnheiten, Vorurteile und Vorannahmen zu reflektieren, oder grundlegend diskutiert, inwiefern Vorurteilslosigkeit möglich ist.

Grundlegende und angewandte Debatten    Innerhalb der philosophischen Phänomenologie lassen sich dabei grundlegende und angewandte Debatten unterscheiden. Debatten zur Grundlegung der Phänomenologie befassen sich allgemein mit den Zielen, Methoden und dem Gegenstand der Phänomenologie. Angewandte Debatten befassen sich dagegen typischerweise mit der Beschreibung von bestimmten Merkmalen oder Aspekten der menschlichen Existenz. Letzteres kann sich auf allgemeine Strukturen oder Bedingungen der menschlichen Existenz beziehen (erste Ebene) wie etwa die Leibkörperlichkeit oder Intersubjektivität. Konkrete Untersuchungen richten sich hingegen auf spezifische Merkmale der menschlichen Existenz, etwa diejenigen, die im phänomenologischen Kanon ignoriert oder heruntergespielt wurden, wie Geschlecht (Oksala 2016; Young 2005), sexuelle Orientierung (Ahmed 2006) oder Herkunft (,race') (Alcoff 2006; Lee 2014).

Heute fällt die meiste phänomenologische Forschung in die Kategorie der *angewandten Phänomenologie* (mit Ausnahme der historischen Forschung zur Phänomenologie und phänomenologischer Beiträge zu theoretischen Debatten der Philosophie des Geistes und der Wahrnehmung). Das bedeutet jedoch nicht, dass nicht auch grundlegende Fragen und Kritik in diese Diskussionen mit einfließen. So kann die konkrete Untersuchung von Aspekten menschlicher Existenz, die in den kanonischen Texten ignoriert wurde, grundlegende Fragen zu Zielen, Methoden und Themen aufwerfen, die in früheren Arbeiten übergangen wurden (Oksala 2016) oder aber die Bestimmung von vermeintlich eidetischen oder wesentlichen Strukturen der Existenz infrage stellen. Im Folgenden werden zwei Richtungen gegenwärtiger Phänomenologie beispielhaft vorgestellt. Trotz aller Unterschiedlichkeit treffen wir in den genannten Richtungen auf die drei unterschiedenen methodischen Aspekte ► Kap. 2): *Vorurteilslos beschreiben, das Allgemeine, Typische oder Spezifische bestimmen* und *nach den (allgemeinen oder historischen) Bedingungen zurückfragen.*

## 3.1.1 Kritische Phänomenologie

Viele gegenwärtige phänomenologische Beschreibungen knüpfen zwar an die Methoden, Konzepte und Ergebnisse der historischen oder klassischen Phänomenologie an, entwickeln diese jedoch kritisch weiter, indem sie:

a) den Fokus und die Themen der Beschreibung verschieben von vermeintlich allgemeinen oder exemplarischen Erfahrungen hin zu bisher unbemerkten, marginalisierten oder spezifischen Erfahrungsformen und -gegenständen,

b) anhand dieser Verschiebung auf bisher nicht berücksichtigte Erfahrungen die geforderte Vorurteilslosigkeit der Beschreibung kritisch zum Thema machen,

c) anhand der konkreten Beschreibungen und Fallbeispiele den Status der vermeintlich allgemeinen und transzendentalen Bestimmung von Erfahrungsstrukturen einer kritischen Prüfung unterziehen,

d) zurück fragen nach den konkreten, d. h. den historischen und materiellen, Bedingungen dieser spezifischen Erfahrungen.

Nach dem Vorbild von Simone de Beauvoir (und Merleau-Ponty) lässt sich dies als eine **situierte und engagierte Phänomenologie** verstehen, die die Erfahrungen konkreter Subjekte oder Subjektgruppen beschreibt, wie z. B. der Frauen in der patriarchialischen Gesellschaft im Frankreich der 1940er Jahre (Beauvoir 1949), und dabei nach den materiellen und historischen Umständen und Möglichkeitsbedingungen ihrer Erfahrungen fragt. Dabei geht es dann nicht mehr um die Möglichkeit von Erfahrung überhaupt, sondern um die praktischen Möglichkeiten und Unmöglichkeiten der Erfahrung dieser bestimmten situierten Individuen.

Genetische und genealogische Beschreibung  Hierbei handelt es sich, entweder um eine konkrete genetisch-phänomenologische Untersuchung (nach den individuellen Entwicklungen und Bedingungen im jeweiligen Subjekt) oder um eine genealogische Untersuchung (nach den externen historischen und materiellen Bedingungen). Beides lässt sich als eine konkrete Form der Erkenntniskritik verstehen. Die genealogische Analyserichtung zielt dabei nicht auf individuelle Faktoren (vergangene Erfahrungen, individuelle Entwicklungen und Gewohnheiten), sondern auf soziale Umstände, Strukturen, Diskurse oder Machtrelationen im Sinne von Michel Foucault (vgl. Oksala 2016; Heyes 2020). Bei beiden steht die Frage nach den Bedingungen und Grenzen der jeweiligen Erfahrung im Zentrum.

Ansätze wie die gegenwärtig populäre *kritische und politische Phänomenologie* verbinden dabei deskriptiv phänomenologische Beschreibungen der Erfahrung aus der Innenperspektive mit einer genealogischen Bestimmung aus der Außenperspektive. Ersteres beschreibt Erfahrung und Handlung aus der Erste-Person-Perspektive, d. h. wie eine bestimmte Situation von Subjekten erlebt wird, wie Subjekte in dieser Situation handeln, interagieren und so Sinn konstituieren. Letzteres beschreibt materielle, historische, soziale oder diskursive Faktoren, die vorab die Rahmenbedingungen bestimmen, welche Ausdrucksformen von Subjektivität überhaupt möglich sind und gelebt werden können.

Mit Merleau-Ponty gesprochen, bezieht sich die genealogische Perspektive auf den Umstand des *Situiert-seins* in der Welt, die durch materielle, natürliche, biologische Faktoren genauso wie durch Sprache, Kultur und soziale Normen konkret bestimmt ist, bevor wir in sie hinein geboren werden. Während die phänomenologische Perspektive sich auf das aktive *In-Situation-sein* der leiblichen Subjekte bezieht, d. h. darauf wie diese Subjekte ihre Situierung jeweils aufnehmen, sich zu ihr verhalten, diese formen und verändern. Dezidiert kritische oder politische phänomenologische Ansätze gehen dabei über eine rein deskriptiv (beschreibende) Ebene hinaus und wollen die phänomenologische Beschreibung mit normativen Fragestellungen verbinden.

Politische Phänomenologie   Die politische Phänomenologie (vgl. Leghissa/ Staudigl 2007; Bedorf/Herrmann 2019) verortet sich dabei als Teilbereich der politischen Theorie bzw. möchte die Relevanz des phänomenologischen Ansatzes für die politische Theorie hervorheben und etablieren. Sie betrachtet dabei einerseits das ‚Politische' phänomenologisch und identifiziert andererseits relevante politische Konzepte in der historischen Phänomenologie. Dies betrifft etwa Fragen danach, warum Politik überhaupt notwendig wird und wie diese in der intersubjektiven Erfahrung entsteht, oder was eine politische Erfahrung oder Handlung jeweils ausmacht. Kurzum: Wann, warum und wie wird Erfahrung politisch oder bekommt politische Relevanz (politische Erfahrung)? Gibt es typische politische Seinsweisen oder Seinsbereiche (politische Ontologie)? Politische Phänomene sollen dabei im Hinblick auf Begriffe wie Intersubjektivität, Sinnkonstitution, Erscheinung, Existenz, Weltlichkeit etc. analysiert werden. Zugleich wird geprüft, inwiefern verschiedene Paradigmen der methodischen Reflexion in der Phänomenologie für die Annäherung an das Politische relevant sind. Dazu gehört etwa die Untersuchung von eidetischen Strukturen und Erfahrungstypen, die hermeneutische Analyse unseres In-der-Welt-seins als Ganzes und genetische Analysen, die es erlauben, die soziale und historische Situiertheit des Selbst, der Anderen und der Welt aufzudecken, um den Raum der Erfahrung selbst als Ergebnis politischer Kämpfe zu verstehen. Hierbei spielen z. B. politische Philosoph:innen wie etwa Hannah Arendt eine zentrale Rolle, deren phänomenologische Ausrichtung und Relevanz mehr und mehr deutlich wird (Loidolt 2017).

Kritische Phänomenologie   Die kritische Phänomenologie (vgl. Weiss et al. 2019) versteht sich in ihrer Kritik ebenfalls als politisch. Sie setzt es sich etwa zum Ziel, den Kanon an Autor:innen und Konzepten in der klassischen Phänomenologie zu erweitern, indem sie bisher marginalisierte Formen von Erfahrung in den Vordergrund rückt. Hiermit sollen wiederum die (impliziten) Annahmen der klassischen Phänomenologie, ihre Methoden, Konzepte und allgemeinen Beschreibungen auf den Prüfstand gestellt werden. Dies betrifft z. B. die Frage, ob die als allgemein bestimmten Aspekte der Leiblichkeit (bei Husserl und Merleau-Ponty) wirklich alle möglichen leiblichen Subjekte und Umstände einschließen oder lediglich eine partielle Sicht widerspiegeln, die zum Zeitpunkt der Bestimmung als unhinterfragte Norm (Standard) galt (hierzu ► Abschn. 2.2, Kritik am Essentialismus).

Die kritische Phänomenologie verbindet dabei theoretische Kritik mit politischem Aktivismus. Beschreibungen von Unterdrückung, Gewalt, und Diskriminierung sollen dabei den marginalisierten Subjekten und ihren Erfahrungen Gehör und Sichtbarkeit verschaffen, indem sie diese Zustände anprangern und zu Veränderungen motivieren. Sie greift dabei auf Beschreibungen und allgemeine Konzepte der ‚historischen' Phänomenologie zurück, wie etwa bei Husserl (z. B. Leib-Körper Differenz, Intentionalität, Horizont- und Lebensweltbegriff, Räumlichkeit, Zeitlichkeit), Heidegger (z. B. Zu-/Vor-handenheit der Dinge, Zur-Welt-sein als Sorge, Verstehen oder Befindlichkeit, Zeitlichkeit und Räumlichkeit des Daseins), Merleau-Ponty (Körperschema, habitueller und aktueller Leib, intentionaler Bogen, motorische Gewohnheit, situierte Räumlichkeit) und Sartre (z. B. Existenz, Situation, Für-sich/An-sich/Für-andere Sein, Analyse des objektivierenden Blickes). Diese Konzepte werden mit diskursorientierten oder soziologischen Ansätzen verbunden, erweitert, oder modifiziert.

**Phänomenologie des Fremden und feministische Phänomenologie** Lange vor der Etablierung einer dezidiert ‚kritischen Phänomenologie' wurde in Deutschland schon von Bernhard Waldenfels und seinen Schülerinnen und Schülern die Phänomenologie in einen fruchtbaren Dialog gebracht mit postmodernen Theorien, wie etwa die von Jacques Derrida, Michel Foucault u. a. (vgl. Waldenfels 1983; 1987). In seiner Phänomenologie des Fremden entwickelt Waldenfels inspiriert durch Husserl, Merleau-Ponty, Michel Foucault und vor allem Emmanuel Levinas, eine dezidiert kritische und ethische Phänomenologie der Responsivität. Hier werden etwa Fragen der Ordnungsbildung, der Normalität, Normierung und Ausgrenzung behandelt (vgl. Waldenfels 1990; 1994; 1997–1999). Auch die feministische Phänomenologie, die sich in den 1990er Jahren ausbildete, versucht, die Perspektive der Erfahrung und Leiblichkeit innerhalb der Feministischen Philosophie sowohl stark zu machen, als auch einer kritischen Analyse zu unterwerfen (vgl. Stoller/Vetter 1997; Fisher/Embree 2000; Stoller/Vasterling/Fisher 2005; Landweer/Marcinski 2016).

Als Beispiele einer kritischen Phänomenologie gelten ebenfalls die konkreten Erfahrungs- und Diskursanalysen von Simone de Beauvoir über die Situation der Frau in das *Andere Geschlecht* (Beauvoir 1949 [1992]; *Le Deuxième Sexe,* 1949), Frantz Fanons eindringliche Beschreibung der Erfahrung des kolonialisierten Subjekts in *Schwarze Haut, weiße Masken* (Fanon 1985 [1952]) sowie Iris Marion Youngs kanonischer Aufsatz *Werfen wie ein Mädchen* (1993 [1980]). Allgemeine Bestimmungen der Strukturen des Bewusstseins oder des Seins werden hier anhand von konkreten Erfahrungen auf ihre vermeintliche Allgemeinheit oder Neutralität geprüft. Wie verhält es sich etwa mit Sartres allgemein ontologischer Bestimmung des Für-andere-Sein, welches sich für jedes Subjekt in der objektivierenden Funktion des Blickes des jeweils anderen Subjektes ausdrückt?

**Die Gewalt des Blickes** Durch den Blick des Anderen werden wir uns bewusst, dass die Welt nicht nur für-uns existiert, sondern auch für andere Subjekte. Zugleich geht hiermit ein explizites Objektbewusstsein oder thetisches

Selbstbewusstsein einher, wie Sartre es nennt. Dabei erfahren wir uns als Objekte in dieser Welt, auf die man sich richten kann, die gesehen und beurteilt werden. Was wir sind (unsere Eigenschaften, unser Wert), wird dabei primär durch andere Subjekte bestimmt. Wir sind auf ihre Erkennung und Anerkennung angewiesen. Soweit so gut. Aber wie sieht dieser scheinbar neutrale Umstand in der erlebten Erfahrung von ,people of colour' aus, als Franzose mit dunkler Hautfarbe im Kontext der französischen (post-)kolonialen Gesellschaft? Im Kapitel mit dem Namen ,die erlebte Erfahrung des Schwarzen' nimmt Fanon uns mit in seine Erlebnisperspektive: Beginnend mit dem Ausruf ,Dreckiger N...' beschreibt er, was dieser Blick, diese unmittelbare Zuschreibung für ihn bedeutet. Zunächst versucht er noch die Zuschreibung von sich zu weisen. Als dies nicht gelingt, schlägt er den Weg der rationalen Argumentation ein, um seine Gleichwertigkeit und damit seinen Subjektstatus zu verteidigen. Als auch dies scheitert, genauso wie der Versuch eine positive Gegenidentität zu etablieren, kapituliert er zuletzt unter der Last der Fremdbestimmung. In dieser intensiven Beschreibung wird schmerzlich bewusst, dass die von Sartre beschriebene Subjekt-Objekt-Relation weder reziprok noch neutral ist, sondern abhängig von den jeweiligen Machtverhältnissen.

Nicht jedes konkrete Subjekt hat also in der gleichen Weise die Möglichkeit, den Anderen zu objektivieren und damit mitzubestimmen, was der andere ist (welche Eigenschaften er als Objekt oder Sein hat). Und nicht jeder Körper hat die Möglichkeit, dieser Objektivierung, diesem Blick zu entkommen, indem er seine Subjektposition ergreift und zurückblickt. Dem kolonialisierten Subjekt wird der Subjektstatus gänzlich abgesprochen, es bleibt Objekt. Diese dauerhafte Objektivierung zeigt sich in einem Verlust der Selbstverständlichkeit. Fanon beschreibt, wie eigentlich banale Alltagshandlungen beständige Aufmerksamkeit und Reflektion erfordern, da er nicht auffallen, als anders oder gar gefährlich gelten will. Hiermit einher geht ein Verlust an Individualität, da das Subjekt auf seine Hautfarbe, Rasse oder Gruppenzugehörigkeit reduziert wird. Seine Identität kann er somit nicht selbst entwickeln oder verändern, sie wird vorab vom kolonialen Anderen bestimmt, also z. B. durch die damalige westliche Anthropologie und Geschichtsforschung, die ,people of colour' als primitiv und minderentwickelt bestimmt.

▶ **Beispiel – Der koloniale Blick**

» Dreckiger Neger! Oder einfach: Sieh mal, ein Neger! Ich kam auf die Welt, bemüht den Sinn der Dinge zu ergründen [...], und dann entdeckte ich mich als Objekt inmitten anderer Objekte. [...][D]er andere fixiert mich durch Gesten, Verhaltensweisen, Blicke, so wie man ein Präparat mit Farbstoff fixiert. [...]
Und dann geschah es, daß wir dem weißen Blick begegneten. Eine ungewohnte Schwere beklemmte uns. Die wirkliche Welt machte uns unseren Anteil streitig. In der weißen Welt stößt der Schwarze auf Schwierigkeiten bei der Herausbildung seines Körperschemas. Die Erkenntnis des Körpers ist eine rein negierende Tätigkeit. Eine Erkenntnis in der dritten Person. Rings um den Körper herrscht eine Sphäre der sicheren Unsicherheit. Ich weiß: wenn ich

rauchen möchte, muß ich den Arm ausstrecken und nach dem Päckchen greifen, das am anderen Ende des Tisches liegt. Die Streichhölzer dagegen sind in der linken Schublade, ich muß mich etwas zurücklehnen. Und alle diese Gesten mache ich nicht aus Gewohnheit, sondern aufgrund einer stillschweigenden Erkenntnis. [...] Hinter dem Körperschema, hatte ich ein historisch-rassisches Schema geschaffen. Die Elemente, die ich verwendete, waren mir nicht durch ‚Reste von Empfindungen und Wahrnehmungen [...] geliefert worden, sondern durch den anderen, den Weißen, der mich aus tausend Details, Anekdoten, Erzählungen gesponnen hatte. [...]
Mama, schau doch, der Neger da, ich hab' Angst. [...] Man fing also an sich vor mir zu fürchten. Ich wollte mich amüsieren, bis zum Ersticken, doch das war mir unmöglich geworden [...] Das Körperschema, an mehreren Stellen angegriffen, brach zusammen und machte einem epidermischen Rassenschema Platz. [...] Ich war verantwortlich für meinen Körper, auch für meine Rasse, meine Vorfahren. Ich maß mich mit objektivem Blick, entdeckte meine Schwärze, meine ethnischen Merkmale – und Wörter zerrissen mir das Trommelfell: Menschenfresserei, geistige Zurückgebliebenheit, Fetischismus, Rassenmakel, Sklavenschiffe [...] Dabei wollte ich ganz einfach ein Mensch unter anderen Menschen sein. (Fanon 1985, S. 79–82) ◄

**Existenz vor Essenz** Genau wie Fanon untersucht Iris Marion Young konkrete Formen der Intentionalität und Existenz spezifischer Subjekte, hier Mädchen im Amerika der 1980er Jahre. Gibt es einen typisch weiblichen Bewegungsstil und falls ja, weshalb und wodurch bildet er sich heraus? Muss man allgemeine Begriffe wie den der Existenz geschlechtsspezifisch denken? Bevor Young mit ihrer Analyse der Motilität von Mädchen beginnt, definiert sie in Bezug auf Simone de Beauvoir, was sie mit einer solchen weiblichen Existenz meint. ‚Weiblichkeit' ist demnach keine mysteriöse Qualität oder Essenz (im Sinne von Wesen), die allen Frauen aufgrund ihres biologischen Frauseins zukommt: „‚Weiblichkeit' besteht vielmehr aus einer Reihe von Strukturen und Bedingungen, die die typische *Situation* des Frauseins in einer bestimmten Gesellschaft abstecken, ebenso wie auch die typische Weise, in der diese Situation von den Frauen selbst gelebt wird" (Young 1993, S. 710).

Dies bedeutet zugleich, dass nicht notwendigerweise *jede* Frau ‚weiblich' sein muss, oder dass nur Frauen ‚weiblich' werfen. Die Strukturen und Verhaltensweisen, die jeweils als typisch für die Situation von Frauen (oder anderer Subjektgruppen) gelten, sind also nicht a priori notwendig, sondern historisch veränderlich und kontingent. Mit Sartre könnte man sagen, konkrete Existenz (ihr Handeln und ihre Projekte) kommt vor der Essenz. Im Sinne von Beauvoir muss man ergänzen, jede Existenz ist konkret situiert. Diese Situation gibt wiederum den Rahmen und die Bedingungen dafür, was wir jeweils tun können oder müssen. Die Situation und die damit verbundenen Tätigkeiten und Projekte formen unsere Leibkörperlichkeit wie unseren Charakter (wer wir sind). Jedoch kann sich diese Situation auch ändern, durch unser (Zu-)Tun oder eine externe, strukturelle oder materielle, Veränderung. Diese veränderte Situation führt dann wiederum zur Transformation der Existenz, indem wir andere Dinge tun bzw. tun können. Young geht also wie Beauvoir davon aus, dass die Art und Weise, wie wir zur-Welt-sind, unsere Existenz, maßgeblich von unserer konkreten Situation geprägt ist.

Um nun das typisch weibliche Bewegungsmuster beschreiben und bestimmen zu können, verbindet Young **eidetisch allgemeine Beschreibungen der leiblichen Intentionalität** bei Merleau-Ponty, mit der **konkreten Anwendung phänomenologischer und existentialistischer Konzepte** in Beauvoirs Theorie über die Situation von Frauen. Young geht dabei mit Merleau-Ponty davon aus, dass es eine allgemeine Beschreibungsebene gibt, die die Relation des gelebten Körpers zu seiner Welt beschreibt und die auf jede mögliche menschliche Existenz zutrifft. Jedoch betont sie, dass es auf einer konkreten Ebene einen besonderen Stil des Körperverhaltens gibt, der typisch für die weibliche (oder andere spezifische) Existenz(en) ist; dieser Stil setzt sich für sie „aus bestimmten *Modalitäten* der Strukturen und Bedingungen der Körperexistenz in der Welt zusammen" (Young 1993, S. 711).

Beauvoirs Darstellung der Existenz der Frau in der patriarchalischen Gesellschaft stellt dabei den Rahmen dieser sich ausbildenden Modalitäten dar. Die konkrete Situation von Frauen und Mädchen ist demnach von einer grundlegenden Spannung zwischen Immanenz und Transzendenz gekennzeichnet. Einerseits sind Frauen wie Männer charakterisiert durch ihre Transzendenz, im Sinne einer aktiven Gerichtetheit zur Welt, in der sie frei und verantwortlich ihre Projekte verfolgen. Andererseits definieren die Kultur und die Gesellschaft, in der die weibliche Person sich bewegt, diese Frauen gerade als das Andere des Mannes, sein nicht essentielles Gegenstück. In dieser Hinsicht gelten sie eher als Objekt denn als Subjekt und werden auf die Sphäre der Immanenz reduziert, d. h. auf im Hintergrund stattfindende häusliche und versorgende Rolle im Gegensatz zu öffentlich sichtbarem Einfluss, Mitgestaltung und kreativen Projekten. Kulturell und sozial wird die Frau also ausgeschlossen von der Subjektivität, Autonomie und Kreativität, obwohl dies gerade als Wesensmerkmal des Menschen gilt. Dieses Wesen repräsentiert in der patriarchalischen Gesellschaft jedoch lediglich der Mann. Youngs These hierbei ist nun: „daß die Modalitäten weiblicher Körperhaltung, Motilität und Räumlichkeit eben diese Spannung zwischen Transzendenz und Immanenz, zwischen Subjektivität und bloßem Objekt-Sein zum Ausdruck bringen" (Young 1993, S. 711).

**Einverleibte soziale Normen**    Warum und inwiefern bewegen sich Frauen und Mädchen anders im Raum, nehmen weniger Platz ein, wahren Distanz, bewegen sich zögerlicher, vertrauen ihren körperlichen Fähigkeiten weniger und setzen beim Werfen nicht ihren ganzen Körper ein? Dies, so macht Young sehr eindrücklich deutlich, lässt sich nicht auf anatomische Gründe zurückführen, sondern ist auch Resultat ihrer konkreten Situation mitsamt geschlechtsspezifischen Rollen, Erwartungen, Aufgaben und Erziehung. Unser Leib, mit dem und durch den wir in und zur Welt sind, verkörpert in konkretem Sinne immer auch die sozialen Umstände und Normen unserer Lebenswelt, die uns durch wiederholte Einübung in Fleisch und Blut übergegangen sind und als solche nicht mehr thematisiert werden (vgl. Wehrle 2016; 2017).

» Die drei Modalitäten weiblicher Motilität, die sich an der weiblichen Bewegung ablesen lassen, sind *mehrdeutige Transzendenz, gehemmte Intentionalität* und *nicht kontinuierliche Einheit* mit der jeweiligen Umgebung.

1. Der gelebte Körper als Transzendenz ist reine, fließende Aktion, das ständige Ins-Leben-Rufen von Fähigkeiten, die die Welt betreffen. Statt lediglich in der Immanenz ihren Ausgang zu nehmen, verharrt die weibliche Körperexistenz in Immanenz oder besser: ist *überdeckt* von Immanenz, selbst wenn sie sich in Bewegungen wie Greifen und etwas Handhaben auf die Welt zubewegt. Im vorigen Abschnitt hatte ich festgestellt, daß eine Frau beim Werfen typischerweise nicht ihren ganzen Körper zum Einsatz bringt. Sie konzentriert die Bewegung auf einen Körperteil, während der restliche Körper relativ unbeweglich bleibt. Das bedeutet, daß sich nur ein Teil des Körpers der Aufgabe stellt, während der Rest in Immanenz verwurzelt bleibt.

2. Typischerweise nutzt der weibliche Körper nicht seine gesamte Kapazität, weder die Möglichkeiten seiner physischen Größe und Stärke noch die ihm zu Gebote stehenden Fertigkeiten und Koordinationsmöglichkeiten. Weibliche Körperexistenz ist *gehemmte Intentionalität,* die sich einerseits mit einem „Ich kann" nach einem vorgenommenen Ziel ausstreckt und doch zugleich andererseits ihren vollen körperlichen Einsatz diesem Ziel gegenüber mit einem selbstauferlegten „Ich kann nicht" zurückhält. […]

3. Die dritte Modalität der weiblichen Körperexistenz besteht darin, daß sie sich in *nicht kontinuierlicher Einheit* sowohl mit sich selbst als auch mit ihrer Umgebung befindet. Wie ich schon bemerkt habe, neigen Frauen bei vielen Bewegungen, die, um richtig ausgeführt zu werden, des aktiven Körpereinsatzes und der Koordination bedürfen, dazu, ihre Bewegung nur in einem Teil des Körpers anzusiedeln und den Rest des Körpers dabei relativ unbeweglich zu lassen. Eine solche Bewegung ist in sich selbst nicht kontinuierlich. Der Teil des Körpers, der auf ein Ziel hin wirkt, befindet sich nicht in Übereinstimmung mit dem Rest des Körpers, der unbeweglich bleibt. Die ungerichtete Bewegung und die damit verschwendete Bewegungsenergie, die sich oft bei weiblicher Tätigkeit beobachten lassen, belegen diesen Mangel an körperlicher Einheit […].

Insgesamt haben die Modalitäten der weiblichen Körperexistenz ihren Ursprung in der Tatsache, daß die weibliche Existenz ihren Körper eher als Ding erfährt, ein zerbrechliches Ding, dem nachgeholfen werden muß, das angestoßen werden muß, damit es sich bewegt, ein Ding, das existiert, indem es *angeschaut wird und jemand auf es einwirkt.* Natürlich existiert jeder gelebte Körper sowohl als materielles Ding als auch als transzendierendes Subjekt. […] In dem Maße, in dem eine Frau ihren Körper als Ding lebt, bleibt sie in der Immanenz verhaftet, ist gehemmt, und behält eine Distanz sowohl von ihrem eigenen Körper als der transzendierenden Bewegung als auch vom Eingebundensein in die Möglichkeiten der Welt. (Young 1993, S. 715–718) ◄

Methodisch fungiert hierbei die allgemeine Struktur der Intentionalität der leiblichen Bewegung als Ausgangspunkt. Vor diesem Hintergrund wird nun gerade die Spezifizität und Andersheit der weiblichen Subjektivierungen deutlich. Die von Young beschriebene ,gehemmte Intentionalität', die das Werfen des Mädchens in patriarchal organisierten Gesellschaften kennzeichnet, wird also sichtbar im Vergleich oder in Abgrenzung von zunächst allgemein bestimmten Strukturen. Doch wie allgemein und wesenhaft ist Merleau-Pontys Beschreibung des leiblichen ,Ich-kann' oder Sartres Idee der Existenz als Projekt? Besteht hier nicht das Risiko, ein typisch männliches Verhalten zur Allgemeinheit zu erheben und das weibliche im Vergleich als Abweichung bzw. minderwertige Ausprägung zu verstehen? Young selbst kritisiert ihre Analyse später als zu unreflektiert, da sie eine implizite normative Wertung enthält und männliches Werfen als Norm annimmt. Sind Zögerlichkeit in der Bewegung, Rücksicht auf Andere (indem frau wenig Raum einnimmt) überhaupt allgemein als negativ zu bewerten, muss jede Bewegung notwendig einheitlich und flüssig sein, ist jede Aufmerksamkeit auf den Körper als Objekt problematisch? Dies muss im Einzelfall und mit Bezug auf den jeweiligen Kontext differenziert werden.

Festzuhalten bleibt: Intentionalität, verstanden als das freie ,Ich-kann' und explorierende Sich-Richten auf die Welt, ist mitnichten eine Beschreibung, die auf alle leiblichen Subjekte zutrifft, sondern scheint eine induktive Verallgemeinerung der konkreten Erfahrung, in diesem Fall, von phänomenologisierenden Männern zu sein. Jedoch richtet sich die Kritik genaugenommen lediglich auf die Qualität der jeweiligen Gerichtetheit; Intentionalität als ,Bewusstsein von etwas' oder leibliches Zur-Welt-sein (Merleau-Ponty) als solche, die für jedes mögliche leibliche Subjekt (oder gar Organismus) gilt, wird dabei nicht per se infrage gestellt.

**Die Eidetik der gehemmten Intentionalität**   Die Ausführung von Intentionalität kann demnach frei oder gehemmt sein, nicht jedoch die Tatsache (oder besser: das Wesen), dass sich jede subjektive Erfahrung durch eine irgendwie geartete Gerichtetheit oder einen Bezug (wie passiv oder minimal dieser auch sein mag) auf die Welt auszeichnen muss. Gerade durch diese allgemeine Bestimmung, lassen sich Diversitäten voneinander unterscheiden: eine möglichst ungehinderte, freie und explorative Form auf der einen Seite, eine beinahe vollständig unterdrückte Bewegungs- und Handlungsfreiheit auf der anderen. Ohne die Annahme eines solchen gemeinsamen Wesens, das natürlich ständig zu überprüfen und gegebenenfalls anzupassen ist, ließen sich überhaupt keine Unterschiede beschreiben und damit auch keine Kritik formulieren. Eine minimal eidetische Bestimmung der Erfahrungen bestimmter Subjekte sowie ihrer Lebensumstände ist demnach die Voraussetzung für jede Form der ethischen oder politischen Bewertung, wie dies etwa von der kritischen Theorie, der feministischen Theorie sowie von der kritischen Phänomenologie gefordert wird.

**Kritik der privilegierten Verallgemeinerung**   Jedoch lässt sich die Art und Weise kritisieren, wie diese Konzepte und Strukturen inhaltlich beschrieben werden, und welche Erfahrungen und Subjekte jeweils im Fokus stehen oder nur am Rande oder gar nicht thematisiert werden. Will man allgemeine und notwendige

Strukturen und Aspekte von Erfahrung identifizieren und bestimmen, müssen diese alle möglichen konkreten Beispiele marginalisierter, diverser oder pluraler Erfahrung umfassen. Was sind allgemeine und notwendige Bestimmungen und was ist nur meiner Perspektive, meinem Forschungsinteresse oder meinen blinden Flecken zuzuschreiben? Kritische und politische Analysen erinnern die Phänomenologie daran, ihre Vorsätze unvoreingenommenen Beschreibens ernst zu nehmen, und zeigen ihr die Grenzen dieses Vorsatzes auf: z. B. wie sehr eigene Selbstverständlichkeiten, Privilegien und Normen die Beschreibung und ihren Fokus beeinflussen können.

**Queere Phänomenologie**  Ein weiteres Beispiel, wie die Selbstverständlichkeit der phänomenologisch-philosophischen Perspektive selbst kritisch hinterfragt und erweitert werden kann, ist die von Sara Ahmed im gleichnamigen Buch entwickelte ‚Queer Phenomenology' (Ahmed 2006). Ahmed nimmt sich die Ding- und Raumbeschreibung von Husserl, Merleau-Ponty und Heidegger vor, um die konkreten Bedingungen offenzulegen, die diesen scheinbar allgemeingültigen Beschreibungen zukommen. All diese Beschreibungen betonen die Bedeutung einer Orientierung, Bekanntheit, Einstimmigkeit, Zur-Handenheit, Gewohnheit oder gar Heimat, die eine gelungene Situierung in der Welt ausmachen. Ist die Erfahrung einer selbstverständlichen Orientierung und Situierung aber wirklich für jedes Subjekt wesentlich? Welche Rolle spielen hierbei das Unstimmige, Widerständige, die Desorientierung?

Anhand des **Leitmotivs der Orientierung** beschreibt und verschiebt Ahmed klassische Wahrnehmungs- und Raumanalysen und zeigt deren verborgene soziale Bedeutungen auf. Für Ahmed ist die Frage nach der Rolle von Orientierung nicht nur eine räumliche. Irgendwo wohnen oder sich aufzuhalten bezieht sich sowohl auf das Verweilen an einem Ort als auch auf die Zeit: Wenn Orientierung eine Frage der Art und Weise ist, wie wir uns im Raum aus- und einrichten, diesen bewohnen, dann wird deutlich, dass Orientierung Zeit erfordert. Zeit, um den Raum einzunehmen, uns einzugewöhnen oder uns diesen zu eigen zu machen. Auch wenn es bei Orientierungen darum zu gehen scheint, wo genau wir uns in der *Gegenwart* befinden, weisen sie uns auch in die *Zukunft*. Hierin liegt, was Ahmed die Möglichkeit der (oder gar Hoffnung auf) Richtungsänderung nennt. Sie besteht darin, dass wir nicht immer wissen, wohin uns manche Wege führen werden: Es gibt daher immer das Risiko, vom geraden Weg abzuweichen. Aber genau dies macht eine neue Zukunft möglich, und eine solche Zukunft beinhaltet ebenso, dass wir uns verirren, verloren gehen oder selbst queer werden.

Ahmed wendet den Begriff der Orientierung sowohl auf die sexuelle Orientierung als auch auf die soziale, ethnische oder migrantische Orientierung an. Auch die sexuelle Orientierung, so Ahmed, braucht Zeit und Arbeit, und bleibt immer offen für mögliche Richtungsänderungen. Das heißt, eine sexuelle wie räumliche Orientierung hat man nicht einfach: Heterosexuell oder *straight,* wie es im Englischen heißt, wird man. Dies beinhaltet, dass wir uns nicht nur denjenigen ‚Objekten' zuwenden müssen, die uns von der heterosexuellen Kultur vorgegeben werden, sondern uns zugleich auch von anderen ‚Gegenständen' abwenden müssen, die uns von dieser Linie abbringen. Das queere Subjekt innerhalb der heterosexuellen Kultur weicht also ab und wird als Abweichler:in gesellschaftlich als solches markiert und sichtbar gemacht.

Rassismus lässt sich ebenfalls als eine Orientierung beschreiben. Rassismus weist bestimmten Körpern bestimmte Richtungen und Plätze zu oder verweigert ihnen diese. Dies beeinflusst, wie und welchen Raum Subjekte einnehmen können. Wir werden also einerseits rassifiziert, aufgrund der Art und Weise, wie wir den Raum besetzen (können), und andererseits ist der Raum selbst bereits ein Effekt der Rassifizierung und damit gewissermaßen schon besetzt durch Rassismus. Ahmed interessiert hierbei etwa, wie nicht weiße Körper sich in einer ‚weißen Gesellschaft' orientieren, d. h. ‚zu Hause' sein können. In ihren Beschreibungen wird deutlich, dass nicht alle Räume oder Gegenstände für alle gleichermaßen in Reichweite bzw. erreichbar sind. Körper, die dem ‚weißen' Standard gewisser Räume nicht entsprechen, wird etwa der Einlass erschwert oder verweigert, was bei den jeweiligen Subjekten für Desorientierung sorgt.

Was Ahmed mit ihrer queeren Phänomenologie zeigen will, ist, dass es nicht so einfach ist, zu den Dingen selbst zu gelangen. Da weder die Dinge noch Räume – also dass, was uns jeweils präsent, nah, zugänglich oder vertraut ist – zufällig oder neutral sind: Wir erwerben unsere Orientierungen nicht, nur weil wir Dinge hier oder dort finden. Vielmehr stehen uns bestimmte Objekte aufgrund von Wegen, oder ‚Linien' wie Ahmed es nennt, zur Verfügung, die wir bereits eingeschlagen haben: Unsere Lebensläufe folgen einem bestimmten Muster, durch das wir auch auf eine bestimmte Weise gelenkt werden (Geburt, Kindheit, Adoleszenz, Heirat, Fortpflanzung, Tod). Das Konzept der Orientierungen erlaubt es Ahmed, aufzuzeigen, wie das Leben in bestimmte Richtungen gelenkt wird und nicht in andere, und zwar gerade durch die Forderung, dem zu folgen, was uns bereits vorgegeben ist. Hier geht es also nicht mehr nur um allgemein zeitliche, genetische oder räumliche Aspekte, sondern mit ihnen verwoben sind soziale Bedeutungen und Ordnungen. Damit ein Leben z. B. als ein gutes Leben zählt, muss es eine bestimmte Richtung annehmen und Etappenziele erreichen, die mit den sozialen Normen der jeweiligen Gesellschaft übereinstimmen. Ein queeres Leben, so Ahmed, ist hingegen eines, das von diesen sozialen Wegmarken und Lebensläufen abweicht (Ahmed 2006, S. 21). Ahmed plädiert dafür, mit und durch konkrete Orientierungen die **Phänomenologie mit ihrer eigenen Selbstverständlichkeit zu konfrontieren.** In diesem Zusammenhang sollen Momente der Desorientierung gesammelt, beschrieben und thematisiert werden, um so in eine andere Richtung beschreiben und denken zu können, was uns an die Grenzen der sozialen Übereinkunft, des Gemeinsamen, Geteilten oder Allgemeinen führen könnte.

▶ **Beispiel – Der verborgene Horizont von Husserls Schreibtisch**

» Der konkrete Horizont von Husserls Schreibtisch, der es ermöglicht, dass er überhaupt in Betrieb genommen werden kann, ist abhängig von einer Arbeit, die sich im Laufe der Zeit wiederholt und oft im Verborgenen stattfindet. Diese Arbeit wird dort verrichtet, wohin der Blick bei Husserl eben nicht wandert, wie

z. B. die Küche – also die Räume, die mit Hausarbeit und Fürsorge assoziiert werden, die sich dem Körper zuwenden, um ihn zu pflegen und zu erhalten. Vermeidet Husserls Blick es, dorthin zu wandern? In gewisser Weise möchte eine queere Phänomenologie ‚den Spieß umdrehen‘, indem sie sich anderen Arten von Objekten oder auch vertrauten Gegenständen, wie z. B. Tischen, anders zuwendet. Man könnte sagen, sie versteht sich als eine liebevolle Rückkehr zu den Objekten, die bereits innerhalb der Phänomenologie auftauchen, wie etwa Husserls Tisch, der nun so abgenutzt ist. Solche Tische würden, wenn sie anders zum Thema werden, als etwas zum Leben erwachen, mit und an dem man denken kann. (Ahmed 2006, S. 63; Übers. M.W.) ◄

Ahmeds Beschreibung nimmt hierbei ihren Ausgang an typischen Gegenständen der historischen Phänomenologie, wie etwa Husserls Schreibtisch oder dem Tisch allgemein, um diese dann in konkrete Kontexte zu setzen und damit zu ‚verseltsamen‘ (to queer), d. h. ihrer Selbstverständlichkeit zu berauben. Hiermit thematisiert sie die materiellen und sozialen Bedingungen, die einer philosophischen Beschreibung vorausgehen, aber meist verborgen und unbemerkt bleiben. Durch den *noematischen Leitfaden* (Tisch) und der *konkreten Variation eines allgemeinen Begriffs* (Orientierung) gelingt es ihr sowohl die Unterschiede, Kontingenzen und Abweichungen positiv zum Thema zu machen, als auch das Allgemeine und Verbindende nicht ganz aus den Augen zu verlieren. Obwohl die queeren Beschreibungen und Objekte uns an unsere Grenzen führen, schaffen sie es wörtlich genommen dennoch, uns an einen Tisch zu bringen, um Orientierung als solches phänomenologisch beschreibbar zu machen. Das Ziel einer solchen **Phänomenologie und Politik der Desorientierung** besteht für Ahmed darin, das Staunen über die queren Formen der Erfahrung und des sozialen Zusammenlebens aufrechtzuerhalten, um damit neue Möglichkeiten und Richtungen aufzuzeigen.

> ▶ **Beispiel – Die soziale Ordnung der Tische**

» Weit weg von zu Hause sind mein Partner und ich im Urlaub in einem Resort auf einer Insel. Bei den Mahlzeiten kommen alle zusammen. Wir betreten den Speisesaal, in dem viele Tische aneinandergereiht stehen. Ein Tisch nach dem anderen steht bereit, wartend auf die ankommenden Körper, die Platz nehmen oder platziert werden. Ich bin konfrontiert mit einem mir schockierend erscheinenden Bild. Vor mir, an den Tischen, sitzen Paare. Tisch um Tisch, ein Paar nach dem anderen, immer in der gleichen Form: Ein Mann sitzt mit einer Frau um einen ‚runden Tisch‘, einander ‚über‘ den Tisch zugewandt. Natürlich ‚kenne‘ ich dieses Bild – es ist ja ein vertrautes Bild. Aber ich bin schockiert von der schieren Kraft der Regelmäßigkeit des Vertrauten: wie jeder Tisch die gleiche soziale Ordnung verkörpert, in der Form des heterosexuellen Paares. Wie ist es möglich, dass bei allem, was möglich wäre, immer wieder dieselbe Form wiederholt wird? Immer wieder? Wie schrumpft die Offenheit einer Zukunft auf so wenig in der Gegenwart?
Wir setzen uns hin. Ich schaue nach unten, mir ist bewusst, dass ich eine Lebensform verkörpere, die nicht dieselbe ist wie die, die sich entlang der

**3**

Tischreihe wiederholt, obwohl meine Partnerin und ich natürlich konform zu dieser Ordnung sind, insofern wir ein Paar sind. Allerdings die falsche Art von Paar – das muss gesagt werden. Aus der Reihe tanzen kann unangenehm sein. Dieser Fall von Unbehagen wird ermöglicht durch ein Staunen und Wundern. Anstatt das Vertraute einfach nur zu sehen, was bedeutet, dass es regelrecht aus dem Blickfeld gerät, empfand ich Verwunderung und Überraschung über die Regelmäßigkeit seiner Form. Formen, die sich wieder und wieder wiederholen, bis sie vergessen werden und einfach zu Formen des Lebens werden. Sich zu wundern heißt, sich an das Vergessen zu erinnern und die Wiederholung der Form als das ‚Formwerden' des Vertrauten zu sehen. Es ist schwer zu verstehen, warum wir ‚schockiert' sein können über das, was uns vertraut ist. (Ahmed 2006, S. 82–83, Übers. M.W.) ◄

Obwohl es sich bei Ahmed um eine **situierte und deskriptive Phänomenologie** handelt, haben diese Beschreibungen durchaus eine **transzendental philosophische Bedeutung.** Auch hier ließe sich von einem Apriori sprechen: Die jeweiligen Umstände, Diskurse und sozialen Normen bestimmen ja das Leben und damit die praktischen Möglichkeiten und den Stil der Erfahrung der Einzelnen schon vorab (bevor diese überhaupt beginnen, auf ihre Erfahrung zu reflektieren). Jedoch ist dieses Apriori nicht im klassischen Sinne transzendental, sondern **historisch veränderlich** (vgl. Allen/Aldea 2016). Hier zeigen sich Verbindungen zu Ansätzen der Genealogie, die auf Nietzsche und Foucault zurückgehen und nach den historisch-diskursiv relativen Bedingungen der Möglichkeit von Moral, Wissen und Macht fragen.

Phänomenologie als Kritik    Auch wenn nicht jede Phänomenologie explizit auf konkrete soziale Umstände und Machtstrukturen reflektiert, sollte letztlich jede Phänomenologie ihrem Anspruch und ihrer Methode nach kritisch sein, d. h. auf ihre eigene Ausgangsposition reflektieren, Abstand nehmen, und sich öffnen für andere Perspektiven. Phänomenologie hat damit bereits ein inhärentes kritisches Potential. Sie stellt eine immanente Kritik der Erfahrung dar, d. h. sie kritisiert die eigene Erfahrung, ihre Bedingungen, Einflüsse und Grenzen (vgl. Aldea 2016) Nur eine solche Kritik ermöglicht es, die Erfahrung anderer Subjekte aus deren eigener Sicht zu beschreiben (oder beschreiben zu lassen) und nachzuvollziehen (Zweite-Person-Perspektive), anstatt diese lediglich von außen (Dritte-Person-Perspektive), nach bereits feststehenden normativen Kriterien zu bewerten. Eine solche Kritik geht dabei mit der **Einsicht in die intersubjektive Dimension allen Sinns** und die unhintergehbare Transzendenz der Anderen einher. Die eigentliche Lektion der Phänomenologie ist daher, dass wir angewiesen sind auf Andere: theoretisch, um von der bloß subjektiven Perspektive zur objektiven Geltung zu gelangen; sowie praktisch, da wir sowohl in der Realisierung unserer Möglichkeiten, dem Zuschreiben und Erfahren von Bedeutung, als auch in der Ausbildung unserer Identität von anderen konkret abhängig sind. Zu zeigen, dass (a) diese existentielle Verletzlichkeit und Abhängigkeit leider auf einige mehr zutrifft als auf andere, und dass (b) einige wenige Perspektiven konkret dasjenige bestimmen was als objektiv oder normal gilt, ist Aufgabe einer kritischen Phänomenologie.

Methodische Selbstkritik bleibt dabei eine Herausforderung jeder Phänomenologie, die vorurteilslos beschreiben, das Allgemeine bestimmen und nach den Bedingungen zurückfragen will. Hierbei ist die Pluralität der Perspektiven und die intersubjektive Zusammenarbeit als Prüfstein unentbehrlich.

## 3.1.2 Postphänomenologie (Technikphilosophie)

Seit den 1980ern gibt es die sogenannte Postphänomenologie, eine Form der Technikphilosophie, die es sich zum Ziel gesetzt hat, sich wieder vermehrt der Beschreibung der Dinge, d. h. in diesem Fall von technischen Artefakten und Technologien, zu widmen (vgl. Müller 2020). Die Postphänomenologie versteht sich dabei nicht nur als eine Rückkehr zu den Dingen, sondern leitet dezidiert eine empirische Wende in der Technikphilosophie ein (Ihde 1979, 1990, 1993, 2009; Achterhuis 2001; Verbeek 2000, 2005, 2011). Die Vertreter der Postphänomenologie, die in Nordamerika sowie den Niederlanden sehr einflussreich ist, wollen sich mit der Vorsilbe ‚post‘ gegen die klassische Phänomenologie, insbesondere Heideggers Reflektionen zum Wesen der Technik, abgrenzen. Anstatt transzendentaler, metaphysischer oder allgemeiner Aussagen über Technik oder Technologie als Ganzes, zielt sie auf die Beschreibung und empirische Untersuchung einzelner Technologien, ihrer konkreten Entwicklung und Nutzung. Sie verwendet dabei phänomenologische Konzepte, wie das der Intentionalität, um die jeweiligen Mensch-Technik-Beziehungen zu beschreiben. Insbesondere Peter-Paul Verbeek vertritt dabei mit dem französischen Soziologen Bruno Latour die Überzeugung, dass Subjekt und (technisches) Objekt relationale Kategorien sind, die nicht vor, sondern nur in und durch ihre jeweilige Vermittlung bestimmt werden können. Weiterhin werden bei der Beschreibung dezidiert empirische Untersuchungen über die entsprechenden Technologien und deren Nutzung miteinbezogen. Der phänomenologisch deskriptive Ansatz wird also verknüpft und erweitert mit der (postmodernen) Netzwerktheorie Bruno Latours und dem empirisch-sozialkonstruktivistischen Ansatz der *Science and Technology Studies.*

Don Ihde, der die Bezeichnung ‚Postphänomenologie‘ geprägt hat, ist der Überzeugung, dass die klassische Phänomenologie ihrem Leitsatz ‚zu den Sachen selbst‘ nicht in geeigneter Weise nachgekommen ist, und möchte dies durch eine Postphänomenologie einlösen. Die klassische Phänomenologie übersieht dabei, welche entscheidende Rolle die Technik bzw. Technologien für die phänomenologische Beschreibung spielen: Laut Ihde ist jede Erfahrung immer schon technisch vermittelt. Zu den Sachen selbst, heißt hier also, bei konkreten (materiellen) Technologien und Artefakten zu beginnen und von da aus zu ermitteln, wie diese Dinge unsere Erfahrung, unser Weltverständnis sowie unser moralisches Urteilsvermögen vermitteln und formen (vgl. Verbeek 2011).

**Eidetik der Mensch-Technik-Relation** Trotz dieser deutlichen Abgrenzung wendet die Postphänomenologie klassisch phänomenologische Beschreibungen und Konzepte an, wie die der Leiblichkeit, des Körperschemas, der Intentionalität,

Lebenswelt, Hermeneutik, Alterität etc., um die Relation Mensch-Technik-Welt in ihren allgemeinen Strukturen zu beschreiben. Die Postphänomenologie, so könnte man sagen, wendet klassische phänomenologische Methoden an, die in den Bereich der statischen Phänomenologie oder Konstitutionsanalyse fallen. Sie nimmt dabei das jeweilige Objekt (technologisches Artefakt oder Programm) als Leitfaden (intentionales Objekt) und bestimmt die Art und Weise, wie wir auf dieses bezogen sind (intentionaler Akt), nur dass sie diese Intentionalität nicht mehr primär im Bewusstsein verortet, sondern wie Heidegger oder Merleau-Ponty allgemein als existentielle Gerichtetheit zur Welt versteht. So unterscheidet Ihde (1990) zwischen verschiedenen Technologie-Weltbeziehungen wie der *verkör-perten Relation,* der *hermeneutischen Relation* oder der *Alteritätsrelation.*

> ▶ **Beispiel – Mensch-Technik-Relationen**

>> 1. *Verkörperte Relation:* Ich sehe – durch das optische Artefakt hindurch – die Welt. Dieses Sehen ist, in wie geringem Maße auch immer, von einem direkten oder bloßen Sehen unterschieden. Diese Art von existentiell technologischer Beziehung nenne ich Verkörperungsbeziehungen. Technologien nehme ich hierbei in bestimmter Weise in mein Erleben auf, d. h. ich nehme die Welt *durch* diese Technologien wahr, z. B. *Ich-Brille-Welt.* [...] Die Technik steht hierbei zwischen dem Sehenden und dem Gesehenen, in einer Position der Vermittlung. [...] Man sieht durch die Optik hindurch. [...] Zum einen muss die Technik transparent sein. [...] Dies ist eine materielle Bedingung für Verkörperung. Auch muss das Verkörpern erlernt oder, phänomenologisch ausgedrückt, konstituiert werden. Wenn die Technologie gut ist, ist das normalerweise einfach. [...] [E]inmal erlernt, lässt sich das Verkörperungsverhältnis beschreiben als eines, in dem die Technik maximal ‚transparent‘ wird. Sie wird sozusagen in die eigene wahrnehmend-leibliche Selbsterfahrung aufgenommen: *(Ich-Brille)-Welt.*
>
> 2. *Hermeneutische Relation:* Sie lesen auf dem Thermometer, das an den Pfosten der Weinlaube genagelt ist, dass es –2 Grad ist. Sie ‚wissen‘, wie kalt es ist, fühlen es jedoch nicht selbst. [...] Stattdessen lesen Sie das Thermometer ab, und in der Unmittelbarkeit des Ablesens wissen sie, dass es kalt ist. Dasjenige, was dabei wahrnehmungsmäßig gesehen wird, ist das Zifferblatt und die Zahlen, der Thermometer-‚Text‘. [...] Beim Three-Mile-Island-Zwischenfall wurde das Kernkraftsystem etwa nur mithilfe technischer Messinstrumente beobachtet. Eine Fehlinterpretation der Instrumente verursachte dabei beinahe eine Kernschmelze. Es gab keinen direkten, unabhängigen Zugang zu dem Meiler. Dasjenige, was hier unmittelbar wahrgenommen wird, ist die Anzeigetafel. Sie wird zum Objekt der Wahrnehmung, zugleich ‚liest‘ man durch sie hindurch den Meiler. Diese Situation erfordert eine andere Formalisierung: *Ich-(Technik-Welt)*
>
> 3. *Alteritätsrelation:* Der Computer ist ein Beispiel für Technologien, mit denen wir eine Alteritätsrelation eingehen. Jedoch stellt der Computer lediglich ein Quasi-Gegenüber dar, ist aufgrund seiner genuinen Nützlichkeit primär ein Instrument zu dem wir via *interface* in einer hermeneutischen Relation stehen. Die Tendenz, eine solche Quasi-Alterität als echte Alterität aufzufassen, ist jedoch allgegenwärtig, z. B. in Romantisierungen wie der Darstellung des

gefühlsbetonten, sprechenden Computers „Hal" des Films *2001: Odyssee im Weltraum* [...] Trotzdem zeigt die Alteritätsrelation, dass Menschen sich zu Technologien wie zu einem Gegenüber verhalten können. [...] Aus diesem Grund verwenden wir eine dritte Formalisierung: *Ich → Technologie (-Welt)*. (Ihde 2014 [1990], S. 539–547, Übers. M.W.) ◄

In diesen Fällen differenziert Ihde im Anschluss an Husserl zwischen verschiedenen Qualitäten des Wahrnehmens oder Formen des Bewusstseins, wie z. B. Vordergrund- oder Hintergrundbewusstsein, Fokus- oder Horizontbewusstsein. Technologische Vermittlung ist demnach mehr oder weniger transparent oder opak, das technische Objekt kann dabei entweder ein Quasi-Gegenüber sein – wie etwa ein humanoider Roboter – und als solches bewusst, oder aber beinahe vollständig inkorporiert werden – wie eine Virtual Reality-Brille – und so Teil unseres gelebten und aktiven Leibseins bzw. Körperschemas sein, mit und durch das wir in der Welt unmittelbar wahrnehmen und agieren. Hier verweisen Ihde und andere Postphänomenolog:innen oft auf Merleau-Pontys Beschreibung der Gewöhnung und der Erweiterung des Körperschemas.

▶ **Beispiel – Technische Erweiterungen des Körperschemas**

» Eine Frau hält ohne jede Berechnung zwischen der Feder ihres Hutes und Gegenständen, die sie zerknicken könnten, einen Sicherheitsabstand ein, sie hat es im Gefühl, wo die Feder ist, wie wir fühlen, wo unsere Hand ist. Habe ich die Gewohnheit, einen Wagen zu führen, so sehe ich, in einen Durchgang einfahrend, daß ‚ich vorbei kann', ohne erst die Breite des Weges mit dem Abstand meiner Kotflügel vergleichen zu müssen, so wie ich eine Tür durchschreite, ohne deren Breite mit der meines Körpers zu vergleichen. Hut und Automobil sind hier nicht mehr Gegenstände, deren Größe und Volumen sich durch Vergleich mit anderen Gegenständen bestimmte. Sie sind zu voluminösen Vermögen geworden, zum Erfordernis eines bestimmten Spielraumes. [...]
Der Stock des Blinden ist für ihn kein Gegenstand mehr, er ist für sich selbst nicht mehr wahrgenommen, sein Ende ist zu einer Sinneszone geworden, er vergrößert Umfänglichkeit und Reichweite des Berührens, ist zu einem Analogon des Blickes geworden. [...] Die Lage der Gegenstände ist ihm unmittelbar durch die Weite der sie erreichenden Geste gegeben, die über das Ausdehnungsvermögen des Armes hinaus die Reichweite des Stockes mitumfasst. Will ich mich an einen Spazierstock gewöhnen, so versuche ich ihn, berühre Gegenstände mit ihm, und nach einiger Zeit habe ich ihn dann ‚in der Hand', sehe ich welche Gegenstände ‚in Reichweite' meines Stockes sind und welche nicht. [...]
Sich an einen Hut, an ein Automobil oder einen Stock gewöhnen heißt, sich ihn ihm einrichten, oder umgekehrt, sie an der Voluminosität des eigenen Leibes teilhaben zu lassen. Die Gewohnheit ist der Ausdruck unseres Vermögens, unser Sein zur Welt zu erweitern oder unsere Existenz durch Einbeziehung neuer Werkzeuge in sie zu verwandeln. (Merleau-Ponty 1966, S. 172–173) ◄

**Hybride Form der Intentionalität**  Peter-Paul Verbeek (2008) beschreibt daneben noch weitere Formen des Mensch-Technologie-Welt-Verhältnisses, z. B. die hybride Form der Intentionalität. Hierbei werden Technologien nicht nur inkorporiert, sondern verschmelzen sprichwörtlich mit unserem organischen Körper, sodass sie von diesem nicht mehr unterschieden werden können. Dies ist etwa der Fall bei implantierten Sehhilfen, Herzschrittmachern oder internetfähigen Chips. Genaugenommen, so könnte man hier einwenden, handelt es sich dabei nicht um eine neue Form der Intentionalität (als Modus der Gerichtetheit), sondern vielmehr abhängig von der Technologie, um eine Veränderung dieser Gerichtetheit selbst (die mehrere Modi, wie z. B. Wahrnehmung, Erinnerung, Denken, Vorstellen etc. beeinflussen kann und damit die gesamte Weise der Existenz). Des Weiteren spricht Verbeek von einer **zusammengesetzten Intentionalität,** die eintritt, wenn menschliche Wahrnehmungen und Handlungen mit bestimmten Technologien kombiniert werden. Auch hier wäre es deskriptiv genauer von einer erweiterten Intentionalität zu sprechen, da sich nicht die Gerichtetheit an sich ändert, sondern deren Qualität und Reichweite. Helena de Preester argumentiert in diesem Zusammenhang, dass es sinnvoll ist, zwischen Technologien zu unterscheiden, die den Körper lediglich erweitern, aber diesem äußerlich bleiben, wie z. B. eine Beinprothese, und der Inkorporierung von technischen Objekten in den Körper, wie z. B. bei einem Herzschrittmacher (De Preester 2011).

Im Internetzeitalter wird es dabei zunehmend schwieriger, Technik überhaupt in der Form von Dingen bzw. technischen Artefakten zu thematisieren, d. h. Technologien und Virtualität als separate Dinge oder Seinsbereiche zu betrachten. Vielmehr sind digitale Technologien beinahe vollständig in unsere alltäglichen Aktivitäten integriert. In der Tat könnte man sagen, diese digitale Infrastruktur formt und konstituiert, was Husserl die Lebenswelt nennt: die unmittelbare, praktische und unhinterfragte Sphäre unseres täglichen Lebens. Intelligente Geräte und Umgebungen konstituieren somit eine hochgradig personalisierte Domäne der Realität; eine Domäne, die nicht getrennt von oder lediglich neben einer materiellen oder ‚realen' Realität existiert, sondern dynamisch in den Zusammenhalt der eigenen Lebenswelt und persönlichen Identität integriert ist (vgl. De Mul 2010; Durt 2020).

Smarte Technologien wie ICT'S *(Internet Communication Technologies)* oder das ‚Internet der Dinge' *(Internet of Things),* die auf der Basis von selbstlernenden Algorithmen operieren, präsentieren und kommunizieren nicht nur Informationen, sondern handeln und entscheiden für uns. Daher kann dieses digitale Netzwerk nicht länger als Zusammensetzung bloßer Dinge oder technologischer Werkzeuge betrachtet werden. Vielmehr gestalten diese miteinander kommunizierenden Dinge und smarten Umgebungen unsere Erfahrungen gänzlich neu. Sie navigieren uns durch unsere Umgebung, lenken unsere Aufmerksamkeit, selektieren Informationen auf der Basis unseres vergangenen Nutzerverhaltens, generieren Erwartungen und prägen damit schlussendlich unsere

Wahrnehmung, Emotionen, unser Verhalten und unsere Überzeugungen gleichermaßen.

**Neue Forschungsfragen** Vor dem Hintergrund dieser neuen technologischen Erfahrungsbedingungen ergeben sich neue Forschungsfragen. Auf welche Weise wird die Realität durch das Virtuelle erweitert, ergänzt, vermischt oder gar ersetzt? Auf welcher Ebene ist der Einfluss smarter Technologien auf unser Erleben am stärksten ausgeprägt? Formen personalisierte Algorithmen lediglich unsere bewussten Überzeugungen, Meinungen und Vorlieben oder auch zunehmend unsere alltäglichen Handlungen und Gewohnheiten? Werden personalisierte smarte Umgebungen die Art und Weise, wie wir zeitlich und räumlich wahrnehmen, assoziieren, antizipieren oder lernen, generell verändern?

Diese Fragen fordern eine Berücksichtigung von typisch genetisch-phänomenologischen Themen wie Zeitlichkeit, Assoziation, oder Gewohnheit, die untersuchen, wie Kohärenz, Identität, Evidenz und Bedeutung, d. h. eine ‚sinnvolle Welt‘, für uns in und durch Erfahrung überhaupt entsteht. Solche genetischen Themen wurden von der Postphänomenologie bisher nur vereinzelt aufgegriffen (vgl. Rosenberger 2013), obwohl diese für die geforderte dynamische Verbindung von Subjekt und Objekt maßgeblich sind. Die Beschreibung und Analyse einer zunehmend digital-technologischen Lebenswelt und ihre Auswirkungen auf das erfahrende Subjekt, scheint dabei eine logische Weiterentwicklung der phänomenologischen Technikphilosophie. Hier kann nicht nur an Heideggers Zeitanalysen und Merleau-Pontys Untersuchungen zur situierten Räumlichkeit, des Körperschemas und des habituellen Leibes angeknüpft werden, sondern ebenfalls an Husserls Analyse des inneren Zeitbewusstseins, seiner Beschreibung der Aufmerksamkeit und Normalität, Habitualität und Typenbildung sowie zu verschiedenen Formen der Intersubjektivität.

Sozialphänomenologische Perspektiven, wie Alfred Schütz' Beschreibung der sozialen Strukturen der Lebenswelt, könnten hierbei ebenfalls hilfreich sein, etwa um zu untersuchen, wie sich generative und sozial geteilte Praktiken, Gewohnheiten und Wissensvorräte ausbilden (Luckmann/Schütz 2020; vgl. de Boer 2021). Und mithilfe von Hannah Arendts politischer Phänomenologie, genauer ihrer Unterscheidung zwischen privatem und politisch-öffentlichen Bereich (1960), ließe sich weiterhin die Rolle von sozialen Medien analysieren, z. B. gegenwärtige Probleme wie Hassrede oder Postfaktizität (vgl. Behrendt/Loh/Matzner/ Misselhorn 2019).

Eine genetische, generative oder soziale Phänomenologie, die sich auf die zeitlichen und assoziativen Synthesen, den Erwerb von Gewohnheiten und typischen Überzeugungen konzentriert, kann helfen zu verstehen, wie und warum wir dazu kommen, etwas als real oder illusorisch, normal oder nicht normal zu erleben, und wie dies durch smarte Technologien beeinflusst werden könnte. Die genetische Phänomenologie weist dabei darauf hin, dass unser Sinn für Realität und Normalität zerbrechlich ist und eine ständige Aktualisierung, Prüfung oder sogar Widerstand durch die äußere Welt und die Erfahrungen anderer benötigt. Während wir in der analogen Welt mit Erfahrungen konfrontiert werden, die von unseren Erwartungen abweichen, uns überraschen oder irritieren, neigen smarte Umgebungen dazu, diese korrigierende Funktion auszulöschen, indem sie die Welt in eine maßgeschneiderte Komfortzone verwandeln. Was bedeutet es für unseren Glauben an die Realität, wenn unsere Gewohnheiten und Überzeugungen nicht mehr von der Außenwelt oder anderen (nicht gleichgesinnten) Subjekten angefochten werden? Was passiert mit unseren Entwicklungsmöglichkeiten, wenn wir nur noch mit Informationen konfrontiert werden, die zu unseren bisherigen Präferenzen passen, diese bestätigen und damit konservieren?

**Rückkehr der transzendentalen Fragestellung?**    Um solche Fragen beantworten zu können, braucht es eine Phänomenologie, die sich Gedanken macht über die Bedingungen und Möglichkeiten der eigenen technologischen Lebenswelt. Aktuelle Stimmen der Technikphilosophie plädieren hierbei auch für eine Wiedereinführung der transzendentalen Fragestellung in die Technikphilosophie. Nun, da digitale Technik notwendiger und selbstverständlicher Teil unseres Alltags geworden ist, wird diese selbst zu einer Bedingung der Möglichkeit von Erfahrung; d. h. sie wird notwendig, um Zugang zur Welt zu erhalten. Welt bedeutet dabei, wie z. B. in den Pandemie-Jahren 2020/21 schmerzlich deutlich wurde, nicht mehr nur die analoge Welt, sondern auch digitale Informationen, Kommunikation und virtuelle Erfahrungsräume. Hiermit verliert die digitale Technologie den Charakter eines Werkzeuges oder Dinges über dessen Einsatz wir selbst entscheiden und dessen Nutzung wir kontrollieren können. Sie wird vielmehr zu einer Bedingung (zumindest mancher) Erfahrung selbst mit eigenen Organisationsformen und Regeln, die aber selbst nicht mehr direkt erfahrbar sind. Hierauf hatte Heidegger in seinem Aufsatz zur Frage der Technik (Heidegger 2000 [1953]) hingewiesen, als er das Wesen der Technik nicht als Instrument, sondern als eine Art der Entbergung, d. h. des Zugangs zur Wirklichkeit beschrieb.

Die transzendentale Frage bekommt so, nach Jahren der Kritik an ihrem absoluten, zu abstrakten und technikfeindlichen Charakter (repräsentiert durch Heideggers Technikkritik) wieder einen Platz in der (post-)phänomenologisch geprägten Technikphilosophie. Dies bedeutet konkret, dass Technik nicht nur in Form von tatsächlichen Gebrauchsdingen in der Welt verstanden wird, sondern eben auch als – wenn auch nur historisch kontingente – Bedingung der Möglichkeit von Erfahrung. Nach einer langen Phase, in der Forschende sich auf die deskriptive und empirische Microanalyse einzelner Technologien beschränkten, wagt man es wieder, über Technologie ‚mit einem großen T.‘ zu sprechen (vgl. Lemmens 2021). Auf die Rolle der digitalisierten Technik als Ganzes zu reflektieren ist dabei vor allem im Hinblick globaler Probleme des Anthropozäns (Bezeichnung für eine geochronologische Epoche, in welcher der Mensch den größten Einfluss auf geologische, biologische und atmosphärische Prozesse hat), wie Klimawandel, Artensterben, globale Konflikte und Wirtschaftskrisen, wieder notwendiger denn je. Welche Rolle spielt die digitaltechnologische Infrastruktur für die Ursache, den Verlauf und die mögliche Antwort auf solche Krisen, und wie verändert dasjenige, was wir selbst erschaffen, wiederum unser Denken und Handeln oder gar das Wesen des Menschseins selbst?

Dabei sollte man jedoch nicht vergessen, dass Technik damals wie heute, nicht die einzige oder gar wichtigste transzendentale Bedingung für die Möglichkeit der Bedingung der Erfahrung ist. Nicht Technik allein bestimmt, was und wie wir erfahren, sondern auch hier sind die anderen Bedingungen zu berücksichtigen: natürliche, biologische, materielle, sprachliche, kulturelle, soziale und normative Aspekte gleichermaßen. Hierbei sollte man gerade die Interrelationen dieser Bereiche ins Blickfeld rücken. Anstatt also Technik oder Technologie zu verabsolutieren, ist es phänomenologisch geboten, zunächst konkret unsere Situierung mit, durch und in Technologie zu beschreiben, um dann in aller Vorsicht allgemeine oder gar transzendentale Bestimmungen vorzunehmen. Hierbei könnte eine Kooperation von Postphänomenologie und den verschiedenen Ausformungen der kritischen Phänomenologie hilfreich sein, genauso wie ein Dialog der Phänomenologie allgemein mit dem *Technofeminism* (vgl. Wajcman 2004).

**❓ Aufgaben**

1. Was könnten relevante und geeignete Themen ('Sachen') einer konkreten Phänomenologie heute sein? Überlegen Sie in Gruppen betreffende Themen und versuchen Sie eine erste deskriptive Annäherung. Orientieren Sie sich dabei an bereits bekannten phänomenologischen Unterscheidungen oder Konzepten.

2. Steht eine konkrete Phänomenologie im Gegensatz zu einer eidetischen oder transzendentalen Phänomenologie oder ist sie auf diese angewiesen? Sammeln Sie Argumente dafür und dagegen und diskutieren Sie dies anhand eines Beispiels in 3.1 mit Mitstudierenden.

3. Wie kommt man von der Beschreibung (deskriptive Ebene) zur Kritik oder Evaluation (normative Ebene)? Wie hängen beide Ebenen in der kritischen Phänomenologie zusammen? Unterscheiden Sie deskriptive und normative Elemente anhand von Beispielen und diskutieren sie deren Relation und mögliche methodische Probleme.

4. Glossarium: Welche neuen deskriptiven Unterscheidungen, Begriffe oder Konzepte führen konkrete Phänomenologien ein? Sammeln Sie alle Begriffe, die eine Erweiterung, Veränderung oder Kritik klassischer phänomenologischer Konzepte enthalten. Definieren Sie diese anhand des Textes und weiterer Quellen und fügen Sie sie dem Glossarium hinzu. (Tipp: Dieses Glossar kann gemeinsam mit anderen Kommiliton:innen erstellt werden.)

5. Denken Sie über neue Begriffe und Unterscheidungen nach, die in Bezug auf gegenwärtige Themen und Debatten relevant sein können.

## 3.2 Phänomenologie interdisziplinär

Phänomenologie als Methode und philosophische Strömung zeichnet sich von Beginn an durch ihre Interdisziplinarität aus. Interdisziplinär meint in diesem Kontext, dass die philosophische Arbeit empirische Experimente, Resultate und Fallstudien kritisch analysiert oder in ihre eigene Beschreibung integriert. So ein interdisziplinärer Austausch fand (und findet) besonders mit der Psychologie, Psychiatrie und den Neurowissenschaften statt. Schon die Entwicklung der Phänomenologie bei Husserl ist ohne die kritische Auseinandersetzung mit der Psychologie, in Form von Husserls Lehrer, dem Psychologen Frantz Brentano und anderer Vertreter der theoretischen und empirischen Psychologie seiner Zeit, undenkbar. Darüber hinaus suchen Phänomenolog:innen seit jeher die Auseinandersetzung mit pathologischen Fällen im Bereich der Psychiatrie oder Neurologie, um normale, gelebte Erfahrungen zu konkretisieren und zu problematisieren.

Berühmt ist etwa Merleau-Pontys (1966) Auseinandersetzung mit bekannten Fällen aus der Geschichte der Psychologie und Neurologie sowie mit bestimmten Phänomenen, wie dem Phantom-Gliedmaßen-Syndrom, der Synästhesie oder Halluzinationen.

Konzept des Körperschemas    Ein Konzept der damaligen Psychologie, das hierbei eine besonders zentrale Rolle spielt, ist das des **Körperschemas** (vgl. Goldstein/Gelb 1918). Das Konzept des Körperschemas soll das Phänomen erklären, warum uns unser Körper, seine Lage und Position unmittelbar gegeben sind. So muss ich meine Lage oder Position im Raum nicht erst explizit bestimmen oder einzelne Körperteile als solche identifizieren, bevor ich diese benutze. Meinen gelebten Körper oder Leib habe ich „inne in einem unteilbaren Besitz, und die Lage eines jeden meiner Glieder weiß ich durch ein sie allumfassendes Körperschema" (Merleau-Ponty 1966, S. 123). Jedoch, so betont Merleau-Ponty, ist diese Einheit nicht das „Ergebnis im Laufe der Erfahrung hergestellter Assoziationen", wie es die Psychologie seiner Zeit definiert, sondern vielmehr „als Gesamtbewußtsein meiner Stellung in der intersensorischen Welt" anzusehen (S. 125). Das Körperschema ist demnach eine ganzheitliche Organisationsform, die unsere Umwelt mitumfasst. Aufgrund des Körperschemas haben wir nicht nur ein unmittelbares ,Wissen' über unsere Größe, Lage und Position, sondern es beinhaltet auch unsere Gewohnheiten, Fähigkeiten und Möglichkeiten mit Bezug auf unsere Umwelt. Wir wissen z. B., ob wir durch eine bestimmte Tür passen, ob wir einen bestimmten Gegenstand hochheben können, wie wir uns in einer bestimmten Situation bewegen oder verhalten sollen. Solch praktisches Wissen hat buchstäblich seinen Ort in unserem Körper; es ist nicht thematisch als solches, sondern wird automatisch in der Situation abgerufen.

Dies bedeutet nicht nur, dass der Körper mehr ist als die Summe seiner Teile, sondern zeigt, dass die Einheit des Körpers auch seine gemachten Erfahrungen und Vermögen umfasst. Weiterhin umfasst das Körperschema nicht nur unsere vergangenen oder aktuellen Erfahrungen. Vielmehr scheint es die Grenzen zu sprengen von

- Innen und Außen (indem es auf die Umwelt bezogen ist und diese umfasst), von
- Subjekt und Objekt (indem andere Dinge in das Körperschema integriert werden können, wie der Stock des Blinden im Beispiel 3.1.2) sowie
- zwischen Vergangenheit und Zukunft (in der aktuellen Bewegung setzt der Leib bereits erworbene Fähigkeiten ein, die wiederum in die Zukunft hineinreichen).

Dies macht Merleau-Ponty u. a. daran deutlich, dass beim Phänomen des Phantomgliedes das praktische Feld und die Gewohnheiten des verlorenen Gliedes noch irgendwie präsent sind – und zwar nicht als explizite Erinnerungen oder als fehlerhaftes Urteil (wie dies die Psychologie seinerzeit annahm). Auch kann dies nicht durch physiologische Nervenreize des Stumpfes erklärt werden, da diese nicht hinreichend sind, damit ein Phantomglied auftritt (z. B. kann dies gar nicht oder erst im Zusammenhang mit einer psychologischen Stresssituation auftreten).

Die Einheit des Körperschemas ist nicht statisch oder vorgegeben, sondern muss sich ständig in der Erfahrung aktualisieren und wird dabei angereichert durch neue Erfahrungen und praktische Vermögen. Dies kann jedoch, wie im Fall des Phantomgliedes ersichtlich wurde, auch misslingen oder seine Zeit brauchen: „dann bleibt das Subjekt, wenn schon nicht in seinem expliziten Denken, so doch in seinem wirklichen Sein, auf jene unmögliche Zukunft hin geöffnet" (Merleau-Ponty 1966, S. 107). Das Körperschema in der phänomenologischen Definition von Merleau-Ponty ist also weder die Summe aktueller Informationen über den Körper noch eine Art interne globale Repräsentation des Körpers. Vielmehr weist es über seinen aktuellen Zustand und seine materiellen Grenzen hinaus. Das Körperschema ist damit „letztlich nur ein anderes Wort für das Zur-Welt-sein meines Leibes" (S. 126).

Interdisziplinäre Anwendung   Die phänomenologische Beschreibung leiblicher Erfahrung aus der Perspektive der ersten oder zweiten Person erweist sich dabei in vielen interdisziplinären Untersuchungen zu Pathologien und Krankheiten als aufschlussreich. Hierbei werden etwa Veränderungen der Leiblichkeit untersucht mit Bezug auf (a) das Körperschema als dem operativ (nicht-thematischen) leiblichen Zur-Welt-sein oder (b) das *Körperbild* – in welchem wir unseren Körper als Objekt ‚haben', also diesen wahrnehmen, vorstellen oder beurteilen. Zwar hängen beide Formen des leiblichen Selbstbewusstseins eng miteinander zusammen, wie bereits Husserl hervorgehoben hatte, jedoch ist die deskriptive Unterscheidung beider Ebenen hilfreich, um die Effekte, z. B. einer Krankheit, auf die leibliche Erfahrung von Subjekten zu beschreiben. Fragen wir nach dem Körperschema, fragen wir, wie die Art und Weise sich verändert, wie wir mit und durch unseren Leib die Welt erfahren. Dies kann sich etwa darin äußern, dass wir die Geschehnisse um uns herum als zu langsam, zu schnell, oder gar bedrohlich empfinden und manche Dinge sich nun als Hindernisse darstellen. Fragen wir nach dem Körperbild, fragen wir danach, wie wir unseren Leib als Körper, d. h. in seiner nun veränderten Körperlichkeit wahrnehmen, beurteilen oder welche Gefühle wir

3

mit diesem verbinden. Bei den Veränderungen des Körperbildes spielen unsere Mitsubjekte, soziale Normen und Erwartungen eine noch größere Rolle. Inwiefern fühle ich mich beobachtet, gilt mein Körper als zu langsam, abweichend, ‚behindert‘, und ich als nicht normal? Inwiefern macht mich dies unsicher und hindert es mich daran, am sozialen Leben teilzunehmen?

Bei manchen Pathologien, wie z. B. der Deafferenzierung (s. den Fall Ian Waterman, Gallagher und Cole 1995), bei denen eine Person z. B. nach einer Vergiftung die propriozeptive Empfindung ihres Körpers vom Nacken abwärts verliert, fallen etwa die operativen Funktionen des Körperschemas fast komplett aus. Koordinierte Bewegung ist nicht mehr möglich, da die unmittelbare Rückkoppelung des Leibes fehlt (mit Husserl gesprochen: die kinästhetischen Empfindungen). Die Person lernt nur durch die Hilfe der expliziten visuellen Wahrnehmung des eigenen Körpers langsam und umständlich wieder das Laufen. Hier muss also über den Umweg des Körperbildes wieder eine Verbindung hergestellt werden mit Bewegungsintentionen einerseits und ausgeführten Bewegungen andererseits.

> **▶ Beispiel – Pathologie des Körperschemas: Der Fall Ian Waterman**

>> IW leidet an einer akuten sensorischen Neuropathie, bei der große Fasern unterhalb des Halses durch Krankheit zerstört wurden. Infolgedessen hat IW keine propriozeptive Funktion und keinen Tastsinn unterhalb des Halses. Er ist immer noch in der Lage, sich zu bewegen, und er spürt Wärme, Kälte, Schmerzen und Muskelermüdung, aber er hat keinen propriozeptiven Sinn für die Körperhaltung oder die Position der Gliedmaßen.[...] Um seine Haltung aufrechtzuerhalten und seine Bewegungen zu kontrollieren, muss IW Teile seines Körpers in seinem Gesichtsfeld behalten, aber auch Bewegungen konzeptuell erfassen. Ohne propriozeptive und taktile Informationen weiß er weder, wo seine Gliedmaßen sind, noch kann er seine Körperhaltung steuern. Dies ist nur möglich, wenn er die bewegenden Körperteile sieht und damit thematisch macht. Die Aufrechterhaltung der Körperhaltung ist für ihn daher kein automatischer Prozess, seine Bewegungen erfordern ständige visuelle und mentale Konzentration. [...] In der Dunkelheit ist er nicht in der Lage, Bewegungen zu kontrollieren. [...] IW hat durch Versuch und Irrtum gelernt, ein Ei aufzuheben und zu halten, ohne es zu zerbrechen. Wenn sich jedoch seine Aufmerksamkeit auf eine andere Aufgabe richtet, während er das Ei hält, zerdrückt er das Ei ungewollt. [...]

In Bezug auf die Unterscheidung zwischen Körperbild und Schema, lässt sich festhalten, dass die wichtigsten funktionellen Aspekte seines Körperschemas und damit der normalerweise unbeaufsichtigten Bewegung entfallen. Er ist gezwungen, dies zu kompensieren, indem er sich auf sein Körperbild verlässt (das sich hierdurch in relevanter Weise in Bezug auf den Gebrauch und die Differenziertheit von dem Körperbild ‚normaler‘ Subjekte unterscheidet). Bewegungsprozesse, die sonst habituell und ohne explizites Bewusstsein ablaufen, steuert IW anhand des visuellen Bewusstseins für die Position seines Körpers. (Gallagher und Cole 1995, S. 374–376, Übers. M.W.) ◀

Die begriffliche Unterscheidung zwischen Körperbild und Körperschema ist für die Analyse dieses Falles hilfreich, da sich die motorischen Schwierigkeiten von Ian Waterman hiermit beschreiben und einordnen lassen. Im Gegenzug wirft der Fall von Ian Waterman laut Shaun Gallagher ein Licht auf normale und anormale Beziehungen zwischen Körperbild und Körperschema. Da Ian Watermans Bewegungen eher durch bewusste Aufmerksamkeit als durch ein vorpersönliches Körperschema gesteuert werden, weisen sie auf ein außergewöhnliches, vielleicht einmalig hohes Maß an intentionaler und persönlicher Kontrolle hin. Sie zeigen jedoch auch eine Reihe von Einschränkungen, z. B. haben die Bewegungen keine ganzheitliche und flüssige Struktur und die erfahrungsmäßige Integration mit der umgebenden Welt vollzieht sich nicht unmittelbar.

**Leib- und Körperbewusstsein** Auch bei anderen Pathologien, wie etwa Essstörungen, scheinen Änderungen oder Probleme mit dem Körperbild im Vordergrund zu stehen. Patient:innen sind hierbei sehr mit ihrem äußeren Erscheinungsbild beschäftigt und scheinen dies oft subjektiv verzerrt (im Vergleich zur Wahrnehmung anderer oder objektiver Einschätzung) wahrzunehmen (vgl. Rosen 1990). Phänomenologisch inspirierte Untersuchungen weisen jedoch darauf hin, dass es sich hier vielmehr, um eine mangelnde Verbindung von Leib- und Körperbewusstsein handelt. In einem ‚Fremde-Hand-Experiment‘ *(Alien-Hand-Experiment)* stellte sich etwa heraus, dass bulimische Personen eher eine Dissonanz zwischen dem leiblichen Erleben und der Wahrnehmung ihres Körpers tolerieren als Proband:innen, die nicht an einer Essstörung leiden. Bei dem ‚Fremde-Hand-Experiment‘ befinden sich die Hände der Subjekte in einer eigens konstruierten Box, die Hände sind dabei nicht direkt einsehbar, sondern werden gespiegelt wiedergegeben. Die phänomenologische Unterscheidung von Körperschema und -bild, sowie verschiedener Stufen von Handlungsfähigkeit *(agency)*, wurden hierbei zur Auswahl des Aufbaus sowie zur Interpretation der Studie herangezogen. Die teilnehmenden Subjekte (Frauen und Männer, mit und ohne Essstörungen) wurden in offener Weise nach ihren Erfahrungen beim Experiment gefragt. Die Aussagen wurden dann nach den obigen phänomenologischen Kategorien sortiert und interpretiert.

Wenn die Bulimiker:innen nun Armbewegungen ihres vermeintlichen Armes zu sehen bekamen, die sie selbst weder initiiert noch ausgeführt hatten – also in Wirklichkeit zur fremden Hand gehörten – stellten sie nicht so sehr die Richtigkeit des Gesehenen oder die Umstände infrage (ist das Gespiegelte falsch, handelt es sich hierbei um einen Trick), sondern vielmehr ihre eigenen Bewegungsintentionen (Sørensen 2005). Eine Probandin drückt ihre Erfahrung dabei so aus: „Die Hand machte einfach weiter, aber es war, als wären wir zwei Kreaturen: Da war die Hand, die tat, was ihr gefiel, und da war ich, der ihr einfach nur sprachlos zusah" (zit. und übers. aus: Sørensen 2005, S. 80). Dies deutet darauf hin, dass eine Dissonanz zwischen Leib und Körper für diese Subjekte durchaus normal war (ansonsten würde diese Erfahrung sofort als Trick abgetan) und eng mit einem Gefühl des Verlusts der Handlungsfähigkeit einhergeht.

**3**

## Zur Vertiefung

### Leibliches Spüren und neue Phänomenologie

Neben dem Unterschied zwischen dem Leib als Subjekt der Wahrnehmung (von Welt, Dingen) und dem Körper als Objekt der Wahrnehmung, gibt es in der Phänomenologie noch Ansätze, die versuchen, eine **nicht-objekthafte leibliche Selbsterfahrung** zu beschreiben. Gegenwärtig argumentiert etwa Dorothee Legrand für einen integrativen Ansatz, der graduell verschiedene Formen von leiblichem Selbst- und Weltbewusstsein verbindet: beginnend mit einer prä-objektiven und impliziten Leiberfahrung, die sich inhaltlich sowohl von der Erfahrung der Welt (intentionale Gerichtetheit auf Etwas) als auch von der Erfahrung des eigenen Leibes als wahrgenommener Körper unterscheidet. Sie beschreibt dies als eine vage Hintergrunderfahrung der Ausgedehntheit oder Voluminösität des eigenen Leibes (Legrand 2011). Historisch vertrat Michel Henry eine Theorie der absoluten Subjektivität, in welcher die Selbst-Affektion des Leibes bzw. lebendiger Wesen einen transzendentalen Status erhält (Henry 1963, 1965).

In Deutschland betonte Herrmann Schmitz (vgl. 1965–1978) in seiner neuen Phänomenologie die **Ebene des leiblichen Spürens,** die primär ist gegenüber der Wahrnehmung mit den fünf Sinnen (Sehen, Tasten, Hören, Riechen, Schmecken). Dieses leibliche Spüren beschreibt Schmitz als ein Wechselspiel zwischen Enge und Weite, das jeweils mit Erlebnissen der Spannung und Schwellung verbunden ist. Paradigmatisch für ein solches Wechselspiel ist das Ein- und Ausatmen. Innerleibliches Spüren meint damit nicht, dass es sich hier um eine irgendwie isolierte Eigenheitssphäre handelt. Vielmehr wird Leiblichkeit hier als Resonanzboden gedacht, d. h. sie hört nicht bei den Grenzen des Körpers auf, sondern überschreitet diesen nach außen in Bewegungen und im Blick, zugleich nimmt sie dabei Äußeres regelrecht in sich auf, in der sogenannten Einleibung, wie z. B. Blicke, Gesten, Stimmungen, Atmosphären, Gefühle (Schmitz 1990, S. 116). Der phänomenologische Ansatz von Schmitz wird u. a. angewandt in der Phänomenologie der Gefühle (Nörenberg 2020; Landweer/Demmerling 2007; Andermann/Eberlein 2011), der feministischen Phänomenologie (Landweer/Marcinski 2016), Soziologie (Gugutzer 2002, 2012) sowie in interdisziplinären Studien zur Anorexie (vgl. Marcinski 2020). Auch in der neuen Phänomenologie wird versucht, ausgehend von konkreter Beschreibung (der eigenen Erfahrung genauso wie anhand von Fallbeispielen, Personenberichten oder Literaturbeispielen) allgemeine Strukturen leiblichen Spürens zu identifizieren, die jeweils typisch sind für bestimmte Gefühle, wie z. B. Scham oder Schuldgefühl, oder sich jeweils bei Essstörungen oder spezifischen Krankheiten auf typische Weise verändern.

Phänomenologie der Krankheit und leiblicher Zweifel Die wechselseitige Verbindung von operativem Leib- und thematischem Körperbewusstsein spielt auch eine Rolle in der phänomenologischen Beschreibung von Krankheit. Wenn aufgrund einer Krankheit oder eines Unfalls etwa die unmittelbare *Zuhandenheit* der Dinge, wie Heidegger (1977 [1927]) dies bezeichnete, verloren geht, verwandeln sich früher alltägliche Aufgaben und Dinge auf einmal in allgemeine, mich persönlich nicht mehr betreffende Möglichkeiten. In dieser Erfahrung des ‚Ich-kann-nicht (mehr)' (z. B. Treppensteigen) wird der Leib, mit dem wir zur Welt sind, als Körper explizit zum Thema, als objektiver, materieller und verletzbarer Körper, den ich als Teil einer allgemeinen und unpersönlichen Natur nur unzureichend verstehen und kontrollieren kann.

So kann sich das Körperschema oder selbstverständliche Leibsein durch eine schwere chronische Lungenkrankheit derart verändern, dass dies zu einem Verlust des Vertrauens in die eigenen Fähigkeiten führt, einem leiblichen Zweifel, wie Havi Carel (2016) dies nennt. Dies führt wiederum dazu, dass wir gezwungen werden, unseren Körper konstant zum Thema zu machen. Die erzwungene Aufmerksamkeit auf den eigenen Körper (als Objekt) ist somit gepaart mit dem Verlust des selbstverständlichen Agierens in der Welt. Havi Carel beschreibt dabei in ihrer *Phenomenology of Illness* (Carel 2016) wie ein solcher Verlust von Gewohnheit und Selbstverständlichkeit einhergeht mit der Entfremdung vom eigenen Körper. Der Leib ist hier nicht mehr ein im Hintergrund bleibendes Vehikel zur Welt, das allzeit zur Verfügung steht, sondern wird als ungewohnt oder gar unheimlich erfahren (vgl. Leder 1990; Svenaeus 2000; Toombs 1987, Slatman 2014). Carel tut dies theoretisch unter Rückgriff auf phänomenologische Begrifflichkeiten (Husserl, Merleau-Ponty, Heidegger, Sartre etc.), aber auch konkret beschreibend, anhand ihrer eigenen Erfahrung als Patientin mit einer dauerhaft atemwegsverengenden Lungenerkrankung.

> ▶ **Beispiel – Eine Phänomenologie der Atemnot**

» Gefangen. So fühlt sich Kurzatmigkeit an. Gefangen im Netz der Ungewissheit, der körperlichen Zweifel, der praktischen Hindernisse und der Angst. Die tiefste Angst, die man sich vorstellen kann. Die Angst zu ersticken, nicht atmen zu können, die Angst zu kollabieren, entsättigt bis hin zum Atemstillstand. [...] Vielleicht waren Sie noch nie so atemlos. Also nein, es ist nicht so, wie zum Bus zu rennen; es ist nicht so, wie in großer Höhe zu wandern; es ist eher so, wie ich mir das Sterben vorstelle. [...] Die Luft strömt ein und aus, aber die verringerte Oberfläche der Lunge bedeutet, dass der Sauerstoff nicht schnell genug einströmt und das $CO_2$ nicht schnell genug abtransportiert wird. Dies führt zu dem schlimmsten Gefühl, das ich je empfunden habe. Eines, das sehr schwer zu beschreiben ist, es sei denn, man hat viel zu lange die Luft angehalten und das Gefühl, dass die Brust gleich explodiert [...].
Was ist die Phänomenologie dieser totalen Empfindung? Wie beim Schmerz kann man es unter keinen Umständen ignorieren. [...] Die psychologische Wirkung ist enorm. Das Gefühl des leiblichen Zweifels und der Unsicherheit

führt zu […] Verzweiflung, Ängstlichkeit, Beklemmung, Depression, Verlust der Hoffnung. […] Die Welt schrumpft und wird feindlich. Die Handlungsmöglichkeiten, die mit den Gegenständen in der Umwelt verbunden waren, verschwinden. Ein Fahrrad ist keine Einladung mehr für einen Nachmittag an der frischen Luft und in Freiheit. Es ist ein Relikt vergangener Tage. Die Wanderschuhe stehen jetzt bleiern im Schrank. Sie sind nicht mehr ‚etwas, das man beim Wandern trägt'. […] Die Körperlichkeit jeder Aktion muss kalkuliert, überlegt, an die Grenzen des Körpers angepasst werden […]. Einkäufe müssen nach ihrem Gewicht beurteilt werden: ein halber Liter Milch: ja; 2 L: nein. […] Ein Spaziergang an einem schönen Sommertag? Kommt auf die Steigung der Strecke an, auf die Menge an Sauerstoff, die noch im Tank ist, auf die Temperatur und letztlich den Grad der chronischen Müdigkeit. Alles wird potenziell lähmend, frustrierend, ein Problem. (Carel 2016, S. 109–111, Übers. M.W.) ◄

Eine Phänomenologie des Krankseins hat das Ziel, das subjektive Erleben von Krankheit (*illness*) aus der Erste- oder Zweite-Person-Perspektive zu bestimmen – und zwar im Gegensatz oder in Ergänzung zur objektiven Bestimmung von Krankheit (*disease*), anhand von messbaren Symptomen und objektiven Klassifizierungen, die in der medizinischen Diagnose und Therapie im Vordergrund steht. Die Phänomenologie soll hierbei sowohl die Subjektivität und Spezifizität der Krankheitserfahrungen einfangen, als auch eidetische (wesentliche) Merkmale von Krankheitserfahrung überhaupt bestimmen. S. Kay Toombs definiert in diesem Zusammenhang wesentliche Merkmale, die für jede Erfahrung des Krankseins zutreffen sollen, wie die Erfahrung eines Verlusts der körperlichen Ganzheit, von Sicherheit und Kontrolle, der Handlungsfreiheit sowie der vertrauten Welt (Toombs 1993).

Wichtig ist hierbei, wie auch bei der philosophisch theoretischen Bestimmung allgemeiner Strukturen, dass diese vermeintlich wesentlichen Strukturen immer wieder an konkreten Fallbeispielen und Erfahrungsberichten geprüft werden. Krankheit im Sinne von Kranksein ist weder eine logisch allgemeine Struktur noch ein kategoriales Apriori. Was Kranksein bedeutet und ausmacht, ist abhängig von den Subjekten, die die Modifikation ihrer Erfahrung als Leid, als einschränkend und bedrohlich, erfahren. Hierbei muss immer wieder auf das **Verhältnis von diagnostizierter Krankheit und Erleben dieser Krankheit** reflektiert werden. Nicht jede diagnostizierte Krankheit oder Veränderung des Organismus geht (sofort) mit bewussten Veränderungen der Erfahrung einher. Und nicht jede Abweichung von Gesundheitsnormen, wie etwa dem durchschnittlichen Blutdruck, führt zur Erfahrung des Krankseins oder der Beeinträchtigung bei Individuen. Zugleich gibt es noch viele Leiden und Symptome, die (noch) keiner diagnostizierbaren Krankheit zugeordnet werden können. Hier kann eine systematische phänomenologische Beschreibung helfen, um objektiv messbare Veränderungen und Ursachen mit typischen Erfahrungsänderungen systematisch in Verbindung zu bringen.

**Phänomenologische Psychopathologie** Auch die phänomenologische Psycho-pathologie (▶ Abschn. 3.3.1) trägt in ihrer theoretischen Ausrichtung zur Problematisierung, Beschreibung und zum Verständnis von (den Grenzen der) Erfahrung bei. Sie versteht sich als Grundlagenwissenschaft der Psychiatrie und untersucht die Grundstrukturen des subjektiven Erlebens und ihre Ab-wandlungen in psychischer Krankheit sowohl theoretisch als auch empirisch. Schon zu Lebzeiten Husserls und Heideggers entwickelte sich die sogenannte ver-stehende Psychopathologie, begründet durch Karl Jaspers (1913), die maßgeblich von phänomenologischen Einsichten geprägt ist. Die gegenwärtige phänomeno-logische Psychopathologie und Psychiatrie ist weiterhin beeinflusst von der so-genannten Daseinsanalytik (Binswanger 1922; Blankenburg 1956, 2012; Holzey-Kunz 2008), die der Psychiater Ludwig Binswanger im Anschluss an Heideggers Daseinsanalyse entwickelte, oder begreift sich als angewandte Phänomenologie im Sinne Husserls, wie die Forschungsgruppe an der Universitätsklinik Heidel-berg um den Psychiater und Philosophen Thomas Fuchs. Traditions- und ein-flussreich ist die angewandte phänomenologische Psychopathologie auch an der Universität Kopenhagen und dem *Center for Subjectivity Research* (Leiter: Dan Zahavi), wo in Zusammenarbeit mit Psychiater:innen und Philosoph:innen ein Fragebogen zur Diagnose früher schizophrener Symptomatiken erarbeitet wurde – mit dem Namen *EASE (Early Anomalies of Schizophrenic Experience)* –, dessen Aussagekraft auch quantitativ erforscht wird (Henriksen/Nordgaard 2016). Der erarbeitete Fragebogen orientiert sich dabei an phänomenologischen Kategorien und zielt auf die Erkennung der von Karl Jaspers sogenannten Ich-Störungen, also Veränderungen in der impliziten und expliziten Selbsterfahrung, sowie der Erfahrung der Umgebung und anderer Menschen.

Obwohl die phänomenologische Psychopathologie innerhalb der klinischen Psychiatrie nur ein Randphänomen darstellt, hat sie gerade in den letzten Jahren wieder an Einfluss und Relevanz gewonnen, was sich u. a. an der Ver-öffentlichung eines Handbuchs für Phänomenologische Psychopathologie im renommierten Verlag der Universität von Oxford erkennen lässt (Stanghellini et al. 2018). In der gegenwärtigen theoretischen und empirischen Forschung (z. B. in der Klinik in Heidelberg) stehen dabei vor allem Erlebniskategorien wie Leib, Raum, Zeitlichkeit und Intersubjektivität im Zentrum. Sie finden besondere An-wendung auf die Analyse schizophrener Ich- und Intentionalitätsstörungen und auf das Leib- und Zeiterleben in der Melancholie oder Depression.

Thomas Fuchs, der sowohl theoretisch als auch empirisch und therapeutisch arbeitet, untersucht etwa die veränderte Zeiterfahrung bei Patienten:innen mit Schizophrenie und beschreibt diese im Anschluss an Husserls Theorie des inneren Zeitbewusstseins sowie Merleau-Pontys Begriff des ‚intentionalen Bogens‘ als eine Störung auf der Ebene der Protention (also des unmittelbaren Antizipierens der nächstfolgenden Impression wie z. B. eines Tones einer Melodie). Fuchs unterscheidet dabei zwischen einer impliziten und expliziten Zeitlichkeit.

**3**

— *Die implizite oder gelebte Zeit* basiert auf der protential-retentionalen Verknüpfung und der affektiven Dynamik des Bewusstseinslebens. Falls diese basale implizite zeitliche Einheit nicht gegeben ist, kommt es zu grundlegenden Störungen in der Wahrnehmung; etwa in Form einer fragmentierten Zeitwahrnehmung, indem gewisse Laute, Stimmen, Bewegungen als plötzlich oder ,aus dem Nichts kommend' erfahren werden. Solche basalen Störungen der Zeitlichkeit finden sich laut Fuchs etwa bei schizophrenen Patient:innen.

— *Die explizite, erlebte bzw. autobiographische Zeit* stellt die dimensionale Zeit von Zukunft, Gegenwart und Vergangenheit dar. Auf dieser expliziten Ebene können Erfahrungen der Desynchronisierungen erfahren werden, also wenn die eigene Zeitlichkeit im Vergleich zu früheren Erfahrungen (auf individueller Ebene) oder im Vergleich zu anderen Subjekten (auf intersubjektiver Ebene) als zu langsam, träge oder zu schnell, eilend erfahren wird. Ersteres tritt u. a. bei Depressionen auf, letzteres z. B. bei der Manie bzw. manischen Phasen.

Laut Fuchs ergeben sich aus diesen Zeitordnungen vielfältige Störungsmöglichkeiten, die v. a. in psychischen Erkrankungen zutage treten.

▶ **Beispiel – Störungen impliziter Zeitlichkeit in der Schizophrenie**

» *Ich bin gar nicht in der Lage, mein Selbst zu empfinden. Wer jetzt hier spricht, ist das falsche Ich [...]. Beim Fernsehen wird es noch seltsamer. Obwohl ich jede Szene richtig sehe, verstehe ich die Handlung insgesamt nicht. Jede Szene springt über in die nächste; es gibt keinen Zusammenhang. Auch der Lauf der Zeit ist sonderbar. Die Zeit fällt auseinander und läuft nicht mehr voran. Es entstehen bloß unzählige auseinandergefallene Jetzt, Jetzt, Jetzt, ganz verrückt und ohne Regel oder Ordnung. Genauso ist es mit meinem Selbst. Je nach Augenblick entstehen und verschwinden unterschiedliche Selbst ganz ohne Regel. Es gibt keine Verbindung zwischen meinem jetzigen Ich und dem vorherigen.* (Kobayashi 1998, S. 114, zitiert in Fuchs 2015).

*You are dying from moment to moment and living from moment to moment, and you're different each time.* (Chapman 1966, zitiert in Fuchs 2015)

Die beiden Patienten schildern eine *zeitliche Fragmentierung des Selbsterlebens*, die [...] als eine Grundstörung der Schizophrenie anzusehen ist. Insbesondere Symptome wie formale Denkstörungen, Gedankenentzug oder -eingebung, Willensblockade oder -beeinflussung und schließlich der ,Verlust der natürlichen Selbstverständlichkeit' (Blankenburg 1971) lassen sich danach als Resultate einer *Fragmentierung des intentionalen Bogens* auffassen, der allen Denk-, Wahrnehmungs- und Handlungsvollzügen, aber auch dem Selbstvollzug zugrunde liegt [...] Wir haben es dabei also nicht mehr mit einer bloßen Aufmerksamkeits- oder Konzentrationsstörung zu tun, die einen, wie man sagt, einmal den Faden verlieren lässt. Die Störung muss vielmehr auf der Ebene der Zeitkonstitution selbst zu lokalisieren sein: Der Bewusstseinsstrom zersetzt sich gewissermaßen. [...].

*Wenn ich mich zu rasch bewege, komme ich unter Druck. Die Dinge gehen dann zu schnell für mich. Sie werden unscharf, und es ist, wie wenn man blind wäre. So als sähe man ein Bild in einem Moment und ein anderes Bild im nächsten (McGhie und Chapman 1961) My feeling of experience as my own experience only appears a split second delayed.* (Parnas et al. 2005, S. 245, zitiert in Fuchs 2015)

Die Erlebnisse können also *nur im retentionalen Modus,* also gewissermaßen *im Nachhinein* erlebt werden. Sie tauchen im Bewusstsein gleichsam als ,erratische Blöcke' auf, von denen die Patienten überrascht werden – freilich nicht im normalpsychologischen Sinn des Plötzlichen, das wir auf der Ebene der expliziten Zeit untersucht haben, sondern derart, dass *das Bewusstsein von sich selbst überrascht wird.* In dieser Nachträglichkeit liegt der entscheidende Grund für die schizophrenen Ich-Störungen, nämlich eingegebene Gedanken oder von außen gesteuerte Handlungen: Die unvorhergesehenen Gedanken- oder Bewegungsfragmente, auf die der Patient in der Retention trifft, kann er nur als radikal Ich-fremd, letztlich als von außen gemacht erleben.

(Thomas Fuchs 2015, S. 105–106) ◄

**Der Sonderfall der Normalität** Eine Phänomenologie der mentalen Pathologie oder Diversität, des Krankseins, von Schmerz, Verletzung, aber auch des Alterns sowie körperlicher Beeinträchtigung beginnt bei der Beschreibung, um von da aus typische Erfahrungsstrukturen oder Erfahrungsmodifikationen zu bestimmen. Hierbei wird die Pathologie, Krankheit, Behinderung oder Beeinträchtigung meist als Abweichung von normaler Erfahrung, d. h. Modifikation, verstanden. Dies ist insofern gerechtfertigt, da sich ,normal' hierbei auf den früheren Zustand der Subjekte (vor der Krankheit, Unfall etc.) bezieht. Vorsicht ist jedoch geboten, wenn man unreflektiert einen intersubjektiven Standard der Normalität annimmt (wie durchschnittlicher Blutdruck oder historisch veränderliche Maßstäbe von Gesundheit oder Fitness). Ist etwa die Erfahrung einer von Geburt an sogenannten körperlich behinderten (oder unterschiedlich validen Person) wirklich nicht normal, fühlt sich die Person tatsächlich eingeschränkt, oder entspricht sie nur nicht dem intersubjektiven körperlichen Durchschnitt?

Wie in ► Abschn. 2.2 bereits erklärt wurde, stellt **Normalität keine eidetische Kategorie** dar, d. h. sie ist nicht gleichbedeutend mit dem Wesen von Erfahrung oder ,des Menschen'. Normalität ist eine relative Kategorie, die sich phänomenologisch entweder auf meine vorherige Erfahrung (abweichend von dieser) oder die anderer konkreter Subjekte (abweichend von der Intersubjektivität) bezieht. Pathologische Erfahrung oder nicht normale Körper sind daher nicht unwesentlich, sondern gehören wesenhaft zur menschlichen Erfahrung (das als Individuum und Existenz nicht a priori bestimmt werden kann). Dies wird besonders deutlich am Beispiel des Alterns. Altern ist eine notwendige und typische Eigenschaft jeden Lebens, damit verbundene Veränderungen und Einschränkungen sind also nicht notwendig pathologisch; auch wenn sie von den betroffenen Subjekten selbst als Leiden erfahren oder von einer leistungsorientierten Gesellschaft als ,abweichend' charakterisiert werden (vgl. Beauvoir 2000 [1970]; Stoller 2016; Wehrle 2020a).

**3**

**Normalität,** konkret gedacht, ist daher **nicht dasselbe wie die Bestimmung transzendentaler Strukturen von Erfahrung.** Letztere, wenn sie richtig bestimmt wurden, gelten in ihrem Status als Bedingung der Möglichkeit von Erfahrung überhaupt und daher für alle möglichen Modifikationen innerhalb möglicher Erfahrung. Jede, auch pathologische Erfahrung weist ein Minimum an zeitlicher, assoziativer Einheit, Sinnbildung, Bewusstsein, Passivität, Aktivität, Intentionalität oder leiblicher Gerichtetheit auf. In diesem Sinne kann Normalität, verstanden als minimale Einstimmigkeit oder Kohärenz der Erfahrung, als transzendentale Bedingung gelten. Konkret lässt sich pathologische Erfahrung dann qualitativ von normaler Erfahrung unterscheiden, z. B. in Form von der Überbetonung eines Erfahrungsaspekts oder der mangelnden Integration von zeitlichen Erfahrungsebenen, Formen des Selbst- und Körperbewusstseins, passiven und aktiven Erfahrungsebenen oder Dissonanzen zwischen individueller und intersubjektiver Erfahrung. Hier stößt die Phänomenologie an ihre Grenzen: Sie kann Erfahrung nur auf dem Hintergrund von Normalität als Kohärenz, Selbstverständlichkeit, Resonanz, Einstimmigkeit, Optimalität, Harmonie beschreiben; Pathologien, insbesondere Psychopathologien, befinden sich dabei in einem Grenzbereich, in dem gemeinsame Begriffe und Wirklichkeiten wegfallen und es daher schwierig wird, noch von Erfahrung oder Wahrnehmen zu sprechen.

Pathologien vorurteilslos beschreiben    Auch wenn also die meisten phänomenologischen Beschreibungen von Pathologien keine transzendental philosophischen Fragen stellen – was macht Erfahrung, Wirklichkeit oder Wahrheit möglich – und daher keiner transzendentalen Epoché oder Reduktion bedürfen, sondern konkrete Beschreibungen und Typisierungen zum Ziel haben, die bei der Diagnose und Therapie hilfreich sind, bleibt der phänomenologische Anspruch der Vorurteilslosigkeit relevant. Erstens neigt man hier dazu, unreflektiert Vorannahmen darüber zu machen, was jeweils normal oder pathologisch ist bzw. als solches gilt. Zweitens, kann man, wie etwa Merleau-Ponty betont, nicht einfach vom Pathologischen auf das Normale schließen. Denn durch eine Krankheit oder Verletzung fällt nicht einfach nur ein Teilbereich oder eine bestimmte Funktion des Körpers aus, der beim normalen Subjekt noch intakt ist.

So lässt sich bei blinden Personen etwa nicht eine sogenannte reine Form der Taktualität beobachten und anhand dieser folgern, dass die betreffenden Funktionen, hier Tasten und Wahrnehmen, unabhängig voneinander existieren bzw. bestimmbar sind. Vielmehr ändert sich bei einer Pathologie die gesamte Art und Weise wie ich auf mich selbst, andere und die Welt gerichtet bin, also wie ich wahrnehme, denke oder fühle. Es findet eine komplette Reorganisation des Organismus statt, durch die manche Funktionen (wie das Tasten) relevanter werden und andere Aufgaben übernehmen. Kurzum: Der Umstand, dass ich sehen kann, ändert auch maßgeblich, wie ich die Welt tastend erfahre. Umgekehrt nimmt das Tasten eine gänzlich andere Rolle und Qualität an, sobald das visuelle Vermögen wegfällt.

## Phänomenologie und Normalität

Normalität ist phänomenologisch bei Husserl wie Merleau-Ponty als Modalität der Erfahrung und insofern nicht inhaltlich bestimmt. Letzteres, also was und wer in einer jeweiligen Zeit als normal gilt und identifiziert wird, ist historisch kontingent und bestimmt durch soziale und kulturelle Normen. Dies sollte gerade in der phänomenologischen Untersuchung eingeklammert oder als noematischer Leitfaden thematisch gemacht und kritisch hinterfragt werden. Normalität nicht als noematische, d. h. inhaltliche, sondern noetische Untersuchung orientiert sich dabei an der Frage, was es heißt, auf normale Weise zu erfahren. Hierbei geht die Phänomenologie davon aus, dass normale Erfahrung als *einstimmige* (mit Bezug auf vorherige individuelle oder die Erfahrung anderer Subjekte) oder *optimale Erfahrung* (in Bezug auf die Umgebung, Handlungen und Bedürfnisse des Individuums oder in Bezug zu einer intersubjektiven Gemeinschaft) bestimmbar ist (vgl. Steinbock 1995; Wehrle 2010c; Heinämaa/Taipale 2018). Inwiefern Einstimmigkeit, Kohärenz und Einheitlichkeit wirklich notwendig sind für die Erfahrung und das Wohlbefinden leiblicher Subjekte und in welchem Maße bzw. was jeweils für ein Individuum oder eine Gesellschaft als optimale Erfahrung gilt, muss dabei immer wieder kritisch hinterfragt werden (vgl. Wehrle 2015, 2016, 2021). Jedoch lässt sich festhalten, dass beinahe alle Subjekte mit Pathologien unter dauerhaft fragmentierten, unzusammenhängenden, Selbst- und Welterfahrungen leiden, und dabei versuchen, ihrer Erfahrung aktiv Sinn zu geben, d. h. eine wie auch immer geartete ‚Normalität' zurückzugewinnen bzw. diese für sich auf andere Weise (als die Mehrheit) zu etablieren. Obwohl also die Unterscheidung zwischen Normalität und Pathologie inhaltlich relativ und in der Erfahrung eventuell nur graduell zu unterscheiden ist, kann diese nicht gänzlich aufgegeben werden. Wie sonst sollte eine erwünschte Pflege, Therapie und Behandlung möglich sein, wenn man das Leiden nicht als solches bezeichnen kann.

Ein deskriptiver Ansatz phänomenologischer Psychopathologie kann dabei etwa von minimal allgemein bestimmten existenzialen Erfahrungsstrukturen ausgehen und dann jeweils die typische Selbst- und Welterfahrung, den bestimmten Aufmerksamkeits-, Bewegungs-, oder Denkstil von depressiven, anorektischen, schizophrenen Erfahrungen bestimmen, ohne dabei den Unterschied normal vs. pathologisch zentral zu stellen. Jedoch bleibt auch hier eine (provisorische und zusammen mit den Patient:innen herausgearbeitete) Definition von ‚normaler Erfahrung' relevant, nämlich als Ziel der Behandlung. Dies meint dann nicht, dass die Patienten wieder ‚normal' im Sinne eines sozialen Normalitätsstandard oder Durchschnitts werden sollen, sondern einfach, dass sie wieder ‚besser' (schmerzfreier, uneingeschränkter, unbeschwerter, sorgenfreier etc.) leben und sozial teilhaben können.

Hieraus ergibt sich, dass allgemeine Bestimmungen von Erfahrung (auch die-jenigen der Phänomenologie selbst) zwar erst einmal als Orientierung gelten, jedoch stets durch neue Einsichten oder empirische Ergebnisse problematisiert werden müssen. Im Hinblick auf Pathologien und Krankheiten muss dabei immer auch die **soziale und kulturelle Dimension, also die Situierung der jeweili-gen Subjekte, mitreflektiert werden.** Nicht nur die Definition und Klassifizierung von Pathologien und Krankheiten ist historisch, sondern eben auch das Erleben selbst ist zeit- und kontextsensitiv. Erfahrungsberichte und empirische Ergeb-nisse sind in der interdisziplinären Phänomenologie also nicht primär dazu da, allgemeine Konzepte und Theorien zu bestätigen, sondern sollen dabei helfen, diese zu testen und kritisch zu hinterfragen. Die meiste interdisziplinär orientierte phänomenologische Beschreibung wendet dabei qualitative Methoden nicht selbst an, sondern integriert lediglich existierende Resultate der empirischen Forschung. Sie benutzt **pathologische Fälle oder Fallstudien als Beispiele,** um ihre phänomenologischen Analysen zu konkretisieren, zu unterbauen oder zu prüfen. Solche realen Beispiele können dabei als **konkrete eidetische Variationen** gelten, die helfen, eine vermeintlich allgemeine Struktur der Erfahrung anhand realer Variationen zu überprüfen sowie ihre Kontingenz oder Notwendigkeit zu problematisieren.

Hierbei ist nicht nur ein Blick auf pathologische Erfahrung oder die empirische Untersuchung von Pathologien hilfreich, sondern dies gilt auch für konkrete Beispiele leiblicher Erfahrung, die eine spezielle Fähigkeit, Kompetenz oder Expertise verkörpern, wie z. B. Tanz- und Sportaktivitäten. Auch solche ‚positiven‘ und hochspezialisierten Erfahrungen und Bewegungsprofile können das phänomenologische Denken konstruktiv herausfordern, erweitern oder präzisieren.

**Möglichkeiten bewegter Leiblichkeit** Als hochtrainierte Bewegungspraktiker präsentieren etwa Tänzer und Sportler konkrete Variationen davon, welche Be-wegungen, Empfindungen oder Interaktionen für uns als leiblich-körperliche Subjekte möglich sind (wenn auch nicht für jede:n gleichermaßen). Während pathologische Fälle mit greifbaren körperlichen oder mentalen Abweichungen einhergehen, die vom Subjekt nicht gewollt und meist als hinderlich und be-schränkend empfunden werden, handelt es sich bei spezialisierten Bewegungs-praktiken von Tänzern und Sportlern um Erfahrungsmöglichkeiten, die durch willentliche Übung und aktive Selbstformung des Körpers hervorgebracht wurden. Sie beleuchten und konkretisieren Erfahrungsmöglichkeiten in einem als positiv empfundenen Sinn und stellen daher konkrete eidetische Variationen dessen dar, wie ein bewegter Körper sein kann (vgl. Ravn 2021).

Sportliche oder künstlerische Praktiken heben dabei Erfahrungen und Möglichkeiten der Leiblichkeit hervor, die im alltägliche Leben nicht unmittel-bar präsent sind (Legrand/Ravn 2009). Während pathologische Fälle meist durch spezifische physische Veränderungen des Körpers oder Geistes definiert sind, die von der medizinischen Wissenschaft gemessen und getestet werden können, ist dies bei körperlichen Fertigkeiten nur sehr bedingt der Fall.

In beiden Fällen, der Beschreibung von Krankheit und Pathologie oder von sportlichen und künstlerischen Bewegungsprofilen muss dabei berücksichtigt werden, dass es sich hierbei nicht nur um individuelle oder objektive Formen von Leiblichkeit und Körperlichkeit handelt, sondern sowohl sportliche Praktiken als auch das Erleben von Krankheit kulturell und sozial bestimmt sind. Tanz ist etwa Ausdruck einer bestimmten Kultur und damit verbunden mit mehr oder minder expliziten Regeln und sozialen Normen, die den Rahmen der möglichen Ausführung mitbestimmen. Auch die Weise, wie wir bestimmte Krankheiten erleben und beurteilen ist, ist zum Teil abhängig von den sozialen und kulturellen Rahmenbedingungen. Deshalb ist es sinnvoll, **phänomenologische Beschreibung mit genealogischen oder soziologischen Perspektiven zu verbinden.**

Selbst gesammelte Erfahrungsberichte, erhobene Erfahrungsdaten, eigens untersuchte Fallstudien etc. können der Phänomenologie dabei als *faktische Variationen* (Froese/Gallagher 2010, S. 86) im Gegensatz zu imaginierten eidetischen Variationen (▶ Abschn. 2.2) dienen, und insofern behilflich sein, sowohl konkrete Unterschiede als auch allgemeine Strukturen der Erfahrung zu bestimmen. Anhand solcher faktische Variationen kann eine wechselseitigen Überprüfung stattfinden, zwischen bereits etablierten phänomenologischen Konzepten und invarianten Strukturen der Erfahrung einerseits, und den konkreten Erlebnisberichten etwa aus qualitativen Studien (Befragungen) andererseits (▶ Abschn. 3.3.1).

**❓ Aufgaben**

1. Was sind die Vor- und Nachteile, Chancen und Probleme einer interdisziplinären Phänomenologie? Listen Sie betreffende Aspekte und Argumente auf und diskutieren Sie diese anhand eines Beispiels aus dem Text.

2. Was kann Phänomenologie zu einer Untersuchung von Normalität, Pathologie oder Krankheit beitragen? Diskutieren Sie, inwiefern die drei methodischen Schritte der Phänomenologie (Beschreibung, Eidetik und transzendentale Rückfrage) bei der Untersuchung von Normalität und Pathologie nützlich sind und wo sie an ihre Grenzen stoßen.

3. Was sind geeignete Themen und Probleme einer interdisziplinären Phänomenologie? Sammeln Sie Ideen für neue Untersuchungsgegenstände und -gebiete und skizzieren sie mögliche methodische Herangehensweisen für diese.

4. Glossarium: Sammeln Sie alle relevanten Fachbegriffe im Text. Definieren Sie diese anhand des Textes und weiterer Quellen und fügen Sie diese dem Glossarium hinzu. (Tipp: Dieses Glossar kann gemeinsam mit anderen Kommiliton:innen erstellt werden.)

5. Welche (nicht im Text genannten) phänomenologischen Konzepte können für eine interdisziplinäre Phänomenologie noch hilfreich sein? Sammeln Sie Unterscheidungen, Begriffe und Konzepte und geben Sie an, wie diese bei der Beschreibung bestimmter Themen und Gebiete angewandt werden könnten.

**3**

## 3.3  Phänomenologie in anderen Disziplinen

Es gibt kaum einen Ansatz innerhalb der Philosophie, der auf so vielfältige Weise und in so vielen interdisziplinären Bereichen seine Anwendung gefunden hat, wie die Phänomenologie. Bereits zu Lebzeiten von Husserl war die Phänomenologie Ausgangspunkt und Inspirationsquelle, etwa für die **Psychologie und Psychiatrie,** wie sich z. B. in der Ausprägung einer Phänomenologischen Psychopathologie oder existentiellen Daseinsanalyse bei Karl Jaspers (1913; vgl. Fuchs et al. 2013; 2017), Ludwig Binswanger (1922; vgl. Breyer et al. 2015), Wolfgang Blankenburg (2012; vgl. Micali/Fuchs 2014) oder später bei Henri Maldiney (1991; Thoma 2019) zeigt. Hier steht nicht etwa wie in der klassischen Psychoanalyse das Unbewusste im Zentrum, sondern vielmehr der Verlust der Selbstverständlichkeit in der Erfahrung, der mit psychophysischen Pathologien einhergeht. Die phänomenologische Psychopathologie versucht diesen Verlust an Selbstverständlichkeit in der Selbst- und Welterfahrung auf verschiedenen Ebenen (Zeitlichkeit, Wahrnehmung, Handlung, Denken, Urteilen, Kommunikation) zu erkennen und zu beschreiben.

Auch innerhalb der **Soziologie** entsteht eine phänomenologische Strömung, die sich im Ausgang von Husserl und der Sozialphänomenologie von Alfred Schütz (2004 [1932]; Schütz/Luckmann 2020 [1979], 2020 [1984]) als Alltags-, Lebenswelt- oder Wissenssoziologie versteht. In diesem Zusammenhang werden auch neue Untersuchungsmethoden entwickelt, die versuchen, die Erfahrung und ihre Bedeutung für die jeweiligen Subjekte in die soziologische Analyse einzubinden. Es entwickeln sich von der Phänomenologie inspirierte, jedoch eigenständige, von der philosophischen Problemstellung weitgehend abgelöste Richtungen und Methoden, wie der Sozialkonstruktivismus, die hermeneutische Soziologie und die **Ethnomethodologie** von Harold Garfinkel. Ausganspunkt bei der Ethnomethodologie ist etwa, dass Erfahrung immer schon eine Art (soziale) Interpretation, d. h. auf eine bestimmte Art und Weise geordnet, ist. Diese Ordnungen werden von den Subjekten interaktiv hergestellt, bestätigt oder infrage gestellt. Die Ordnung, das ‚ethnos‘, machen die Handelnden dabei selbst, sind sich dessen aber nicht eigens bewusst. Die Ethnomethodologie soll nun helfen, diese Ordnung bzw. die ordnende und sinngebende Tätigkeit reflektiv zum Thema, d. h. explizit, zu machen. Die hierfür eingeführte interpretative Gesprächsanalyse führte methodisch zu einer hermeneutischen Wende und trug maßgeblich zu der Etablierung der empirisch qualitativen Sozialforschung bei (vgl. Knoblauch 2009).

Soziologie als Lebensweltanalyse  Die Besonderheit einer phänomenologisch inspirierten Soziologie ist dabei ihre Betonung der Subjektivität innerhalb einer theoretischen wie empirischen Gesellschaftsanalyse. So soll in der soziologischen Praxis die Analyse der Gesellschaft an das Verstehen von Subjekten sowie die Wissenschaft an die Lebenswelt zurückgebunden werden. Die gegenwärtige deutschsprachige Sozialphänomenologie orientiert sich dabei als Lebensweltanalyse oder Ethnographie der Lebenswelt konzeptuell an Alfred Schütz' Analyse der Typisierung. Sie will dabei nicht einfach Ansichten von betroffenen Personen in die soziologische Analyse mit einbeziehen, sondern das Handeln aus der Perspektive der Handelnden, sozusagen ‚von innen' verstehen, indem sie typische subjektive Perspektiven rekonstruiert. Hierbei handelt es sich um den Versuch einer historisch, sozial und kulturell spezifischen, jedoch noch stets eidetischen, d. h. allgemein-typischen, Beschreibung von Handlungen. Dabei steht nicht mehr nur die sinnliche Erfahrung oder leibliche Handlung im Zentrum (wie etwa bei Husserl oder Merleau-Ponty), sondern zunehmend die Sprache. Durch die Sprache tragen wir ein implizites aber jederzeit verfügbares ‚Vorratslager' an Wissen mit uns, das typisch für unsere Zeit, Kultur, Geographie oder soziales Umfeld ist. Wie Schütz es ausdrückt, „die Sprache wählt aus, was wichtig ist und was als selbstverständlich angesehen wird" (Schütz 2003, S. 276).

**Ethnologie – Vorurteile und teilnehmendes Verstehen** Die phänomenologisch orientierte Ethnographie versucht zudem auch methodisch kritisch auf ihre eigenen Vorannahmen, Erwartungen und Beobachtungen zu reflektieren und wendet damit eine Art deskriptive Epoché an. Neben einer solchen Besinnung auf die Erfahrung der Forschenden selbst, wird eine „praktische Mitgliedschaft" am Geschehen bzw. dem Forschungsgegenstand erwartet, von dem man sich eine „existentielle Innenansicht" verspricht (Honer 2000, S. 200). Dies ist jedoch nicht zu verwechseln mit einer transzendentalen Epoché, die ja gerade eine Distanz zum Untersuchungsgegenstand herstellen will, und unsere natürliche Einstellung vollständig einklammert. Eine existentielle Innenansicht soll hingegen dem Forschenden ‚fremde' und nicht selbstverständliche Kulturen näherbringen, etwa durch einfühlendes Nachverstehen oder praktisches Nach- und Miterleben. In der teilnehmenden Beobachtung findet dabei auch eine Konfrontation mit den eigenen Vorurteilen über die zu untersuchende Kultur oder Subjektgruppen statt, jedoch nicht nur vorab oder reflektiv, sondern während des Beobachtens selbst, also performativ. Im Versuch des Mitmachens und Mitlebens im Alltag der zu untersuchenden Subjekte, werden etwa wechselseitig sowohl die eigene Ausgangsposition und Vorannahmen der Forschenden explizit – etwa dadurch, dass diese enttäuscht werden – als auch das jeweilig typische oder charakteristische des Untersuchungsgegenstands. In der ethnographischen Untersuchung selbst findet damit eine Art intersubjektive oder besser interkulturelle Konstitution von Sinn statt, die sowohl die andere als auch die jeweils eigene Kultur im Vergleich und durch Abgrenzung bestimmt. Hermeneutisch gesprochen, wird hier in der Auseinandersetzung mit dem Anderen das eigene Vorverständnis erst ersichtlich: Indem ich versuche die Anderen zu verstehen, verstehe ich mich selbst eben auch anders.

**Verlust der Selbstverständlichkeit** Sowohl die phänomenologische Psychiatrie oder Psychopathologie als auch die phänomenologische Soziologie oder Ethnographie versuchen also, die Selbstverständlichkeit der Welterfahrung bzw. den Verlust dieser Selbstverständlichkeit zu beschreiben. Beide tun dies in Gesprächen mit oder durch Berichte von den jeweiligen Subjekten, also aus einer *Zweite-Person-Perspektive.* Nicht mehr die eigene Erfahrung ist Ausgangspunkt der

Beschreibung (Erste-Person-Perspektive), sondern die beobachtete, ausgedrückte oder artikulierte und berichtete Erfahrung anderer Menschen.

Liegt die Herausforderung der Kultur- und Sozialforschung darin, dass es sich bei den Untersuchenden und dem Untersuchten um zwei verschiedene Selbstverständlichkeiten handelt (etwa verschiedene Kulturen), liegt sie bei der Psychopathologie darin, dass Selbstverständlichkeiten und Sinn als gemeinsame Grundlage der Beschreibung zwischen Psychiater:innen und Patient:innen selbst fehlen. Wie bereits der deutsche Psychiater Wolfgang Blankenburg betonte, muss hierbei unterschieden werden zwischen der Methode der Reduktion oder Epoché, also einer vorübergehenden methodischen Einklammerung der Selbstverständlichkeit (also der natürlichen Einstellung), und dem konkreten pathologischen Verlust derselben. Patient:innen der Schizophrenie müssen sich etwa verzweifelt bemühen, ein Minimum an überlebensnotwendigen Evidenzen aufrechtzuerhalten, oder kämpfen gegen den Schrecken oder die Grundlosigkeit der eigenen Existenz an (Blankenburg 2012, S. 97, 133, 93, 90).

Die Herausforderung beider Disziplinen liegt wie auch in der klassischen phänomenologischen Methode darin, ausgehend von der eigenen Erfahrung, aber absehend von deren lediglich subjektivem Charakter, Gemeinsamkeiten genauso wie spezifische oder gar radikale Unterschiede zu erkennen und zu beschreiben.

Anpassung phänomenologischer Leitbegriffe   Um etwa die anormale Erfahrung eines Patienten von sich selbst, der Zeit, dem Raum oder der Atmosphäre zu erforschen, ist es notwendig, einige recht spezifische, aber dennoch offene Fragen zu stellen. Typischerweise wird hierfür die Form eines ‚halbstrukturierten Interview‘ gewählt. Dies ist ein Interview, dem im Gegensatz zum freien Interview ein festes Frageschema zugrunde liegt, in welchem jedoch die Reihenfolge der Fragen nicht verbindlich ist, wie etwa beim strukturierten Interview. Mit Hilfe eines solchen halbstrukturierten Interviews gelingt es, betreffende Bereiche der Erfahrung zu identifizieren und mögliche Veränderungen dieser Erfahrungen aufzuzeigen. Als Ausgangspunkt und Leitfaden dieser Interpretation müssen dabei bereits phänomenologische Unterscheidungen und Konzepte zum Ausgang genommen werden. Daher gleicht dieses Vorgehen eher einer *hermeneutischen Phänomenologie,* als einer vollständigen Einklammerung von Vorannahmen (vgl. Sass 2019). Ebenfalls zeigt sich, dass in der phänomenologischen Psychiatrie und Psychopathologie eine gewisse *eidetische Orientierung* vorliegt, indem man von allgemeinen Bestimmungen und Bereichen von Erfahrung ausgeht. Die qualitative Untersuchung der anormalen Erfahrungen der Patient:innen kann und soll jedoch auch zur Verfeinerung dieser Grundkonzepte beitragen. Bei psychotischen Störungen kann sich eine solche Verfeinerung sogar als revolutionär erweisen. Die Forschenden müssen sich hier bemühen, zu begreifen, was zumindest auf den ersten Blick (für sie) gar nicht vorstellbar erscheint, und kommen so zu neuen Erfahrungsvariationen und Begriffen.

Die phänomenologische Psychopathologie richtet sich dabei verstärkt auf die Rolle des Selbst bei psychischen Erkrankungen. Eine der wichtigsten Hypothesen hierbei ist, dass sich etwa die Schizophrenie durch eine Störung des (impliziten) Basis-Selbst oder der Ichhaftigkeit auszeichnet (vgl. Sass/Parnas 2003; Parnas

2003; Parnas/Henriksen 2014; Henriksen/Nordgaard 2016). Die Untersuchung solcher Phänomene kann die Phänomenologie dazu inspirieren, die notwendige Universalität dessen, was manchmal als Bewusstsein bezeichnet wird, infrage zu stellen. Gleichzeitig legt sie die Notwendigkeit nahe, zwischen verschiedenen Aspekten der grundlegenden Selbsterfahrung (z. B. zwischen *agency* und *ownership*) zu unterscheiden, die zuvor nicht offensichtlich waren (Zahavi 2005).

---

**Zur Vertiefung**

**Hermeneutische Aspekte der Psychopathologie**

Während die phänomenologische Psychopathologie sich vor allem auf Störungen der präreflexiven Strukturen der Selbstwahrnehmung wie Zeitlichkeit und Verkörperung richtet, also dem impliziten Selbstbewusstsein, widmet sich die hermeneutische Phänomenologie den Folgen solcher Störungen für das explizite Selbstbewusstsein. Dies ist insofern notwendig, als eine umfassende Untersuchung einer möglichen Selbststörung nicht nur implizite Bewusstseins- oder Verhaltensprozesse, sondern auch die personale Ebene des Subjektseins umfasst.

Als Personen sind wir leibliche, aber auch soziale und rationale Wesen, die diesen Aspekten ihres Seins einen Platz und einen Sinn geben müssen. Der Begriff der Person ist daher weiter gefasst als der Begriff des Selbstseins, wie er typischerweise in der phänomenologischen Psychopathologie genutzt wird, d. h. als kontinuierlicher und beständiger impliziter Selbstbezug. Der Begriff der Person schließt sowohl die biologischen, sozialen als auch ethischen Aspekte des menschlichen Lebens ein. Darüber hinaus bringt er Aspekte der menschlichen Identität zum Vorschein, die wir nicht unmittelbar erleben, z. B. die Person, die wir in Zukunft sein wollen, unsere Ambitionen, Träume und Hoffnungen für die Zukunft. Auch dies beeinflusst die Erfahrung von Krankheit und Leiden maßgeblich.

Die Identität in ihrer vollen personalen Form kann dabei als eine Art Selbsterzählung verstanden werden, an der wir aktiv mitwirken, sozusagen das **Narrativ,** die *storyline* oder der *plot* unseres Lebens. Der Mensch, so die Idee, lebt sein Leben nicht einfach so, sondern möchte diesem Leben, seinem Verhalten, den Taten und Geschehnissen Sinn geben. Wir erzählen also Geschichten von uns selbst und anderen, um so einen Zusammenhang herzustellen. Eine solche narrative Identität ist eine Art und Weise, sogenannte ‚Wer?'-Fragen zu beantworten. Also ‚Wer ist das?', ‚Wer sind wir?', ‚Wer hat das gesagt?', ‚Wer hat das getan?'. Dieser narrative Kern und Zusammenhang innerhalb unseres Lebens oder in Relation zu anderen Menschen bleibt jedoch zerbrechlich (vgl. Ricœur 1990). Im Kontext psychischer Krankheiten wird dieses narrative Selbst radikal infrage gestellt. Um diese Aspekte thematisieren und behandeln zu können, ist es dabei wichtig, hermeneutische Aspekte in die Psychiatrie zu integrieren. Wie René Rosfort dies treffend ausdrückt, ist es ein besonderes Merkmal von psychischen Krankheiten, dass sie unsere Identität infrage stellen oder sogar drohen, diese aufzulösen: „Die Fragen, die schweres psychisches Leiden begleiten, provozieren oft das Gefühl, sich selbst zu verlieren oder verloren zu haben [...]. Warum fühle ich so, wie ich fühle? Ist meine Reaktion normal? Bin ich schuld an dem, was mit mir geschieht? Liegt es an etwas, das ich getan habe, oder daran, dass ich eigentlich nicht der bin, für den ich mich halte? Diese Fragen stellen sich nicht mit der gleichen existenziellen Dringlichkeit, wenn es um einen Beinbruch oder eine Nierenerkrankung geht (obwohl das Identitätsgefühl natürlich immer auch von einer somatischen Erkrankung betroffen ist). Bei psychischen Erkrankungen steht die Identität der Person radikaler auf dem Spiel, da es keine determinierte Erfahrungsgegebenheit oder eine explizite Ursache gibt (z. B. der Schmerz, wenn man sich den Zeh stößt, oder das Gefühl der Traurigkeit aufgrund einer abfälligen Bemerkung)." (Rosfort 2019, S. 244, Übers. M.W.)

**Hermeneutischer Zirkel** All dies zeigt, dass die Erkenntnis des Wesens der Erfahrung selbst ganz und gar erfahrungsmäßig ist, aber auch, dass jede Erkenntnis von Tatsachen immer ein apriorisches Verständnis des Wesens einschließt. So lassen sich die Aufgaben eben nicht immer so strikt trennen, zwischen einer Philosophie, die die Definitionen und Begriffe bereitstellt, und einer empirischen Psychologie, die versucht, Tatsachen zu verstehen. Stattdessen treffen wir hier in der Verbindung von Psychiatrie und Philosophie auf einen hermeneutischen Zirkel, eine ‚Hyperdialektik‘, d. h. ein Hin- und Herpendeln zwischen Theorie und Evidenz, zwischen Wesen und Existenz bzw. Tatsachen.

**Ethnographische Beschreibung ist nicht neutral** Auch in der Ethnographie oder interkulturellen Phänomenologie wird deutlich, dass sich das reine Wesen oder das Ursprüngliche einer Kultur nicht a priori oder überzeitlich bestimmen lässt. In der ethnographischen Forschung sind dabei weder das Untersuchungsinteresse noch die Methode völlig neutral oder objektiv. Zwar können minimale Strukturen oder Bedingungen identifiziert werden, die für alle Menschen (Körperlichkeit, Erfahrung, Sprache etc.) oder Kulturen (Werkzeuge, Tradition, Rituale etc.) gelten – diese müssen jedoch immer wieder überprüft werden: Schließlich sind es immer konkrete, kulturell, sozial und historisch situierte Menschen, die wiederum andere Menschen und deren Kultur untersuchen. Noch vielmehr als im Ärzt:innen-Patient:innen-Verhältnis wird hierbei die Asymmetrie von Forschenden und erforschten Subjekten deutlich. Es bleibt ein Machtgefälle und eine Deutungshoheit zwischen den untersuchenden und den untersuchten Subjekten bestehen, die, wie in der Anthropologie, imperiale, rassistische Züge annehmen kann, wie die post-koloniale Kritik innerhalb der Ethnographie und Anthropologie aufgezeigt hat: Etwa wenn westliche Anthropolog:innen im 20. Jahrhundert sogenannte ‚primitive‘ Völker untersuchten und damit gleichzeitig entweder als unzivilisiert abwerteten oder als naturverbunden und ursprünglich idealisierten und romantisierten. Eine ähnliche Gefahr lauert, wenn man in der Psychiatrie abweichende Erfahrungen und Verhalten entweder zu schnell pathologisiert oder aber das echte Leiden an einer psychischen Krankheit als geniehaften Wahnsinn idealisiert.

**Zu den Sachen selbst?** Phänomenologie oder der Ruf nach den Sachen selbst, darf in diesem Zusammenhang weder missverstanden werden als naive Rückkehr zu einer vermeintlich unmittelbaren und direkt zugänglichen Erfahrung (der eigenen oder anderer Kulturen) noch mit einer Theoriefeindlichkeit gleichgesetzt werden, wie dies etwa manchmal in der amerikanischen Ausprägung der phänomenologischen Anthropologie den Anschein hat (vgl. Jackson 1996). Manche sehen in der Praxis der Ethnographie dabei selbst schon den Vollzug einer Epoché, da es in der Auseinandersetzung mit anderen Kulturen automatisch zu einem Bruch mit der natürlichen Einstellung kommt. Diese erlebte Abweichung von der eigenen Normalität kann aber, wenn überhaupt, nur ein erster Schritt, keineswegs aber hinreichender Grund für eine kritische Reflektion sein. Schließlich könnte eine solche Abweichung anstatt zu der gewünschten Offenheit auch zu einer Abwertung der anderen Kultur oder einer Verteidigung der eigenen Normalität, Kultur, Herkunft oder Nationalität führen, wie in der unrühmlichen Geschichte der Anthropologie von der Aufklärung bis hin zu ihrer Kulmination in der Rassenlehre unter Hitler im Nationalsozialismus nur allzu deutlich wird.

**Vorurteilslos beschreiben?** Vorurteilslos beschreiben meint also nicht, jegliche Theorie zu negieren, sondern diese in Erfahrung zu fundieren. Es handelt sich um eine bewusste methodische Einstellung, die die jeweils gängigen theoretischen Methoden und Annahmen einklammert, um diese zu thematisieren und deren Legitimität zu prüfen. Ziel muss es sein, zu einer besseren Theorie zu gelangen, d. h., einer Theorie, mit der die zu untersuchenden Sachen adäquater, der Sache nach besser erfasst werden können. Die Einklammerung von liebgewonnenen Annahmen und Vorwissen (als eine noch nicht transzendentale, sondern deskriptive Epoché) soll dabei den Blick auf die Art und Weise lenken, wie uns der Untersuchungsgegenstand gegeben ist. Hierzu gehören im Falle der Ethnographie oder Anthropologie auch Vorannahmen darüber, was einen ‚Menschen‘ oder eine ‚Kultur‘ ausmacht oder was innerhalb des Faches als relevante Analysekategorie verstanden wird. Im Hinblick auf die Psychiatrie ist hier ein kritischer Umgang mit der Unterscheidung und Definition von Normalität und Pathologie gefragt.

**Transzendentale Fragen und Methodenkritik** Transzendental wird die Fragestellung dabei erst, wenn wir nicht mehr danach fragen, wie uns etwas gegeben ist, sondern wie uns etwas gegeben sein kann, wenn also die Bedingungen der Möglichkeit von Gegebenheit als solches untersucht werden. Diese vermeintlich transzendentalen Strukturen werden jedoch in der Psychiatrie auch theoretisch zum Thema, da es sich dort um die Untersuchung von Grenzfällen der Erfahrung handelt, wo jegliche zeitliche und inhaltliche Kohärenz im Selbst- und Weltbezug verlorengeht. Wo sind die Grenzen der Erfahrung und des Selbst? Hier ist ein Blick auf Psychopathologien lehrreich. Die Soziologie, Ethnographie und

Anthropologie kann uns dahingegen in einem konkreten genealogischen Sinn auf die Grenzen unserer eigenen Vorannahmen hinweisen, indem sich diese im Blick auf die Geschichte, andere Kulturen und mögliche Situierungen relativiert. Dabei können sich Phänomenologie und Soziologie gegenseitig korrigieren und prüfen, um dem *Imperativ der Vorurteilslosigkeit* gerecht zu werden. Dabei sollte man nicht nur nach den eigenen Vorannahmen, sondern auch nach den historisch-kulturellen Bedingungen seines Faches fragen. Eine solche *genealogische Wissenschaftskritik* muss dabei über eine rein phänomenologische Untersuchung hinausgehen (z. B. indem sie dezidiert nach den historischen oder ökonomischen, d. h. strukturellen Bedingungen fragt).

### 3.3.1 Phänomenologie und qualitative Forschung

Wie lassen sich nun in gegenwärtiger Forschung Erfahrungs- oder Erlebnisberichte von Subjekten, sogenannte Erfahrungsdaten, in geeigneter Weise erheben und in die Analyse miteinbeziehen? Und was ist daran phänomenologisch, außer dem thematischen Fokus auf die Erfahrung selbst?

Bei einer solchen qualitativen Sozialforschung sind die Subjekte selbst mitsamt ihrer Erfahrung und ihrer Handlungsfähigkeit der zu untersuchende Gegenstand. Qualitative Forschung, die sich auf die Phänomenologie als Methode beruft, erhebt dabei Erfahrungsdaten in Form von direkter Befragung (Interviews oder aufgezeichnete Erlebnisberichte, z. B. Tagebücher) und bezieht teilweise auch die Beobachtung des Verhaltens als Hintergrundinformation über die untersuchten Subjektgruppen mit ein. Dieses Vorgehen geht dabei meist über eine einmalige Befragung hinaus. Die zu untersuchenden Subjekte, werden dann über einen längeren Zeitraum begleitet. Dies lässt sich als eine Art ethnographisches Vorgehen bzw. Kurzzeit-Feldforschung bezeichnen (vgl. Ravn 2021).

Interpretative Phänomenologische Analyse (IPA)    Eine geläufige Methode, die hierfür genutzt wird, ist die aus der Soziologie stammende (und durch die Phänomenologie historisch inspirierte) Methode der Interpretativen Phänomenologischen Analyse, kurz: *IPA*. Eine gegenwärtige Studie im Bereich der Medizin und Pflegewissenschaften unter Beteiligung der niederländischen Phänomenologin Jenny Slatman soll hier als Illustration für den Einsatz dieser Methode dienen (vgl. Bootsma et al. 2021). Die Studie richtet sich auf das Leiden an chronischer Müdigkeit bei Krebspatient:innen, und der Rolle, die hierbei der Verlust und die Wiedergewinnung von (alten und neuen) Gewohnheiten spielt. Ziel der Studie war es, nicht nur herauszufinden, ob und wie chronische Müdigkeit mit dem Verlust von Gewohnheiten einhergeht (also wie dies von den betreffenden Subjekten erfahren wird), sondern auch wie man Krebspatient:innen beim Aufbau neuer Gewohnheiten in der Therapie helfen kann, damit Betroffene wieder ein Stück Normalität zurückgewinnen.

Hierfür wurden halbstrukturierte Interviews mit einer gezielten Stichprobe von 25 Teilnehmenden durchgeführt, die mindestens drei Monate lang unter schwerem CCRF (*chronic-cancer related fatigue*), also chronischer

krebs-relatierter Müdigkeit litten. Dabei wurde ein Themenleitfaden zu den gelebten Erfahrungen der Patient:innen eingesetzt. Dieser bestand aus offenen
Fragen, die auf Forschungsliteratur sowie klinischer Erfahrung basierten, und
die zusammen mit Therapeut:innen, die über klinische Expertise in der Behandlung von Patienten mit CCRF verfügten, vorab am Institut für Psychoonkologie getestet wurde. Der Themenleitfaden umfasste dabei die Gebiete Erfahrung (Beschreibungen, Empfindungen, Kognitionen, Muster, Attributionen),
Konsequenzen (für das tägliche Leben, den Körper, das Selbstgefühl) sowie
Handlungen (in Bezug auf sich selbst und andere; Nennung helfender und
hinderlicher Faktoren). Für die Analyse der Transkripte wurde die IPA verwendet, in welcher die Berichte in sechs Schritten ,kodiert' werden. Die IPA ist
laut der Autor:innen besonders nützlich, um die Multidimensionalität, d. h. die
Dynamik, den Einfluss des Kontextes und die subjektive Dimension von CCRF
zu untersuchen.

**Fünf Schritte der Kodierung von Erfahrungsberichten** Der *erste Schritt* der
Kodierung nach IPA besteht im Lesen und Wiederlesen der Transkripte und
dient dazu, sich mit den Daten vertraut zu machen. Im *zweiten Schritt* beginnt
man, erste Notizen zu den betreffenden Berichten zu machen, was als offenes
Kodieren bezeichnet wird. Im *dritten Schritt* werden nun wiederkehrende Themen
in Bezug auf die Reaktion auf CCRF identifiziert, die danach in den folgenden
Interviews zur Anwendung kommen. Hierbei wurde eine Auswahl von sechs
Kategorien (d. h. Metaphern, Glaubenssätze, Vergleiche, Antworten, hilfreiche
und nicht hilfreiche Antworten) in zwei Klassen eingeteilt, in maladaptive (z. B.
weitermachen, verleugnen und  Widerstand) und adaptive (z. B. Aktivitäten ver-
langsamen, stoppen oder reduzieren) Reaktionen. Im *vierten Schritt* suchten
die Forscher:innen nach Verbindungen zwischen den auftauchenden Themen
und entwarfen eine Tabelle mit zwei allgemeinen Mustern des Bewältigungs-
prozesses: dem **Anpassen** (individuell/sozial) an neue Umstände und dem **Loslassen** (individuell/sozial) in Bezug auf alte Gewohnheiten. Der *fünfte Schritt*
fasst die Einzelinterviews zusammen, und prüft sie auf Vollständigkeit. Darüber
hinaus wurden in der betreffenden Studie abschließend zwei Teamdiskussionen
abgehalten, um übergeordnete Themen zu identifizieren, die sowohl adaptive als
auch maladaptive Reaktionen umfassend beschreiben. Thematische Unstimmig-
keiten zwischen den Teammitgliedern wurden dabei diskutiert, bis ein Konsens
erreicht war. Hierbei war es von Vorteil, dass die Mitglieder der Forschungsgruppe über einen multidisziplinären Hintergrund, d. h. über philosophische,
klinische und/oder qualitative Forschungserfahrung in der Psychoonkologie, verfügten.

---
**Definition** ─────────────────────────────────────────

Die **IPA** (vgl. Smith et al. 2009) wurde u. a. vom Psychologen Jonathan Smith
entwickelt und findet ihre Anwendung im Bereich der Sozial- und Gesundheits-
forschung. Bei der IPA wird keine vorab aufgestellte Hypothese oder Theorie getestet; ausgehend von den Erfahrungsberichten werden im Verlauf Bedeutungen

und Strukturen festgelegt. Hierfür nutzt man halbstrukturierte Interviewtechniken, d. h. Interviews, die bestimmte Erfahrungsbereiche vorgeben, aber ansonsten offen gehalten sind. Nach der Transkription der Daten arbeiten die Forschenden mit dem Text und kommentieren (‚kodieren‘) diesen in mehreren Durchgängen. Dies soll einen Einblick verschaffen in (a) die Erste Personsperspektive der Subjekte (Phänomenologie) und (b) wie Subjekte ihren Erfahrungen Sinn geben (Hermeneutik). Im weiteren Verlauf der Analyse katalogisieren die Forschenden diese ‚Codes‘ und beginnen, nach sogenannten Themen zu suchen, d. h. wiederkehrende Bedeutungsmuster (Ideen, Gedanken, Gefühle), die dann in jeweils übergeordnete Themen integriert werden können. Idealerweise wird der Prozess des Kommentierens und Kodierens von mehreren Forschenden durchgeführt, diskutiert und ausgehandelt.

Als Resultat der obigen Studie konnten fünf zusammenhängende Themen oder typische Reaktionen identifiziert werden, die bei allen Teilnehmenden in der Erfahrung von CCRF sowie in der dokumentierten schrittweisen Anpassung an die neuen Lebensumstände gleichermaßen relevant waren: (1) körperliche und emotionale Grenzen entdecken, (2) Unterstützungsbedürfnisse kommunizieren, (3) Aktivitäten und Ruhe reorganisieren und planen, (4) die ‚habituelle Identität‘ (Wehrle 2020b) loslassen und (5) CCRF erkennen und akzeptieren.

**Genetische Ebenen der Gewohnheitsbildung**  Wie die Autor:innen betonen, stimmt dies mit den drei Ebenen der Gewohnheitsbildung überein, die man in Bezug auf Husserl und Merleau-Ponty unterscheiden kann (Wehrle 2020b). Die erste Ebene der Gewohnheitsbildung wird als ein Erlebensstil definiert, der auf einer direkten, unbewussten Reaktion auf wiederholte individuelle Erfahrungen beruht. Der Kampf gegen CCRF mit nicht mehr ‚adaptiven‘ Gewohnheiten und Glaubenssätzen ist hierbei ein verzweifelter Versuch, weiterzumachen wie bisher. Dies spiegelt sich z. B. darin, dass Patient:innen den eigenen Körper vernachlässigen. Dies basiert, so die Forschungsgruppe, auf einer primär unbewussten Reaktion auf CCRF und steht in Zusammenhang mit Erfahrungen aus der Krebsvorgeschichte mit Müdigkeit. Die zweite Ebene der Gewohnheitsbildung bezieht sich in passiver oder aktiver Weise auf frühere leibliche und praktische Erfahrung (z. B. Körpergedächtnis). Themen wie ‚körperliche und emotionale Grenzen entdecken‘, ‚Unterstützungsbedarf kommunizieren‘ und ‚Aktivitäten und Ruhezeiten planen und reorganisieren‘ sind Beispiele für eine solche leiblich-körperliche Ebene der Gewohnheitsbildung und weisen auf einen Lernprozess in Bezug auf frühere leibliche Erfahrungen hin. Das leibliche Erleben und Wahrnehmen des Körpers ist in dieser Phase zentral; es wird in Bezug gesetzt mit früheren Erfahrungen und von den Patient:innen in verschiedenen Selbstbeobachtungsprozessen festgehalten, wie z. B. dem Schreiben über Erfahrungen, dem Aufzeichnen von Aktivitäten oder der Pflege ihres Körpers. Diese Prozesse vollziehen sich zunächst aktiv, bevor sie dann zu einer neuen leiblichen Gewohnheit, und damit selbstverständlich werden. Die dritte Ebene der Gewohnheitsbildung basiert dann auf persönlicher Reflexion, um bewusst alte Gewohnheiten zu verändern und neue Verhaltensweisen und Überzeugungen zu bilden und einzuhalten. Diese persönliche Ebene der Gewohnheitsbildung spiegelt sich in den Themen ‚Loslassen der gewohnten Identität' und ‚Erkennen und Akzeptieren von CCRF'.

Phänomenologische Interpretation? Die phänomenologische Perspektive kann hierbei einen Einblick in die Bildung neuer Gewohnheiten und Überzeugungen schaffen, und so darüber informieren, welche bewussten und unbewussten Prozesse eventuell hilfreich sind, um eine positive Reaktion auf CCRF zu unterstützen. Die interpretative phänomenologische Analyse ermöglicht es hierbei, zu erfassen, wie Subjekte CCRF erfahren und auf diese reagieren. Die Reaktion auf eine chronische Krankheit ist dabei ein vielschichtiger Prozess, der nie vollständig abgeschlossen ist. Jedoch können typische Elemente einer solchen Reaktion bestimmt werden, um daraufhin diejenigen Prozesse in den Fokus zu rücken, die Patient:innen helfen können, die Anpassung an die neuen Lebensumstände zu erleichtern.

Auch in den Pflege- und Gesundheitswissenschaften wird die IPA gerne angewandt, da sie geeignet ist, um zu untersuchen, wie kleine Subjektgruppen in spezifischen Kontexten ein bestimmtes Phänomen (ihre Krankheit, ihre Sexualität oder andere Aspekte ihres Lebens etc.) erfahren. Aus philosophischer Sicht, lässt sich jedoch einiges am Verständnis der Phänomenologie und ihrer Methode, z. B. seitens der Psychologie oder Pädagogik, kritisieren (vgl. Zahavi 2018). Zum Beispiel lässt sich fragen, inwiefern die IPA wirklich eine vollständig neutrale und theoriefreie Befragung ermöglicht oder ob dies im praktischen Kontext überhaupt erstrebenswert ist. In langjährigen Forschungsprojekten ist etwa nicht eindeutig zu bestimmen, ob sich die Ausrichtung und der Fokus einer qualitativen Studie lediglich aus ‚neutralen' Erfahrungsberichten herauskristallisiert oder ob bestimmte phänomenologische Differenzierungen oder vorherige Erfahrungen mit Patient:innen leitend waren. Dies muss nicht unbedingt schlecht sein bzw. als Kritik verstanden werden. Auch die Orientierung anhand phänomenologischer Konzepte oder Resultate kann zu einer neuen und aufschlussreichen Perspektive auf die Erfahrung der jeweiligen Subjekte und der untersuchten Krankheit führen, die andere Ansätze komplementieren kann. Es ist jedoch ratsam, diese Ausrichtung und Vorannahmen vorab explizit zu machen und ihre Auswahl zu begründen, um so die Transparenz der Untersuchung zu gewährleisten.

Weitere phänomenologische Ansätze, z. B. in der englischsprachigen Erziehungswissenschaft, sind in diesem Kontext ebenfalls einflussreich. Bei genauerem Hinsehen haben die dort übernommenen Methoden oder methodischen Empfehlungen, wie ‚untersuche die Erfahrung, wie Du sie erlebst, unabhängig von Konzeptualisierungen'; ‚identifiziere wesentliche Themen, die diese Erfahrungen charakterisieren' etc. (vgl. van Manen 1990, S. 31 f.) nur oberflächlich etwas mit den philosophischen Fragen und Zielen der Phänomenologie gemein. Oft wird dabei die transzendentale Dimension der Phänomenologie sowie der Sinn und Umfang der transzendentalen Epoché und Reduktion missverstanden.

**Lieber die Epoché vergessen?** Dies hat Dan Zahavi dazu veranlasst, die Frage zu stellen, ob denn jede Anwendung der Phänomenologie notwendig auch transzendental sein oder deren Methoden genauestens übernehmen muss (vgl. Zahavi 2021). Qualitative Untersuchungen bieten eine Vielfalt von Möglichkeiten, wie Daten jeweils generiert und interpretiert werden können. Die Integration und Auswahl qualitativer Forschungsmethoden ist dabei stark abhängig vom Untersuchungsgegenstand, d. h. vom Zugang der Forschenden zu den relevanten Personen, Gruppen und Feldern sowie von den jeweiligen Forschungsfragen und -interessen. Aufgrund dieses Umstandes erscheint es paradox und beinahe unphänomenologisch, dass viele qualitative Forschungsstudien, die sich auf die Phänomenologie berufen, darauf bestehen, dass dabei die Anwendung der Epoché, im Sinne der transzendentalen Reduktion, im Vordergrund stehen muss (vgl. Allen-Collinson/Evans 2019; Giorgi 1975, 2008). Zahavi kommt daher zu dem Schluss, dass dies insbesondere mit Blick auf die empirische Forschung und Therapie nicht immer empfehlenswert ist.

So ist es irreführend, wenn etwa Erziehungswissenschaftler wie Max van Manen (2017, S. 820; vgl. Zahavi 2021, S. 260) explizit die Anwendung von phänomenologischen Methoden wie der eidetischen Variation oder der transzendentalen Reduktion in der empirischen Forschung fordern. Aufgrund der verschiedenen, teils falschen oder missverständlichen, Interpretationen dieser Methoden und dem fehlenden philosophischen Hintergrund führt dies in der Anwendung oft eher zur Verwirrung als zu systematischen Resultaten. Anstatt sich in Methodendiskussionen über die Interpretation oder Anwendungen der Epoché oder Reduktion zu verlieren, rät Zahavi daher dazu, lieber die Epoché aus pragmatischen Gründen zu ‚vergessen‘. Zielführender wäre es, wenn man sich stattdessen an den Resultaten bzw. den in der philosophischen Phänomenologie gewonnenen Konzepten und Differenzierungen orientiert (wie Leib und Körper, Intentionalität, Lebenswelt etc.) und diese dann anwendet, differenziert, erweitert oder empirisch überprüft, wo diese für die Praxis hilfreich und nützlich sind (vgl. Zahavi 2021).

**Theorie und Praxis** Begriffe wie transzendentale Epoché und Reduktion sind, wie wir gesehen haben, bei Husserl mit sehr spezifischen transzendentalphilosophischen Zielen und Bestrebungen verbunden. Ihr Zweck ist es, uns von einem gewissen natürlichen Dogmatismus zu befreien, in dem wir die Welt einfach als gegeben hinnehmen, um dadurch die Möglichkeit zu schaffen, eine Reihe grundlegender erkenntnistheoretischer und metaphysischer Fragen zu stellen. Die Durchführung der transzendentalen Reduktion soll dabei helfen, die Selbstverständlichkeit des Seins der Welt im Ganzen zu thematisieren und verständlich zu machen. Eine solche philosophische Reflektion befasst sich mit der wesentlichen Verbundenheit von Subjektivität, Vernunft, Wahrheit und Sein; hierbei handelt es sich um wichtige transzendentalphilosophische Ideen. Es ist jedoch nicht offensichtlich, warum jemand, der Phänomenologie *außerhalb* der Philosophie anwenden will, ständig auf diese Ideen zurückgreifen muss. Während solche Reflektionen für eine theoretische Bestimmung der Erfahrung innerhalb dieser Disziplinen relevant sein kann, gilt dies nur eingeschränkt für die jeweilige

*Praxis* der Psychiaterin, des Psychotherapeuten, des Pflegepersonals oder der qualitativen Forscherin. Für Sie sind eventuell andere Aspekte der Phänomenologie wichtiger, wie etwa die Kritik der Phänomenologie am Szientismus, ihre Anerkennung der Bedeutung der Lebenswelt, ihr Versuch, eine unvoreingenommene Haltung einzunehmen, oder ihre sorgfältige Analyse der menschlichen Existenz, in der das Subjekt als ein verkörpertes, sozial und kulturell eingebettetes In-der-Welt-Sein verstanden wird (vgl. Zahavi 2021).

In einem nicht-philosophischen Kontext ist es daher nicht von Bedeutung, ob sich die phänomenologische Forschung oder Praxis strikt an Husserls (oder Heideggers oder Merleau-Pontys etc.) kursorische Anweisungen hält. Weitaus wichtiger ist, ob die betreffende Anwendung neue Einsichten oder bessere therapeutische Interventionen ermöglicht, d. h., ob sie einen wertvollen Unterschied für die wissenschaftliche Gemeinschaft und/oder die Patient:innen macht. Die erfolgreiche Anwendung der Phänomenologie bemisst sich also nicht so sehr an der exakten Nachahmung der von Husserl beschriebenen Methoden, sondern vielmehr daran, wie diese Methoden gemäß ihres Untersuchungsgegenstandes angepasst und weiterentwickelt werden.

**Die Besonderheit der Zweite-Person-Perspektive** Es scheint also angemessen, zunächst einmal darauf zu reflektieren, was bei qualitativen Erhebungen phänomenologisch relevant ist, bevor man diese philosophische Methode ohne Rücksicht auf die Umstände bestimmter Disziplinen und Spezifität der Untersuchungsgegenstände anwendet. Dies würde ganz Husserls Kritik an der Psychologie seiner Zeit entsprechen: Hier betont er, dass man nicht einfach naturwissenschaftliche Methoden, die auf materielle Dinge abgestimmt sind, gleichermaßen zur Untersuchung der Psyche anwenden kann, da die Psyche ein ganz besonderes Objekt ist. Genauso handelt es sich bei einem qualitativen Interview phänomenologisch weder um eine neutrale oder distanzierte Analyse des Untersuchungsobjekts, noch um die Beschreibung oder Reflektion der eigenen Erfahrung. Die für ein Interview charakteristische *Zweite–Person-Perspektive* impliziert hingegen eine reziproke Relation zwischen einem Ich und einem Du (vgl. Zahavi 2015b). Und trotzdem ist dies keine persönliche, sondern eine wissenschaftliche Interaktion, in welcher die Forschenden an die zu untersuchenden Subjekte mit spezifischen Interessen und Fragestellungen herantreten. Die Interviewer:innen sind demnach genauso wie die zu interviewenden Subjekte an der Produktion von Wissen und Sinnstiftung beteiligt, es lässt sich hierbei von einer Co-Produktion von Wissen sprechen. Neben aufgezeichneten mündlichen Gesprächen oder geschriebenen Berichten enthält die Untersuchung dabei auch unartikulierte Informationen in Form von Gesten, Gesichtsausdrücken oder Tonfall, mit denen etwas angezeigt wird. All dies gehört zu einer reziproken Interaktion und beeinflusst deren Dynamik. Hier empfiehlt es sich, auf diese phänomenologischen Umstände zu reflektieren und diese so gut wie möglich transparent zu machen.

**Situierte Analyse** Die qualitative Forschung kann dabei in zweierlei Weise als eine situierte Befragung gelten. Zum einen, da sich qualitativ Forschende mit der konkret historisch, kulturell und sozial situierten Erfahrung bzw. dem gelebten

**3**

Leben befassen. Aufgrund dieser kontextualisierten Bedingungen kann etwa die qualitative Forscherin nicht in demselben Maße die wissenschaftlichen Kriterien der Wiederholbarkeit erfüllen, die z. B. quantitativ orientierte Methoden charakterisieren. Während bei quantitativen Untersuchungen Instrumente und Methoden in einer standardisierten Art und Weise verwendet werden, sodass die Messungen wiederholbar und über die Zeit konsistent bleiben (Golafshani 2003), sind bei qualitativen Erhebungen subjektive Erfahrungsperspektiven zentral. Letztere stellen jedoch bei quantitativen Analysen lediglich unerwünschte Verzerrungen dar, die die Wiederholbarkeit der objektiven Daten ‚stören‘.

Zum anderen ist die qualitative Forscherin wie die befragten oder beobachteten Subjekte selbst in der Welt – und, wie bereits erwähnt, Teil der Situation, in der Daten ko-generiert werden. Qualitativ Forschende müssen sich daher bewusst sein, dass ihre eigene Geschichte, Biographie, soziale Klasse, ethnische Zugehörigkeit, ihr Geschlecht usw. nicht neutralisiert werden können, sondern die Interaktion mitbestimmen. Diese Faktoren sollten daher explizit in der Studie thematisiert werden. Das heißt nicht, dass die Situierung darüber entscheidet, ob und wie man auf die richtige Art und Weise Daten generieren kann. Mann muss, wie die Sportwissenschaftlerin Susanne Ravn betont, keine Tänzerin oder Tänzer sein, um die Erfahrungen von Tänzer:innen verstehen oder untersuchen zu können. Vielmehr geht es darum, dass die unterschiedlichen Positionen, die Forschende in Bezug auf die untersuchten Subjekte und Praktiken einnehmen, in der Analyse reflektiert werden. Verfügt man etwa über eine praktische Erfahrungsnähe, z. B. da man etwa selbst tanzt, kann dies in der qualitativen Forschung ebenfalls produktiv eingesetzt werden.

> ▶ **Beispiel – Leibliche Selbstwahrnehmung im Tanz**

In welcher Weise ist Tänzer:innen eigentlich die eigene Leiblichkeit während des Tanzens bewusst? Diese Frage stellt ein qualitatives Forschungsprojekt der Sportwissenschaftlerin Susanne Ravn und der Phänomenologin Dorothée Legrand (Ravn 2009; Legrand/Ravn 2009). Professionelle Tänzer:innen sind besonders interessante Fälle, da hier die Erfahrung der eigenen Bewegung für das Training von großer Bedeutung ist.

Angesichts der Vielfalt der Tanzpraktiken, die den professionellen Tanz im europäischen Kontext charakterisieren, wurden unterschiedliche Genres und Stile von Tanzpraktiken in die Studie miteinbezogen. Insgesamt 13 Tänzerinnen und Tänzer mit verschiedenen Ausbildungen (Ballett, zeitgenössischer Tanz, Improvisation etc.) aus verschiedenen Städten Europas nahmen an dem Forschungsprojekt teil. Um den jeweiligen lokalen Kontext und seinen Einfluss auf die tänzerischen Praktiken in die Studie zu integrieren, wurden die Tänzer:innen jeweils vor Ort befragt und beobachtet. Die kurzzeitige Feldforschung von typischerweise einer Woche fand in Kopenhagen, London, Amsterdam, Malmö, Brüssel und Wien statt. Sie beinhaltete ein formales Interview, das auf der Basis der teilnehmenden Kurzzeit-Feldforschung vorbereitet wurde. Dieses wurde in der Regel mit jedem der Tänzer:innen zweimal wiederholt (Ravn 2009, S. 118–120).

Susanne Ravn verfügt dabei selbst über einen professionellen Tanzhintergrund, der innerhalb der Beobachtung aktiv genutzt wurde, indem sie z. B. selbst bei einigen Trainings mitmachte. Mithilfe ihrer Beobachtungen während der Teilnahme wurden die formalen Interviews vorbereitet. Tänzerinnen und Tänzer wurden etwa gebeten, ihre Praktiken sowohl von Innen (als gelebte und erfahrene) zu beschreiben als auch in Relation zu ihren äußeren Strukturen und Kontexten. Oft wurden dabei konkrete Situationen, z. B. des Trainings, in die Fragen miteinbezogen. Die Vertrautheit der Forscherin mit dem Untersuchungsgegenstand erforderte eine sorgfältige Überlegung, wie eine offene und selbstreflexive Haltung gegenüber dem Untersuchungsgegenstand gewahrt bleiben kann. Darüber hinaus wurden die Daten und die Analyse mehrmals mit anderen Forschenden besprochen, die selbst keine Tanzerfahrung hatten. Diese Diskussionen wurden insbesondere zwischen den Interviews und zur Vorbereitung von Folgeinterviews genutzt (Ravn/Hansen 2013).

In den anschließenden Phasen der Analyse wurden zunächst übergreifende Themen für jeden Fall einzeln identifiziert. Dabei wurden Kodierungskategorien auf der Grundlage der Tanzpraxis und ihrer kontextuellen Einbettung entwickelt. Zur Überprüfung der Gültigkeit der erzeugten Beschreibungen wurde die Tänzer:innen aufgefordert, das bearbeitete Interview entweder anzunehmen, zu kommentieren und/oder anzupassen (Ravn 2009, S. 141 ff.). Die bearbeiteten Transkriptionen gingen neben der vollständigen Originaltranskription und den Beobachtungsnotizen in die fallspezifischen Analysen ein. Besonders auffällig war, dass die Tänzer:innen auf jeweils eigene Weise beschrieben, wie sie ihren Körper auf eine bestimmte Art und Weise fühlen mussten, um gut tanzen zu können. Die spezifische Art, den Körper zu spüren, war wiederum abhängig von den Techniken und Stilen, in denen die Tänzer:innen trainierten und auftraten. Für die Balletttänzer:in drehte sich alles um das Gefühl, ausgerichtet und platziert zu sein, für eine der Improvisator:innen war es absolut notwendig, sich ,beschwert oder gewichtet' (*weighted*) zu fühlen. Für eine Tänzerin, die sich speziell auf das Body-Weather-Training (eine Butoh-verwandte Tanzpraxis) bezog, war es wichtig, sich geerdet zu fühlen, die zentral für ihre expressiven Tanzaktivitäten war (Ravn 2009, 2017).

In der folgenden Phase der phänomenologischen Analyse wurde dann geprüft, ob bestimmte Erfahrungsstrukturen über die Vielfalt der Personen und Tanzpraktiken hinweg erkennbar sind. Hierbei wurde speziell die phänomenologische Analyse von Dorothée Legrand (2007a, 2007b) zum leiblichen Selbst herangezogen. Als Ergebnis konnte festgehalten werden, dass eine allgemein geteilte ,Form der Erfahrung der Subjektivität des Leibes' für das Tanzen zentral zu sein scheint. Eine besondere Art des prä-reflektiven, performativen leiblichen Selbstbewusstseins, das zwar eine Art von Wahrnehmung ist, jedoch nicht auf eine Verdinglichung oder Objektivierung zielt (Legrand/Ravn, 2009, S. 405), wie etwa beim Körperbild, bei welchem der Körper das Objekt der eigenen Wahrnehmung oder Vorstellung ist. ◄

Die Einbindung der Forschenden in die Situation erfordert also eine (kritische) Selbstreflexivität während des gesamten Forschungsprozesses. Die Integration von qualitativen Forschungsmethoden und phänomenologischer Analyse erfordert dabei Forschungsmethoden, die sensibel sind für die kontextuellen Prämissen der Erfahrungen, die mit bestimmten kulturellen und sozialen Praktiken verbunden sind. Bei der Untersuchung von Erfahrungen von Tänzer:innen oder Athlet:innen ist es z. B. wichtig, diese Erfahrungen mit dem historischen und kulturellen Kontext ihrer Praktiken in Verbindung zu bringen. Inwiefern spielen hier Regeln, Traditionen und Normen eine Rolle bzw. bilden den Rahmen dieser subjektiv ausgeführten Praktiken? Eine ergebnisoffene, nicht-objektivierende und selbstreflexive Perspektive in Bezug auf die im Fokus stehenden Tanz- und Sportpraktiken ist hierbei hilfreich. Zugleich empfiehlt es sich, Verhaltens- beobachtungen in das Design solcher Studien miteinzubeziehen, was auf eine kurzzeitige ethnographische Feldforschung bzw. teilnehmendes Verstehen hinaus- läuft. Idealerweise lassen sich die Ergebnisse dann mit einer kulturwissenschaft- lichen oder soziologischen Perspektive auf das jeweilige Verhalten auch kritisch evaluieren.

**Leitsätze für das phänomenologische Interview**   Abschließend lassen sich mit Simon Høffding fünf allgemeine Leitsätze formulieren, die für ein phänomenologisches Interview relevant sind (vgl. Høffding 2018):

1. *Zu den Sachen selbst:* Möglichst offene und detaillierte Erfahrungsberichte zu erstellen, ohne dabei bereits bestehende Theorien, Erklärungen oder Über- zeugungen zum Thema als selbstverständlich vorauszusetzen.
2. *Strukturen der Subjektivität:* Hiermit soll die Spezifizität des Untersuchungs- gegenstandes (Subjekt) hervorgehoben werden und zugleich die Annahme ge- macht werden, dass sich invariante oder typische Strukturen allgemeiner oder spezifischer Erfahrung identifizieren lassen. Das phänomenologische Inter- view ist in diesem Sinne keine Introspektion. Zwar beinhaltet es sogenannte Introspektionen und Beschreibungen ‚innerer' Erfahrung, indem Subjekte nach ihren Erfahrungen oder Erinnerungen gefragt werden, bleibt aber hier- bei nicht stehen. Ziel ist es jedoch, invariante phänomenologische Strukturen zu entdecken, die auf alle gemachten Beschreibungen einer spezifischen Er- fahrung (der Krankheit, des Bewegens etc.) zutrifft.

Um den ersten zwei Leitsätzen im Interview gerecht zu werden, schlägt Høffding zwei Stufen der Untersuchung vor, eine beschreibende und eine phänomeno- logisch analysierende, die sich überlappen und wechselseitig beeinflussen und informieren sollen:

a) In der ersten Stufe werden Interviews geführt und Erfahrungsbeschreibungen generiert, indem die Forschenden sich vertraut machen mit den gelebten Er- fahrungen der zu untersuchenden Subjekte.
b) In der zweiten Stufe werden diese Beschreibungen analysiert, und es wird aus- gewertet, inwiefern sich diese generalisieren lassen, um so Aussagen über Er- fahrungsstrukturen oder Subjektivität als solche machen zu können.

Hierbei ist es explizit gewollt, dass die phänomenologische Theorie die Inter- pretationen der Beschreibungen beeinflusst. Zugleich können aber im Laufe der Analyse weitere Beschreibungen genau diesen theoretischen Rahmen infrage stellen. Beschreibungen der Zweite–Person-Perspektive und deren phänomeno- logische Analyse stehen also in einem dialektischen Verhältnis – so lange, bis ein gewisser Grad an Konsistenz erreicht ist, also alle oder die meisten Beschreibungen unter dem so entwickelten konzeptuellen Gerüst verständlich gemacht werden können.

Dies führt jedoch zur Frage, wie man sicher sein kann, dass diese Analyse wirklich dasjenige Erlebnisphänomen trifft, welches man untersuchen will (im Falle von Høffdings Studie, das der musikalischen Absorbiertheit), oder nicht vielmehr ein anderes (z. B. die Erfahrung von Erinnerungen)? Hierfür ist ein dritter phänomenologischer Leitsatz relevant:

3. *Irreduzibilität der Subjektivität:* Hier soll betont werden, dass Erfahrungsberichte sich nicht vollständig objektivieren lassen, weshalb es einer anderen Methode bedarf als die der quantitativen Untersuchung.

In diesem Zusammenhang stellt sich die Frage, inwiefern die Beschreibung der Erfahrung nicht schon die unmittelbar erlebte Erfahrung verfälscht. Dies ist jedoch nur dann ein Problem, wenn man die Beschreibung als eine Art Repräsentation der Erfahrung versteht, die entweder dem Erlebnis adäquat oder nicht adäquat sein kann. Stattdessen lässt sich die Beschreibung oder Artikulation der Erfahrung auch als eine andere Art und Weise der Manifestation derselben Erfahrung deuten. Jede Erfahrung, wie z. B. das Haben eines Kopfschmerzes, durchläuft verschiedene graduelle oder qualitative Stadien, von den ersten Anzeichen, die gar nicht als solche wahrgenommen werden (die Buchstaben verschwimmen, Konzentration lässt nach), bis hin zur expliziten Artikulation oder Reaktion auf den Schmerz (ich entscheide mich, eine Schmerztablette einzunehmen). In diesem Kontext argumentiert etwa Dan Zahavi, dass eine Reflektion oder Beschreibung einer Erfahrung nicht als Verfälschung einer prä-reflektiven Erfahrung angesehen werden sollte, sondern eher als eine Öffnung zu einer solchen Erfahrung (Zahavi 1999, S. 181–189; 2005, S. 89–96; 2011). Natürlich bedeutet das keinesfalls, dass eine solche beschriebene Erfahrung nicht fehlerhaft sein kann. Jedoch ist Fehlerhaftigkeit allein noch kein hinreichendes Argument, um eine Methode zu disqualifizieren, sondern nur ein Anlass, darüber nachzudenken, wie diese Fehlerhaftigkeit verringert und die Methode verbessert werden kann. Erfahrungsbeschreibungen können dabei nicht wie andere Daten im strikten Sinne reproduziert werden. Schließlich handelt es sich bei Erfahrungen nicht um statische Daten, sondern zeitliche Erlebnisse.

Der vierte phänomenologische Leitsatz lautet daher:

4. *Erfahrung ist leiblich, situiert und enaktiv (enactive)*: Dies hebt hervor, dass das Befragen auch eine leibliche Fertigkeit, ein Geschick ist, dass man üben muss. Hierbei spielt der Aspekt der teilnehmenden Beobachtung eine Rolle. Aktiv Zeit mit den zu untersuchenden Subjekten zu verbringen, kann zur Kontextualisierung und zum Verständnis der Beschreibungen beitragen. Dies heißt aber auch, dass keine Befragung und Beschreibung neutral sein kann. Jede Untersuchung ist immer auch Interpretation, es offenbart bestimmte Perspektiven und Aspekte, während es zugleich andere verdeckt.

Dies bedeutet jedoch nicht, dass jeder Erlebnisbericht verfälscht oder nicht vertrauenswürdig sein muss. Validität lässt sich etwa prüfen anhand einer

3

internen phänomenologischen Konsistenz. Eine solche Konsistenz verweist auf die Möglichkeit, eine Interpretation zu finden, die alle oder die meisten Beschreibungen der Interviews verständlich machen kann. Je mehr Beschreibungen dabei anhand einer phänomenologischen Interpretation verständlich gemacht werden können, je stärker die Konsistenz.

Hier muss allerdings noch eine externe Kontrolle hinzukommen, was als fünfter phänomenologischer Leitsatz formuliert werden kann:

5. *Intersubjektive Validierung:* Die Ergebnisse sind mit anderen Studien zu vergleichen und mit Forschenden zu diskutieren.

Dieser **methodische Schritt der intersubjektiven Validierung** (Varela/Shear 1999, S. 10) oder Bestätigung (Gallagher/Zahavi 2008, S. 29–31) ist, wie schon Husserl selbst betonte, unentbehrlich.

### 3.3.2  Phänomenologie und quantitative Forschung

Als Philosophie des Bewusstseins und der subjektiv leiblichen Erfahrung steht die Phänomenologie nicht nur in unmittelbarer Verbindung zur Psychologie und Soziologie und der darin angewandten qualitativen Forschung, sondern auch zur teils quantitativ ausgerichteten Untersuchung im Bereich der kognitiven Psychologie und Neurowissenschaft. Hierbei steht nicht nur die Frage im Vordergrund, wie sich der Aspekt der Erfahrung sinnvoll in die Untersuchung integrieren lässt, sondern auch wie sich dieser überhaupt zu neurologischen Aspekten verhält, d. h. wie sich Erfahrungsdaten mit objektiven Daten korrelieren lassen.

Naturalisierung der Phänomenologie   Hierfür muss die phänomenologische Untersuchung in gewissem Maße naturalisiert werden, also in eine direkte Verbindung mit physikalischen, biologischen oder materiellen Vorgängen gebracht werden. Verliert aber die Phänomenologie dadurch nicht ihren Anspruch auf Vorurteilslosigkeit (also keine wissenschaftliche Theorie, auch nicht die des Physikalismus, von vornherein als gegeben anzunehmen) oder ihre transzendentale Dimension, in welcher das bewusste und erkennende Subjekt notwendigerweise primär ist? Dies wurde seit den späten 1990er Jahren lebhaft diskutiert (vgl. Petitot et al. 1999). Einige sprechen sich dabei für eine pragmatische Haltung aus, schließlich merkte schon Husserl an, dass alle inhaltlichen Ergebnisse der transzendentalen Phänomenologie auch auf der konkreten Ebene, d. h. der natürlichen Einstellung, ihre Geltung haben. Andere sehen eine solche naturalisierte Phänomenologie, die sich in den Dienst empirischer Forschung stellt, kritisch. Festzuhalten bleibt, dass Phänomenologie zwar kritisch gegenüber einem Szientismus ist, der seinen Bezug zur Lebenswelt der Menschen vergessen hat, keinesfalls jedoch anti-wissenschaftlich ist. Wie weit die Phänomenologie jedoch naturalisiert werden kann, und inwiefern sich grundlegende philosophische Fragen aus Disziplinen wie der Neurowissenschaft einfach so ausklammern lassen, bleibt eine wichtige und bisher nicht geklärte Frage. Bedeutet Naturalisierung nur, dass Erfahrung und Bewusstsein immer irgendwie verkörpert ist und deswegen notwendig mit biologischen, physiologischen und materiellen Aspekten einhergehen muss? Oder ist man der Überzeugung, dass sich Erfahrung und Bewusstsein – etwa mit fortgeschrittener Technologie und Empirie – auf neuronale Vorgänge zurückführen oder gar auf diese reduzieren lassen?

Reduktionismus  Die häufigste Bedeutung von ‚Naturalisierung' ist die der Reduktion. Dabei wird angenommen, dass sich prinzipiell jedes Bewusstseins-phänomen bei genauerem Hinsehen bzw. Wissen auf etwas ‚Natürliches', d. h. Materielles, reduzieren lässt. So wie sich etwa Wasser auf seine chemischen Bausteine $H_2O$ reduzieren lässt. Reduktion setzt dabei ein physikalistisches Weltbild voraus, indem lediglich dasjenige als real verstanden wird, was materiell, d. h. ausgedehnt, kausal effektiv und direkt messbar ist. Obwohl hier also letztlich von einem *Monismus* (es gibt nur eine Form des Seins bzw. der Realität) bzw. einer *Identitätstheorie* (das Mentale ist identisch mit dem Materiellen; das Gefühl mit dem neuronalen Zustand) ausgegangen wird, bleibt man doch mit dem Problem des *Dualismus* zurück.

Denn: Wie stehen meine subjektiven Erfahrungen und Gedanken in Relation zu den gleichzeitig auftretenden neuronalen Aktivitäten? Wie lässt sich die Bedeutung und Qualität meiner Erfahrung durch die neuronalen Aktivitäten erklären? Und weshalb braucht es überhaupt Bewusstsein, wenn es doch scheinbar auf die materielle und funktionale Ebene des Gehirns reduziert werden kann? Dieses ‚harte' Problem des Bewusstseins, wie David Chalmers es nennt (vgl. Chalmers 1995) bleibt also ungelöst. Es scheint beinahe so, als ob es zwei Seinsschichten oder Welten gibt, die des Materiellen, Sichtbaren und Messbaren und die des Mentalen und Idealen, eine *res extensa* (ausgedehnte Sache) und eine *res cogitans* (denkende Sache), wie Descartes dies nannte. Nur mit dem Unterschied, dass nun nicht mehr die *res cogitans* den Körper steuert, sondern umgekehrt, der Körper die Illusion oder den Effekt des Bewusstseins hervorbringt.

Die Reduktion oder Naturalisierung will also im Wesentlichen die subjektive Erfahrung auf einen effektiven Teilbereich der Objektivität (hier verstanden als materielle Realität) reduzieren. Dabei wird das Problem des Bewusstseins aber nicht gelöst, schließlich verfügen wir noch stets über Erfahrungen und Gefühle, auch wenn dies wissenschaftlich für irrelevant erklärt wird. Dies führt dann zu einer doppelten ‚Erklärungslücke' (vgl. Levine 1983), der zwischen der Beziehung zwischen messbaren Gehirnaktivitäten und Erfahrungen einerseits und der zwischen dem Alltagsleben der Menschen und der Wissenschaft, die diesen Bereich als (unwissenschaftlich) ausklammert.

Das Vergessen der Lebenswelt  Genau dies hatte Husserl in seiner *Krisis der europäischen Wissenschaften* aus dem Jahre 1938 (vgl. Hua VI) kritisiert, nämlich ebendies, dass die Wissenschaft den Bezug zur Lebenswelt verliert. Eine Lebenswelt, der die Wissenschaftler:innen und ihre Praxis selbst angehören, und die die Fragestellungen und Probleme, d. h. die Motivation, überhaupt Wissenschaft zu betreiben, erst hervorbringt. Ein solches Auseinanderfallen dieser zwei ‚Welten' (der objektiven und der Lebenswelt) führte in den 1930er Jahren – und führt auch gegenwärtig wieder – zu einer Welle von Wissenschaftsskepsis und Ablehnung, einer Flucht zu alternativen Wahrheiten und Esoterik.

**Eigenschaftsdualismus**  Eine andere, inklusivere Konzeption von Naturalisierung vertritt dagegen David Chalmers (2010). In seinem Eigenschaftsdualismus ist Naturalisierung gleichbedeutend mit der Erweiterung unserer Vorstellung von Natur. Hier wird der Bereich der Erfahrung in das Konzept der Natur miteinbezogen, ohne die Erfahrung lediglich auf Natur zu reduzieren. Die Grundausstattung der Welt (ihre Ontologie) wird also erweitert um die Erfahrung, die als eine neue Art von ‚Eigenschaft' bestimmt ist. Jedoch ergibt sich aus der Methode (dem Einstellungswechsel) der Phänomenologie, dass bewusste Erfahrung eben gerade keine Sache oder Eigenschaft ist, die man hat; sondern vielmehr die Voraussetzung dafür, dass uns überhaupt Sachen gegeben sind und wir diese dann nach Eigenschaften differenzieren können. Bewusstsein ist demnach nicht etwas, was man neben anderen Dingen oder Eigenschaften zusätzlich ‚hat', sondern vielmehr die Art und Weise, wie wir sind oder leben. Bewusstsein kann also nicht auf eine bestimmte Domäne von Entitäten oder Eigenschaften beschränkt werden, die jeweils kategorisierbar sind, sondern umschreibt unsere gesamte leibkörperliche Subjektivität als eine von Innen und Außen gelebte und erlebte. Bewusstsein ist in diesem Sinne also weder etwas nur Materielles (Gehirn) noch rein Ideelles (Geist), sondern muss dem leiblichen Subjekt oder lebenden Organismus als Ganzem zugeschrieben werden (vgl. Fuchs 2008).

Auch der Eigenschaftsdualismus kann demnach nicht gänzlich erklären, warum diese zusätzliche ‚Eigenschaft' entstanden ist, wie sie mit den materiellen Vorgängen oder den rein funktional bestimmten Kognitionen korreliert und wozu sie nützlich ist. Eine phänomenologische Untersuchung der Wahrnehmung zeigt hierbei, dass Bewusstsein – nicht nur in seiner expliziten Form, sondern vor allem in Form eines impliziten Selbstbezuges – notwendig ist für eine kohärente, d. h. real und objektiv erscheinende, Objektwahrnehmung. Wir erfahren nicht nur die Dinge, sondern in dieser Ding- und Welterfahrung auch, wenn auch meist implizit, unser Erfahren dieser Dinge.

**Bewusstsein: Neben- oder Hauptrolle?**  Wahrnehmung ist somit kein einfaches ‚Registrieren' von Daten, sondern das Resultat einer Relation oder erfolgreichen Integration von Impressionen. Hierbei spielt der räumliche und inhaltliche Kontext eine Rolle, in dem die ‚Sache' sich befindet, sowie unsere Bewegungen, geplanten Handlungen, Empfindungen und vorherigen Erfahrungen. Kurzum: Es könnte sich herausstellen, dass Bewusstsein entgegen der geläufigen Theorien in der Philosophie des Geistes oder Kognitionswissenschaft eben doch keine bloße Nebenrolle, sondern eine Hauptrolle spielt. Eine phänomenologische Sichtweise könnte hier helfen, Unterschiede aufzuzeigen zwischen einem automatischen Registrieren, symbolischer Repräsentation oder statistischer Berechnung und menschlichem Wahrnehmen, Denken oder praktischem Gewohnheitshandeln. Diese Differenzierungen könnten wiederum dabei behilflich sein, biologische (menschliche) von artifiziellen Formen von Intelligenz zu unterscheiden.

Die Phänomenologie kann dabei eine theoretisch-methodische Alternative bieten, indem sie deutlich macht, wie Subjektivität und Objektivität zusammengehören; z. B. das objektiv immer nur dasjenige ist, was nicht nur für mich, sondern intersubjektiv gültig ist. Zugleich unterscheidet sie verschiedene

Einstellungen, in denen wir die Welt und uns selbst wahrnehmen, z. B. in personaler oder wissenschaftlicher Einstellung, von Innen wie von Außen etc.: Nur zusammen ergeben diese Einstellungen oder Perspektiven einen ‚Sinn' oder eine ‚Welt'. Dabei ist die wissenschaftliche Sicht auf die Welt als ein Zusammenhang materieller Dinglichkeit selbst eine (historisch gewachsene) Einstellung, die wir in Bezug auf die Welt und uns selbst einnehmen und nicht etwa eine Realität *an sich.* Dies in aller Bescheidenheit anzuerkennen, heißt nicht, diese Realität, ihre Transzendenz und Vorgängigkeit, zu leugnen, sondern auf unseren Zugang zu ihr kritisch zu reflektieren.

**Objektives Wissen und Erfahrung** Bisher lag der entscheidendste Fortschritt der Neurowissenschaften darin, objektives Wissen über den Körper (hier: das Gehirn) anzuhäufen. So wurden etwa neue Techniken der Bildgebung entwickelt, die eine hohe räumliche Auflösung erlauben, oder Geräte zur elektrischen und magnetischen Aufzeichnung, die eine hohe zeitliche Auflösung der gemessenen Daten ermöglichen. Hierdurch konnte ein beeindruckender Korpus anatomischer und funktioneller Daten über das zentrale Nervensystem gesammelt werden. Leider sagt diese beträchtliche Menge an Informationen erstmal nichts aus über mentale Abläufe und das Verhalten oder Erleben, das sie repräsentieren sollen. Zumindest solange sie nicht direkt oder indirekt mit subjektiven Daten verglichen oder in Beziehung gesetzt werden: wie es sich also anfühlt, jemand zu sein, der die entsprechenden neuronalen Prozesse durchläuft.

Was nützt uns z. B. eine Neurowissenschaft, wenn sie keine Antworten geben kann auf alltägliche Fragen, wenn sie in keinem Bezug steht zu unseren Erfahrungen? Eine willkürliche Ansammlung von aufgezeichneten EEG Daten oder ein buntes Bild des Gehirns hat ohne Kontext weder Sinn noch Aussagekraft. Dies haben Repräsentationen erst, wenn wir wissen, was sie darstellen: eine bestimmte menschliche Erfahrung oder Aktivität, eine Veränderung in Bezug auf vergangene Erfahrungen und Gehirnaktivitäten oder im Vergleich zu anderen Menschen, die dieselbe Handlung ausführen. Ohne diese Korrelation, z. B. mit einem lebensweltlichen Kontext, einer Fragestellung, einem bestimmten menschlichen Problem (wie etwa das Fehlen von Aufmerksamkeit) oder menschlichen Leiden (wie z. B. Depression), sind diese Zahlen oder Bilder nachgerade unbedeutend. Diese Notwendigkeit, einen Zusammenhang herzustellen zwischen objektiver Feststellung und subjektivem Erfahren, macht die Phänomenologie in der Psychopathologie, Medizin und Pflege sowie der Bioethik zu einer wichtigen Partnerin.

Wie lässt sich nun die Erfahrungsperspektive in die quantitative Forschung, z. B. der Neurowissenschaft, integrieren? Wie lassen sich objektiv messbar Körperdaten, z. B. der Gehirnaktivität, und qualitativ erfasste Erfahrungsdaten oder Erlebnisberichte derselben Subjekte in Beziehung setzen?

Hier gibt es verschiedene Möglichkeiten. Zum Beispiel könnte man die Versuchspersonen direkt bitten, ihre Erfahrung während der sich vollziehenden Messung zu beschreiben. Eine solche Verwendung von *Selbstberichten* oder *Introspektion* blieb jedoch lange Zeit unterentwickelt, methodisch mangelhaft und wird nur mit großer Skepsis und Zurückhaltung verwendet. In der Praxis

**3**

reduziert sie sich oft auf eine Vielzahl von Ja-Nein– oder Multiple-Choice-Fragen sowie Knopfdrücken. Eine andere Möglichkeit ist der indirekte Einbezug der Erfahrung in Form einer *Studie des Verhaltens,* dies wird oft bevorzugt mit dem Grund, dass sich eine objektive Beobachtung des Verhaltens leichter mit den objektiven Daten der Gehirnmessung vergleichen lässt. Hierbei sollte man jedoch nicht vergessen, dass z. B. beobachtbaren Bewegungen nur dann der Status eines ‚Verhaltens‘ (und nicht etwa bloß eines mechanistischen Reflexes) zugesprochen wird, wenn diese Bewegungen mit gelebten Intentionen und Erfahrung in Verbindung gebracht werden. In diesem Sinne ist es beinahe unmöglich, die gelebte Subjektivität gänzlich aus der neurowissenschaftlichen Forschung auszuklammern.

Transzendentale Fragen    Nimmt man dagegen objektive neurobiologische Prozesse als Ursprung (oder auslösende Ursache) des Verhaltens oder des Bewusstseins an, hat man damit das ‚harte‘ Problem der Subjektivität nicht gelöst, sondern nur verschoben. Bewusstsein oder Erleben sind dann nur weitere objektive Fakten, die man zu den anderen hinzu addiert. Sobald man jedoch Wissenschaft oder Philosophie praktiziert, d. h. untersucht, misst oder reflektiert, hat man dabei bereits Bewusstsein vorausgesetzt. Dies deutet auf den Umstand hin, dass ganz unabhängig davon, wie das Gehirn einmal entstanden sein mag und warum, Neurowissenschaft auf forschende Subjekte mit Bewusstsein und Gehirn angewiesen ist, die dieses Gehirn wiederum bei anderen Subjekten als Objekt untersuchen. Philosophisch treten hier die bekannten transzendentalen Fragen auf; praktisch bedeutet dies, dass die Erfahrung, das Erleben und das Bewusstsein notwendig sind, um neurowissenschaftlichen Daten einen Sinn zu geben, selbst wenn dieser Sinn als sekundär und abgeleitet angesehen wird (Bitbol 2014).

Neuropänomenologie    In den 1990er Jahren hat sich aus diesem Kontext heraus die sogenannte Neurophänomenologie um den chilenischen Biologen, Philosophen und Neurowissenschaftler Francisco Varela herausgebildet, die versucht, diesen Schwierigkeiten entgegenzutreten. Zunächst lädt sie Forschende dazu ein, neue Methoden zur Untersuchung des subjektiven Erlebens zu entwickeln. Methoden zur Gewinnung von Erfahrungsdaten sollen dabei dieselbe Priorität einnehmen, wie Methoden zur Gewinnung objektiver Daten (Depraz et al. 2003). Die Neurophänomenologie plädiert dabei für ein permanentes Wechselspiel zwischen subjektiven und objektiven Informationsquellen, die sich gegenseitig stützen sollen, d. h. es wird versucht, die jeweils eine Ebene in die jeweils andere zu übertragen (Gallagher 2003). Eine Konsequenz dieser neu etablierten Balance der Methoden ist, dass die objektive Ebene der messbaren Daten keinen ontologischen Vorrang mehr hat. Man möchte also die Vorannahme einklammern, dass nur objektive oder direkt messbare Daten Auskunft geben können über die Wirklichkeit. Sie verschiebt damit die Perspektive, weg von der Suche nach einer objektiven Lösung, um den Ursprung der Subjektivität aufzuklären, hin zu einer Untersuchung darüber, wie die Identifikation allgemeiner Erfahrungsstrukturen, die viele oder alle Subjekte teilen, dabei helfen kann, Bewusstsein und Welt objektiv zu erfassen (Varela 1999).

Die Neurophänomenologie wendet hierbei ebenfalls eine Art phänomenologischer Reduktion an, wie sie es selbst nennt, bzw. einen phänomenologischen
Einstellungswechsel: weg von den (für selbstverständlich objektiv angenommen)
Dingen, hin zu der Frage nach ihrer *Gegebenheit*. Hierbei soll mit Husserl erkannt
werden, dass es sich bei der Erste- und Dritte-Person-Perspektive eben nicht um
zwei verschiedene Bereiche handelt, sondern um zwei Einstellungen innerhalb der
(möglichen) Erfahrung. Also genau wie wir uns selbst sowohl als Leib als auch als
Körper wahrnehmen, können wir letzteren mithilfe von neuer Technologie nun in
einer erweiterten Weise wahrnehmen und messen. Dies erlaubt den Zugang zu ablaufenden Prozessen im eigenen Körper, die vorher nicht selbst erfahrbar waren.
Neben unserem Erleben gibt es nun ein Arsenal von Körperdaten zu Herzschlag-
frequenz, Temperatur oder Gehirnaktivität. Diese repräsentieren jedoch keinen
direkten Zugang zu diesen Prozessen, sondern eine statistisch vermittelte Wieder-
gabe, wie bei der Messung der Gehirnaktivität besonders deutlich wird. Bei der
funktionellen Magnetresonanztomographie wird die Gehirnaktivität nämlich
nicht direkt gemessen, sondern die Veränderungen in der Durchblutung des Gehirns (Hämoglobingehalt), was auf Stoffwechselvorgänge hinweist, die wiederum
mit Gehirnaktivität in Verbindung gebracht werden. Die statistisch errechnete
Differenz der Durchblutung im Vergleich vor und während einer experimentellen
Untersuche wird dann als Gehirnbild repräsentiert.

**Kein Vorrang der Objektivität**  Die Neurophänomenologie weist nun darauf hin,
dass beide Ebenen, die erlebte und die extern gemessene, beständig aufeinander
bezogen werden müssen. Phänomenologie und Kognitionswissenschaft bzw.
Neurowissenschaft und ihre jeweils zugehörigen Ergebnisse bedingen sich laut
Varela gegenseitig. Eine Gesamteinschätzung kann nur gegeben werden, wenn
beide Wissenschaften zu einer wechselseitigen Aufklärung dieser Ebenen bereit
sind. Dies bedeutet jedoch, dass die Neurowissenschaft ihren Objektivitäts-
anspruch nicht unhinterfragt lassen kann. Was ist die Bedingung der Möglichkeit
der Erfahrung (Messung) von Gehirnaktivitäten? Was wird und kann hier genau
gemessen werden? Und wie steht es in Beziehung zum Verhalten und Erleben?
Ohne einen Bezug zur subjektiven Erfahrung ergeben die Messungen keinerlei
Sinn, da sie ja gerade die Differenz und das Typische eines bestimmten Verhaltens
gegenüber einem ‚Ruhezustand' messen und damit objektiv sichtbar machen
wollen.

**Erfahrung als Ausgangspunkt**  In der Neurophänomenologie nach Varela soll
daher die erlebte Erfahrung der Ausgangs- und Endpunkt neurowissenschaftlicher Forschung sein und damit als roter Faden der Untersuchung fungieren
(Varela 1996, 1999). Dies heißt erstens, dass das phänomenale Bewusstsein nicht als bloßes Explanandum oder zusätzliche Information angesehen
wird, sondern als *Grundlage* für jede Erklärung. Zweitens sind neurobiologische Prozesse (genau wie Erfahrungen) nicht einfach ein Teil dessen, ‚was es
gibt', sondern ein bestimmter Bereich von Phänomenen, die aufgrund ihrer In-
varianz in Bezug auf eine experimentelle Situation ausgewählt wurden. Drittens
soll die Übereinstimmung zwischen neurowissenschaftlichen Phänomenen und

Bewusstseinsinhalten nicht im Sinne einer einseitigen Kausalität interpretiert werden. Vielmehr lässt sich dies als Kontinuum dessen verstehen, was sich zeigt, als eine Art gemeinsame Manifestation des erlebten Leibes und des wahrgenommenen Körpers. Dies sieht man z. B. in der Analogie und Gleichzeitigkeit der erlebten ‚Entscheidung‘, den eigenen Arm zu bewegen, einerseits und der empirischen Beobachtung dieser Bewegung andererseits (Bitbol 2014).

Die Notwendigkeit der Verbindung zwischen Gehirnereignissen, Verhalten und Erfahrung ist natürlich nicht neu und ziemlich unumstritten. Neu und phänomenologisch daran ist jedoch der Anspruch der gegenseitigen Bedingtheit der Ebenen. Dies meint, dass sogenannte ‚disziplinierte Selbstberichte‘ der Versuchssubjekte ein integraler Bestandteil der Validierung eines neurobiologischen Ansatzes sein müssen und nicht nur zufällige oder heuristische Informationen. Dies heißt weder, dass man Erfahrung auf funktionelle oder physiologische Prozesse reduzieren kann, noch dass Erfahrung unabhängig von diesen Prozessen ist. Anstatt gewisse physikalische oder philosophische Vorannahmen zu machen, sollte vielmehr auf beiden Ebenen versucht werden, auf methodisch fundierte Weise Invarianten der erfahrenen und gemessenen Daten zu identifizieren und diese miteinander in Beziehung zu setzen.

**Neurophänomenologie light**  In der tatsächlichen Umsetzung wurde aus dieser philosophisch inspirierten Neurophänomenologie jedoch eher eine ‚Neurophänomenologie light‘: Hierbei wird versucht, mithilfe phänomenologischer Expertise die Dimension der Erfahrung möglichst pragmatisch in die empirische Untersuchung der Gehirnaktivitäten miteinzubeziehen – und zwar ohne dass die Neurowissenschaft dafür notwendigerweise ihre Vorannahmen und ihr Vorgehen selbst kritisch hinterfragen muss. So werden etwa Phänomenolog:innen als Expert:innen der Erste-Person-Perspektive oder ‚Ich-Perspektive‘ für kurze Interventionen in die Labore von Kognitionswissenschaftler:innen eingeladen. Die Aufgabe der Phänomenologie besteht hier hauptsächlich darin, einen Beitrag zur objektiven Neurowissenschaft zu leisten.

In diesem Kontext werden etwa phänomenologische Beschreibungen und Konzepte zur Klärung der Funktion verschiedener biologischer Prozesse (Thompson et al. 2005) benutzt, um die Korrelation zwischen dem technisch hochentwickelten neurowissenschaftlichen Datenbestand und dem bisher noch vagen Erfahrungswissen zu präzisieren. Dies geschieht durch die Feststellung von wechselseitigen Beschränkungen (*mutual constraints*), also bestimmter Aspekte (subjektiv wie objektiv), die sich nicht verändern lassen, ohne dass es auf der jeweils anderen Ebene ebenfalls zu Änderungen kommt. Die Anwendung der Phänomenologie in den Neurowissenschaften vollzieht sich dabei meist auf zwei Arten. Entweder werden phänomenologische Konzepte und Differenzierungen für das Design und die Fragestellungen neurowissenschaftlicher Experimente genutzt, was man als *frontloading phenomenology* bezeichnet (vgl. Gallagher 2003), oder es wird versucht, die Selbsterfahrung und Aufmerksamkeit der Proband:innen zu schulen, damit diese ihre Erfahrung während eines Experiments gezielter und differenzierter erfassen und darüber berichten können (Lutz 2002), etwa beim Erhebungs- oder mikrogenetischen Interview (Depraz 2003).

**Erlebte und gemessene Aufmerksamkeit** Zum Beispiel konnte in einem neuro-wissenschaftlichen Wahrnehmungsexperiment eine starke Korrelation zwischen dem von den Proband:innen jeweils erlebten Status des ‚Bereitseins' (*potential readiness*) und der mit einem EEG gemessenen Reaktionsgeschwindigkeit in Bezug auf die auszuführende Wahrnehmungsaufgabe festgestellt werden (Lutz 2002). Die Versuchspersonen verfassten dabei vor Beginn des eigentlichen Experiments unter phänomenologischer Anleitung subjektive Einschätzungen, d. h., sie wurden angehalten, über ihren subjektiven Zustand vor und während der Probedurchläufe des Experimentes zu achten: Waren sie abgelenkt oder nicht? Gab es unaufmerksame Momente? Oder haben sie eine bestimmte kognitive Strategie während der Versuche angewandt? Anhand dieser Trainingsberichte wurden sozusagen a posteriori allgemeine deskriptive Kategorien definiert, um die Versuchsdurchgänge in phänomenologische Cluster aufzuteilen, z. B. in Bezug auf die empfundene Bereitschaft für das betreffende Experiment. Hierbei wurde dann zwischen einer stabilen und einer zögerlichen Bereitschaft sowie einem Zustand des Nicht-Bereitseins unterschieden.

> ▶ **Beispiel – Neurophänomenologie und meditierende Gehirne**

Wie lassen sich in neurowissenschaftlichen Studien zur Aufmerksamkeit mit bildgebenden Verfahren Aussagen über das Erleben der Teilnehmenden auf verlässliche und systematische Weise integrieren? Ein neurophänomenologisches Experiment unter Beteiligung des Phänomenologen Evan Thompson hat diese Herausforderung angenommen, indem Versuchspersonen mit ausgewiesener Erfahrung in der Meditation eingesetzt wurden (vgl. Garrison et al. 2013).

Um objektive Messdaten und subjektive Erlebnisdaten zu verknüpfen, wurde ein Echtzeit-fMRT (rt-fMRT) eingesetzt, das den Teilnehmenden während einer laufenden Aufgabe Feedback über ihre eigene Gehirnaktivität geben konnte. Dieses Echtzeit-Feedback während einer fokussierten Aufmerksamkeitsaufgabe zeigte, dass der posteriore cinguläre Kortex, der ‚normalerweise' im Zustand der gedanklichen Abschweifung oder ‚Gedankenwanderung' aktiviert ist, während der Meditation jedoch nicht aktiv war.

In einem ersten Experiment berichteten sowohl Meditierende als auch Nicht-Meditierende von einer signifikanten Übereinstimmung zwischen der Feedback-Grafik und ihrer subjektiven Erfahrung von fokussierter Aufmerksamkeit einerseits oder Gedankenwanderung andererseits. Wenn sie jedoch angewiesen wurden, bewusst zu versuchen, ihre Gehirnaktivität zu beeinflussen, waren nur die Meditierenden in der Lage dies zu tun. Sie führten willentlich eine signifikante Deaktivierung des posterioren cingulären Kortex herbei.

Diese Ergebnisse konnten anschließend in einer separaten Gruppe von Meditierenden repliziert werden, indem ein neuartiges schrittweises rt-fMRT-Entdeckungsprotokoll verwendet wurde, bei dem die Teilnehmenden kein Vorwissen über die erwartete Beziehung zwischen ihrer Erfahrung und dem Feedback-Graphen hatten (d. h. fokussierte Aufmerksamkeit versus gedankliches Abschweifen). Diese Ergebnisse bestätigen, dass es durch die Verwendung von Echtzeit-fMRT in der neurowissenschaftlichen Forschung möglich wird, objektive Messungen der Gehirnaktivität mit Berichten über parallel ablaufende subjektive Erfahrungen zu verknüpfen. Zugleich zeigen sie, dass die Expertise der Meditierenden in introspektiver Wahrnehmung generalisiert werden kann (da der Effekt bei allen Versuchspersonen mit Meditationserfahrung auftrat) und auf neue Kontexte, hier die Ausführung einer Aufmerksamkeitsaufgabe, anwendbar ist. ◀

**Eine neue Form der Introspektion?**    Auch in dem sogenannten Erhebungs- oder mikrogenetischen Interview steht die Schulung von Versuchspersonen im Zentrum. Dies soll einen differenzierteren Zugang zu dem jeweils Erlebten, insbesondere den impliziten Prozessen dieses Erlebens, erlauben. Ob und wie dies möglich ist, wird jedoch innerhalb der philosophischen Phänomenologie wie auch in der empirischen Wissenschaft kontrovers diskutiert. Philosophisch stellt sich die Frage, ob hier nicht eine neue Form von Introspektion entwickelt wird. Dies würde einer klassischen phänomenologischen Herangehensweise entgegenstehen, die sich als eidetische und transzendentale Philosophie und gerade nicht als Introspektion versteht. Die Phänomenologie will schließlich nicht auf das Innere selbst schauen, sondern vielmehr die Welt *von innen heraus* betrachten. Weiterhin ist die philosophische Phänomenologie nicht so sehr an den spezifischen Erfahrungen des Einzelnen, sondern den invarianten **Strukturen der Erfahrung überhaupt** interessiert bzw. welche dieser Strukturen für die Erfahrung einer Welt notwendig und konstitutiv sind. Wissenschaftlich stellt uns der Einbezug von Introspektion ebenfalls vor einige Probleme, z. B. im Hinblick auf die Forderung nach *Transparenz* (inwiefern wird das Erlebte durch experimentale Umstände, bestimmte Fragen oder den Fokus der Untersuchung sowie durch das Berichten und Reflektieren auf die Erfahrung selbst verändert), *Validität* (inwiefern kann man Selbstberichten vertrauen, inwiefern sind Erfahrungen falsch oder eingebildet etc.?) und *Verallgemeinerung* (inwiefern kommt man von individueller Introspektion zu allgemeinen Erfahrungsstrukturen, die sich mit objektiven Daten korrelieren lassen?).

**Was wissen wir wirklich über unser Erleben?**    Im wissenschaftlichen und psychologischen Kontext wird oft vom Einbezug introspektiver Erlebnisberichte abgesehen, da sie aufgrund der singulären Natur der Erfahrung nicht reproduzierbar und daher nicht verifizierbar sind. Richard Nisbett und Timothy Wilson (1977) haben etwa in einer einflussreichen Studie gezeigt, dass Menschen oft mehr (über sich selbst) erzählen, als sie eigentlich (über sich) wissen. Sie folgerten daraus, dass Subjekte eben keinen zuverlässigen introspektiven Zugang zu ihren eigenen kognitiven Prozessen haben. Ein schwedisches Team von Kognitionswissenschaftler:innen (Johansson et al. 2005) hat diese Schlussfolgerungen bestätigt. In ihrer Studie mussten sich Teilnehmende zwischen zwei Bildern von Frauengesichtern entscheiden, als Beurteilungskriterium diente hierbei die Attraktivität der Gesichter. Unmittelbar nach der Auswahl wurde den Subjekten das ausgewählte (attraktivere Gesicht) erneut gezeigt, verbunden mit der Bitte, die Gründe für die Wahl zu erläutern. In einigen Fällen wurde nun ein Bild präsentiert, dass die betreffenden Personen gar nicht selbst ausgewählt hatten. Erstaunlicherweise erkannten die Teilnehmer diesen Trick nur in 20 % der

Fälle. In den restlichen 80 % der Fälle gaben sie daher eine Erklärung für eine Wahl ab, die sie gar nicht getroffen hatten.

Es scheint also, dass wir äußerst wenig darüber wissen, wie wir erleben und entscheiden. Dies ist für eine Phänomenologin erst einmal nicht verwunderlich, werden doch gerade bei Husserl, Merleau-Ponty, Sartre, Beauvoir oder Heidegger etc. die passiven, impliziten und daher nicht explizit thematischen Bereiche des Bewusstseins und der Existenz beschrieben. Sind deshalb alle Erfahrungs- und Selbstberichte unzuverlässig und nutzlos, oder kann man die Probanden eventuell darin schulen, ihre eigenen Erfahrungen aufmerksamer und damit differenzierter zu erfassen und zu beschreiben?

**Über Bewusstwerdung** Eine Gruppe französischer Phänomenolog:innen und Psycholog:innen wiederholten obiges Experiment, um genau dies herauszufinden. Hierfür integrierten sie zwischen den zwei experimentellen Schritten (der ersten Auswahl des Bildes und der Erläuterung der Auswahl) ein sogenanntes Erhebungsinterview. Bei einem solchen Interview werden neutrale, aber dennoch präzise Fragen an die Teilnehmenden gestellt, die ihnen dabei helfen sollen, ihre Aufmerksamkeit retrospektiv auf die Prozesse der vorhin ablaufenden Erfahrung zu lenken, um diese differenzierter beschreiben zu können. Das Erhebungsinterview soll also helfen, sich die eigenen impliziten Erlebnisse im Nachhinein bewusst zu machen. Welche Gedanken, Assoziationen oder Gefühle führten zu der Entscheidung? Bei denjenigen Teilnehmenden an dem Experiment zeigte sich tatsächlich ein Unterschied im Ergebnis, während in der ‚normalen‘ Versuchsgruppe das Ergebnis der anderen Studien bestätigt wurde. Der Einsatz des Erhebungsinterviews kehrte die Sachlage sogar um, hier wurde das falsche Bild in 80 % der Fälle erkannt (Petitmengin et al. 2013).

> ▶ **Beispiel – Erhebungs- oder mikrogenetisches Interview**

Das Erhebungsinterview wurde entwickelt, um Personen in der beruflichen Praxis zu helfen, sich des impliziten Anteils ihrer mentalen oder körperlichen Handlungen bewusst zu werden (vgl. Vermersch 1994). In der Kognitionswissenschaft wird es weiterhin zur Beschreibung der Mikrodynamik von Erfahrungen eingesetzt, die mit jeder Art von kognitiven Prozessen verbunden sind (Petitmengin 2006). Der Zweck eines Erhebungsinterviews ist es, den Proband:innen zu helfen, ihre Aufmerksamkeit vom Inhalt der Erfahrung auf die Dynamik der Erscheinung dieses Inhalts zu lenken, die meist unerkannt, unbemerkt oder in der phänomenologischen Sprache ‚vorreflexiv‘ bleibt.

Der erste Schritt besteht darin, die Aufmerksamkeit vom Inhalt auf den vollständigen Bewusstseinsakt zu lenken. Dies wird von Michel Bitbol und Claire Petitmengin (2013, S. 273) gleichgesetzt mit der Durchführung der phänomenologischen Reduktion. Dies ist jedoch missverständlich, da es sich hierbei nicht um eine transzendentale Reduktion handelt, d. h. um die philosophische Frage, was die Bedingungen der Möglichkeit von Erfahrung überhaupt sind. Stattdessen soll die Aufmerksamkeit der Versuchsperson auf ihre singuläre Erfahrung gelenkt werden. Wann immer die Versuchspersonen dabei abgelenkt werden, etwa dadurch, dass sie diese Erfahrung kommentieren, rechtfertigen, erklären oder evaluieren, wird ihre Aufmerksamkeit durch die Forschenden geduldig auf die Ebene der Beschreibung zurück gelenkt.

Im zweiten Schritt soll der Versuchsperson geholfen werden, das betreffende Erlebnis abzurufen oder ‚heraufzubeschwören‘ (zu evozieren), egal ob dieses weit in der Vergangenheit liegt oder gerade erst vorbei ist. Da es sich um implizite und präreflektive Prozesse handelt, sind sensorische Auslöser besonders wichtig, um das Auftauchen der gesamten Erinnerung in all ihren qualitativen, emotionalen und kognitiven Dimensionen zu ermöglichen. (Ein berühmtes Beispiel ist der ‚Madeleine-Effekt‘, benannt nach Marcel Prousts mehrbändigem Roman *Auf der Suche nach der verlorenen Zeit*. Hier löst das französische Gebäck ‚Madeleine‘ durch seinen Geschmack in der Figur Swann eine unmittelbare Erinnerung an das Dorf und die Menschen seiner Kindheit aus.) In diesem Zusammenhang konnten Kriterien identifiziert werden, die auf die Effektivität eines retroaktiven Evokationsaktes hinweisen (Vermersch 1994; Petitmengin 2006), z. B. die spontane Verwendung des Präsens, das Abnehmen des visuellen Fokus, die Verlangsamung des Redeflusses und das Auftreten von Gesten.

Im dritten Schritt sollen die Mikroprozesse der jeweiligen Akte, also die präreflexiven Elemente, die sich normalerweise im Hintergrund abspielen, in den Fokus der Evokation rücken. Dies geschieht, indem man die Aufmerksamkeit vom Inhalt eines inneren Bildes auf die Dynamik seiner Erscheinung, d. h. die Genese dieses Inhalts, lenkt: z. B. auf das Entstehen einer neuen Idee, einer auditiven Wahrnehmung, eines Gefühls der Überraschung, einer Wahrnehmungsillusion oder einer schmerzhaften Episode. Hierfür werden Fragen der Art: ‚Wie hat es angefangen?‘, ‚Was ist dann passiert?‘, ‚Was haben Sie genau getan?‘, ‚Was haben sie genau gefühlt in diesem Moment?‘ gestellt. Diese Art der ‚inhaltsleeren‘ Befragung soll eine genaue Beschreibung ermöglichen, ohne dabei eigene Vorannahmen und falsche Erinnerungen zu erzeugen.

Die Struktur eines Erhebungsinterviews ist iterativ. Sie soll der Versuchsperson helfen, die betreffende Erfahrung mehrmals zu evozieren, und dabei ihre Aufmerksamkeit auf ein diachrones Geflecht zu lenken, das zunehmend verfeinert wird, bis der gewünschte Detaillierungsgrad erreicht ist. Ziel ist es, eine generisch dynamische Struktur zu identifizieren, die unabhängig von den verschiedenen Erfahrungsinhalten ist — z. B. die typische Struktur bzw. die wesentlichen Mikroprozesse, die bei der Erfahrung von Überraschung oder dem Entstehen einer Idee wesentlich sind. ◄

**Naive vs. angeleitete Erlebnisbeschreibung** Zwei Dinge werden hier deutlich. Erstens sind naive Beschreibungen von Entscheidungsprozessen oder Erlebnissen in der Regel unzuverlässig. Jedoch zeigt die hohe Entdeckungsrate des ‚falschen Bildes‘ bei denjenigen Teilnehmenden, die retrospektiv bei der Beschreibung ihrer Wahl angeleitet wurden, dass es möglich ist, solche Fehleinschätzungen durch gezielte Aufmerksamkeit auf das eigene Erleben zu vermeiden. Durch das Interview wird eine Art Erinnerung an das Erlebnis der Auswahl des Bildes möglich, die wiederum regelmäßig im Verlauf des Interviews aufgefrischt und eingeordnet wird. Die hohe Erkennungsrate zeigt die Effizienz dieses Vorgangs und damit auch die Zuverlässigkeit der Erinnerungen, was wiederum für die Validität der Beschreibungen spricht. Zweitens wird ersichtlich, dass eine naive oder ungeschulte Beschreibung der Erfahrung, auch bei Teilnehmenden, die nicht der Täuschung unterlagen, ziemlich ungenau und dürftig ist. Personen gaben etwa an: ‚Ich habe diese Person ausgewählt, weil sie ein schönes Lächeln hatte' (vgl. Bitbol/Petitmengin 2017, S. 732). Die Beschreibungen bleiben auf das Was oder den Inhalt ihrer Wahl konzentriert, also auf das gewählte oder nicht gewählte Gesicht.

Im Gegensatz dazu, trifft man bei den ‚angeleiteten' Subjekten auf sehr detaillierte Beschreibungen ihrer Erlebnisse und Entscheidungsprozesse. Zum Beispiel beschrieben sie die zeitliche Abfolge der Erkundung der Merkmale der Gesichter, die flüchtigen inneren Bilder, die durch die Fotografien hervorgerufen wurden, oder die subtilen inneren Gefühle, die als Auswahlkriterien verwendet wurden. Ein Unterschied zeigte sich auch in der Länge der Berichte bzw. der Anzahl der benutzten Wörter: Nicht angeleitete Versuchspersonen umschrieben ihre Erfahrung im Durchschnitt mit 200 Wörtern, während die angeleiteten Subjekte hierfür 3000 Wörter benötigten. Für Claire Petitmengin und Michel Bitbol sind diese detaillierten Beschreibungen die Folge einer Umlenkung der Aufmerksamkeit: von dem Inhalt der Wahrnehmung (Gesicht) auf das ‚Wie' ihrer Gegebenheit (Akte und Mikroprozesse). Das Interview hat also eine ähnliche Funktion wie die *deskriptive Epoché* bei der phänomenologischen Beschreibung, nun jedoch extern angeleitet durch die Befragung. Experimente, in denen die Probanden lediglich in naiver und oberflächlicher Weise über ihre Erlebnisse berichten, können daher nicht als generelle Diskreditierung der Introspektion gelten. Denn eine angeleitete Introspektion kann die Möglichkeit hervorbringen, auf kognitive Prozesse erfahrungsmäßig zuzugreifen, um diese detailliert beschreiben zu können.

**Phänomenologie und Introspektion**  Folgendes lässt sich hierzu kritisch anmerken. Erstens muss methodisch ein Unterschied gemacht werden zwischen einer phänomenologisch inspirierten Introspektion und der philosophisch phänomenologischen Methode. Auch wenn bei beiden Vorgängen eine Umlenkung der Aufmerksamkeit vom Inhalt des Gegebenen zum Wie seines Gegebenseins auftritt, handelt es sich bei der Beschreibung des ‚Gegebenen' im Erhebungsinterview nicht um erfahrene Dinge oder die Welt, sondern um mentale Vorgänge. Während die Phänomenologie also *bei den Dingen* beginnt und von da aus nach den allgemeinen Strukturen und notwendigen Bedingungen von Erfahrung und Subjektivität überhaupt zurückfragt, nimmt das Erhebungsinterview *beim Inhalt eines mentalen Prozesses* einer bestimmten Person ihren Ausgang und fragt von da genetisch zurück nach individuellen Mikroprozessen, die diesen Inhalt motiviert haben. Die Bewusstwerdung zielt also auf die konkrete Beschreibung vorreflexiver mentaler Vorgänge in der Zweite–Person-Perspektive (der Versuchspersonen) ab. Hierbei bleibt es jedoch nicht, denn die Beschreibungen der Versuchspersonen werden gesammelt, um anhand dieser eine allgemeine, eidetische Struktur der Mikrogenese feststellen zu können, die auf alle Versuchspersonen zutrifft.

**Mikrophänomenologie und Eidetik**  Eine solche genetische Mikrophänomenologie möchte konkrete Erlebnisformen und ihre Entstehung in ihrer Typik (allgemein) beschreiben, also z. B. welche Mikroprozesse der Erfahrung einer Überraschung oder dem Haben einer Idee vorausgehen. Im Gegensatz zur Eidetik in der Phänomenologie, bei der die jeweilige Erfahrung lediglich als willkürliches Beispiel den Ausganspunkt der Variation bildet, bleibt diese Typisierung jedoch an die Beschreibung des konkret Erlebten und seiner Qualität gebunden. Dies macht den Ansatz anfällig für das Problem voreiliger Generalisierungen (welche und wie viele Subjekte wurden befragt, welche nicht?) und dem Risiko, die Evokation der Erfahrung zu sehr in eine bestimmte Richtung zu lenken und damit einer nachträglichen Rationalisierung des Erlebten Vorschub zu leisten. Dies muss noch nicht einmal durch die Forschenden selbst ausgelöst werden, sondern kann der jeweiligen sozialen oder kulturellen Situierung geschuldet sein. Daher sollte man berücksichtigen, dass jede Erfassung und Beschreibung von Erlebnissen durch Sprache, Konventionen oder Erwartungen implizit mitgeformt wird.

Dass die introspektive Mikrophänomenologie sich von der traditionellen phänomenologischen Methode unterscheidet und mit den bekannten Problemen jeder Introspektion zu kämpfen hat, bedeutet jedoch nicht, dass eine solche Methode und ihre konstante Verfeinerung nicht zu wichtigen Ergebnissen kommt, d. h. in der Forschung oder Therapie nützlich ist. Da jede neurowissenschaftliche Studie auf Versuchspersonen und direkte oder indirekte Erfahrungsberichte basiert, ist eine methodische Reflexion und das Entwickeln eines Verfahrens zur Systematisierung der Erlebnisberichte dringend notwendig.

**Sich Bewusst werden, was in einem passiert**  Einige Studien deuten auch darauf hin, dass das Erhebungsinterview Aufschluss geben kann über die Entstehung von Illusionen, z. B. im Kontext der berühmten ‚Gummihand-Illusion' (Valenzuela et al. 2013), bei der eine widersprüchliche Kombination aus visuell wahrgenommener (einer lebensecht aussehenden Gummihand) und gefühlter Berührung (der unter dem Tisch liegenden echten Hand) den Eindruck erzeugt, dass die gesehene Gummihand die eigene Hand ist. Auch im klinischen Bereich erwies sich das Erhebungsinterview als nützlich. Es ermöglichte Patient:innen, sich der frühen Anzeichen bewusst zu werden, die einem epileptischen Anfall vorausgehen. Damit konnte auf der Erfahrungsebene bestätigt werden, was auf der neuronalen Ebene bereits antizipiert worden war (Le Van Quyen et al. 2001), dass nämlich Anfälle nicht ‚wie ein Blitz aus heiterem Himmel' entstehen, sondern sichtbare Ergebnisse eines Prozesses sind, der lange vorher begonnen hat. Ein Bewusstsein oder eine Bewusstwerdung dieser Mikrogenese von Anfällen könnte also der Schlüssel zu einer neuen kognitiven Therapie für Epilepsie sein (Petitmengin 2006).

**Frontloading-Phänomenologie**  Jedoch lässt sich Phänomenologie auch in quantitative Forschung integrieren, ohne dass dafür die Versuchspersonen vorab geschult werden müssen. Im von Shaun Gallagher vertretenen Ansatz der *frontloading phenomenology,* wird etwa das experimentelle Design durch phänomenologische Erkenntnisse geleitet, z. B. durch phänomenologische Differenzierungen zwischen Körperschema und Körperbild oder zwischen dem Gefühl von Besitz (*ownership*) und der Handlungsfähigkeit bzw. -initiation des eigenen Leibkörpers (*agency*). In diesem Zusammenhang wurde etwa die Hypothese überprüft, ob Handlungsinitiation (a) bedingt ist durch neuronale Prozesse, die die Motorik steuern – sogenannte efferente Signale, also Signale die das Gehirn an die Muskeln sendet und die Bewegung auslösen –, oder (b) mit höheren kognitiven Arealen der Handlungsintention assoziiert werden muss. Grob gesagt, wurde hier mithilfe von Magnetresonanztomographie nach den neuronalen Korrelaten von einerseits *agency* und andererseits *ownership* gesucht (Chaminade/Decety 2002; Farrer/Frith 2002; Tsakiris/Haggard 2005).

**Sub-personale und personale Ebene** Eine kritische phänomenologische Interpretation dieser Experimente zeigt, dass der Verlust des Gefühls der Handlungsfähigkeit auf verschiedenen Ebenen verortet sein kann und je nach Fall verschiedene Ursachen hat, sowohl auf motorischer als auch kognitiver Ebene oder in der Verbindung beider Ebenen (also wenn die Handlungsintention nicht den gewünschten Effekt in der Welt zeigt, vgl. Gallagher/Zahavi 2008, S. 162 f.). Hierbei muss zunächst deutlich zwischen der *sub-personalen Ebene* neuronaler Prozesse und der *personalen* (oder vor-personalen) *Ebene* der Erfahrung unterschieden werden, bevor man versucht, beide Ebenen zu korrelieren. So kann es auf der neuronalen Ebene so aussehen, als würde es keinen Unterschied machen, ob ich meine eigenen Bewegungen oder die eines anderen beobachte, indem z. B. dieselben Gehirnregionen (auch: Spiegelneuronen) Aktivierungen zeigen. In diesem Kontext wurde die These aufgestellt, dass man erst eine scheinbar ,nackte Intention' sieht und erst in einem zweiten Schritt dieser Bewegungsintention einen Urheber (ich oder der andere) zuschreibt. Auf der Erfahrungsebene spielt diese Unterscheidung jedoch eine entscheidende Rolle, denn außer in sehr seltenen pathologischen Fällen wird die eigene Bewegung kaum mit der von anderen verwechselt. So wie Bewusstsein immer Bewusstsein von Etwas ist – so minimal dieses ,etwas' auch sein mag –, nehmen wir Bewegungen immer als Bewegungen von jemandem oder etwas (einem Lebewesen) wahr. Es lässt sich also nicht einfach so von der neurologischen Ebene auf die Erfahrungsebene schließen. Will man wissen, was Handlungsfähigkeit oder Bewusstsein ausmacht, reicht es eben nicht aus, nur eine dieser beiden Untersuchungsebenen in den Blick zu nehmen.

**Probleme der Korrelation** Wie oben deutlich wurde, müssen die sub-personale und die personale Ebene sich dabei nicht ähnlich (isomorph) sein. Was in der Erfahrung unmittelbar gegeben ist, kann verschiedene neurologische oder sub-personalen Prozesse voraussetzen. Und doch ist eine gewisse wechselseitige Bedingtheit zu erwarten, d. h., es gibt bisher keine guten Gründe davon auszugehen, dass die Verbindung von Erfahrung und neuronaler Aktivität willkürlich ist, oder subpersonale Prozesse und personale (thematische) Erfahrung völlig unabhängig voneinander sind. Es gibt z. B. gute Gründe anzunehmen, dass Unterschiede auf der Erfahrungsebene, etwa zwischen Wahrnehmung (Präsentation) und Erinnerung (Reproduktion oder Repräsentation), sich irgendwie auch im neuronalen Bereich oder in der Art der sub-personalen Informationsverarbeitung, wie es in der Kognitionswissenschaft heißt, wider-spiegeln. Phänomenologie kann hierbei nicht nur durch ihre Beschreibungen und Konzepte die neurowissenschaftliche Experimentalforschung inspirieren oder prüfen, sondern auch selbst von dieser profitieren, indem diese als Prüfstein für phänomenologische Konzepte dient und so hilft, die philosophischen Konzepte zu verfeinern, zu bestätigen oder zu widerlegen.

Der sogenannte Frontloading-Ansatz ist insofern in vielen Fällen der mehr introspektiven Methode vorzuziehen, da es nicht immer möglich ist, Versuchs-personen phänomenologisch zu schulen. Zur Prüfung mancher Hypothesen ist es z. B. nicht erwünscht, dass die Versuchspersonen schon vorab darüber informiert sind, was im betreffenden Experiment passiert. Bei Versuchen zur sogenannten Wechselblindheit (wenn Menschen substantielle Veränderungen in Bildern und Szenen nicht erkennen) ist man etwa auf die Naivität der Versuchspersonen angewiesen. In anderen Fällen können Subjekte involviert sein, die aus ver-schiedensten Gründen nicht in der Lage sind, phänomenologischen Anleitungen zu folgen, z. B. aufgrund ihres Alters oder da sie an einer Pathologie leiden.

Im Kontext der quantitativen Erforschung des Gehirns oder der Kognition kann die Phänomenologie also helfen, das Problem der Korrelation zwischen dem Erlebnis einerseits und der messbaren physiologischen Veränderungen anderer-seits differenzierter zu betrachten. Hierbei muss je nach Fall unterschieden werden, ob es sinnvoller ist, von allgemeinen phänomenologischen Konzepten auszugehen, die dann das experimentale Design oder die Interpretation der Daten leiten, oder aber Erlebnisberichte von Probanden selbst miteinzubeziehen.

**Dimensionen der Korrelation**    Bei der Suche nach Korrelationen zwischen Er-lebtem und Messbarem kann die initiierende Dimension entweder eine bestimmte neuronale Struktur sein oder eine phänomenologisch identifizierte Erfahrungs-kategorie. Hierbei muss darüber nachgedacht werden, wie die relevante Erlebnis-variable identifiziert werden soll — a posteriori durch den Vergleich phänomeno-logisch angeleiteter Beschreibungen von Versuchspersonen oder a priori (*front loaded*), indem phänomenologische Konzepte und Differenzierungen das Design des Experiments bestimmen (das können handlungsleitende Hypothesen sein oder Aufgaben, die die Versuchspersonen ausführen sollen, während ihre Gehirn-aktivität aufgezeichnet wird).

Wichtig ist dabei auch die Frage, nach welcher Art der Korrelation man sucht:
a) Sucht man nach einer Korrelation generischer Erfahrungsstrukturen, in denen die Besonderheiten der individuellen Erfahrung zugunsten der Bestimmung einer allgemeinen Struktur vernachlässigt werden? Hierbei handelt es sich um eine Korrelation in Form eines *type* oder Typus, also einer allgemein be-stimmten Form oder Kategorie der Erfahrung.
b) Sucht man nach der Korrelation eines spezifischen singulären Erlebnisses und seinem entsprechenden neuronalen Korrelat? Hierbei handelt es sich um eine Korrelation in Form eines *tokens* (singuläres Vorkommnis).

Abschließend stellt sich noch die Frage, auf welcher Zeitskala eine Korrelation gesucht oder erwartet wird. Methoden wie das Erhebungsinterview, die Zugang zu den Mikroprozessen des Erlebens gewährleisten, könnten hier etwa mit neuen Methoden, wie der Echtzeit-Analyse neuro-elektrischer Signale, kombiniert werden. Dies würde ein unmittelbares Feedback der Versuchspersonen (und Forschenden) über die Feindynamik der ablaufenden neuronalen Aktivität ermöglichen. Daten der ersten und dritten Person könnten so in der Erfahrung der Versuchspersonen selbst kombiniert werden, als von Innen erlebt und von Außen wahrgenommen bzw. lesbar gemacht werden.

Die Grenzen der Phänomenologie Letzteres führt die Phänomenologie auf konstruktive Weise methodisch an ihre Grenzen. Hier stellt sich nämlich die Frage, inwiefern wir diejenigen *passiven Prozesse im Bewusstsein* (oder der Leiblichkeit), die unser *Bewusstsein von den Dingen* und der Welt möglich machen, selbst noch als solche erfahren können. Wie lässt sich ein nicht-objektives, vorreflexives Selbsterleben beschreiben? Zwar würden die meisten Phänomenolog:innen zustimmen, dass jede Intentionalität und Weltgerichtetheit mit einem impliziten Selbstbezug einhergeht (vgl. Zahavi 1999/2020), die Frage, inwiefern dieser allerdings eigens erlebt wird oder sogar primär oder absolut ist, bleibt jedoch umstritten. Gerade deshalb ist es wichtig, Methoden zu suchen, die es ermöglichen, ein Selbsterleben jenseits oberflächlicher Zustandsangaben systematisch und wissenschaftlich einzufangen.

Inwiefern ist dies noch Phänomenologie im Sinne einer Beschreibung von Dingen bzw. einer Bestimmung von allgemeinen oder transzendentalen Strukturen? Vielleicht ist diese Frage einfach falsch gestellt. Wie schon Husserl nicht müde wurde zu betonen, muss die Phänomenologie sich immer wieder einer Metakritik, d. h. **Methodenkritik,** unterwerfen, um ihrem Anspruch auf Evidenz und Vorurteilslosigkeit gerecht zu werden. Hierzu gehört, dass man thematisch und methodisch an die Grenzen dessen gehen muss, was Phänomenologie zu leisten im Stande ist. Was sind die Grenzen der Beschreibung (methodisch) oder des Bewusstseins selbst (thematisch)? Erleben wir die Welt und uns selbst noch im Schlaf, Delirium oder Koma? Und wie lässt sich dies dann beschreiben?

Dies sind Fragen, die sich Husserl selbst, z. B. in den Manuskripten, die nun als *Grenzprobleme der Phänomenologie* (Hua XLII) veröffentlicht sind, und viele phänomenologisch Forschende nach ihm immer wieder gestellt haben. Dabei kann uns die Phänomenologie eines zeigen, nämlich, dass jede Erfahrung, auch die banale Dingwahrnehmung, immer schon über sich hinausweist und damit Aspekte enthält, die nicht eigentlich wahrgenommen, d. h. noch nicht, nicht mehr oder nicht explizit erfahren werden. Und doch machen all diese Aspekte und Prozesse unsere Erfahrung erst zu dem, was sie ist. Ausgehend von demjenigen, was wir momentan eigentlich wahrnehmen, können wir darum zurückfragen (vergangene Erfahrung), uns einfühlen (in die Erfahrung anderer) und differenzieren zwischen (a) Erlebnissen, die thematisch bewusst sind, (b) die potentiell bewusst gemacht werden können oder (c) solchen, die vielleicht niemals oder nur in Grenzfällen erlebt werden (wie das Funktionieren innerer Organe oder des Gehirns). In letzterem Fall eröffnen Naturwissenschaft und Technologie nicht nur

Risiken, wie die der Objektivierung und Medikalisierung des Körpers, sondern auch Möglichkeiten, unsere und andere Bewusstseine sowie Leibkörper neu und anders wahrzunehmen.

**❓ Aufgaben**

1. Inwiefern kann die qualitative Sozialforschung von phänomenologischen Methoden profitieren, und wo liegen Probleme der Anwendung? Nennen Sie Vor- und Nachteile einer phänomenologisch orientierten qualitativen Forschung und diskutieren Sie diese.

2. Entwickeln Sie ein qualitatives Forschungsprojekt und entwerfen Sie dafür einen Fragbogen für ein phänomenologisches Interview.

3. Wie kann die Phänomenologie dazu beitragen, die ‚Erklärungslücke' zwischen Materialismus und Bewusstsein zu schließen? Geben Sie Argumente und Beispiele, wie man mithilfe von phänomenologischen Einsichten und Methoden, die Korrelation zwischen messbaren Gehirnaktivierungen und Erfahrung untersuchen und erklären kann.

4. Entwerfen Sie ein neurophänomenologisches Experiment. Verwenden Sie eine der vorgestellten Methoden und begründen Sie Ihre Auswahl. Nehmen Sie eine kritische Evaluation vor: Inwiefern muss die Methode angepasst oder ergänzt werden?

5. Glossarium: Sammeln Sie relevante Begrifflichkeiten und definieren Sie diese anhand des Textes und weiterer Quellen. Fügen Sie diese dem Glossarium hinzu. (Tipp: Dieses Glossar kann gemeinsam mit anderen Kommiliton:innen erstellt werden.).

## 3.4 Zurück zur Erfahrung: Methode als Projekt

Innerhalb der Philosophie sowie in den interdisziplinären Anwendungen der Geistes- und Naturwissenschaften gibt es diverse Überzeugungen darüber, was eine phänomenologische Methode eigentlich genau ausmacht. Über die jeweiligen Differenzen hinweg lassen sich jedoch deutliche Gemeinsamkeiten identifizieren, die den Forschungsstil, die Fragerichtung, die Einstellung, den Untersuchungsbereich sowie Praxis und Ziel betreffen.

**Anwendungsbereiche und Methoden**  Ob in gegenwärtigen Bewegungen, wie der kritischen Phänomenologie, der Technikphilosophie, oder der Anwendung in den Kognitions- und Neurowissenschaften, der Sportmedizin, den Pflegestudien, der Psychiatrie, der Medizin oder Bioethik sowie der Pädagogik oder Soziologie — überall steht die differenzierte Beschreibung, Klassifizierung, Erklärung oder Kritik der Erfahrung im Zentrum. Dabei greift man direkt oder indirekt auf die Erste- oder Zweite-Person-Perspektive zurück, d. h. durch Erlebnisberichte, Verhaltensbeobachtung, Befragungen oder direkter Interaktion wie z. B. in einer Therapie.

*In theoretischer Hinsicht* stellen sich dabei Fragen zur Relation von Erfahrungen mit physisch messbaren Reaktionen (Neurowissenschaft) oder von Erfahrung und kognitiven Funktionen (Kognitionswissenschaft). Lassen sich hier Kausalitäten, Ähnlichkeiten oder bloße Korrelationen feststellen, oder kann Erfahrung gar gänzlich auf Gehirnaktivitäten oder formale Verarbeitungsprozesse reduziert werden? Können phänomenologische Beschreibungen naturalisiert werden oder eine empirische Bestätigung finden? Eine sorgfältige und differenzierte Beschreibung der Erfahrung, d. h. der verschiedenen Formen von Bewusstsein und Erfahrung, ist in all diesen Fällen notwendiger Ausgangspunkt wie auch das zu erklärende Ziel. Wenn Neurowissenschaft, Psychologie, oder Kognitionswissenschaft die Antwort sein soll, muss zunächst die Frage sowie das Explanandum — also dasjenige, was es zu erklären gilt —, deutlich umrissen sein. Hierbei kann Phänomenologie auf vielfältige Weise behilflich sein, sei es beim Aufstellen von Hypothesen, beim Design von Experimenten und Fragebögen oder bei der Interpretation der Daten.

*In praktischer Hinsicht* kann die Phänomenologie eine bedeutende Rolle in der Diagnose, Behandlung und Therapie spielen. Die Anwendung der Phänomenologie im klinischen Kontext ist dabei nicht nur eine Frage des Interesses an der Perspektive der Patient:innen. Ein Teil der Aufgabe besteht gerade darin, einen theoretischen Rahmen anzuwenden, der es erlaubt, die grundlegenden Strukturen der veränderten Lebenssituation zu erfassen. Wie verändert sich das eigene In-der-Welt-Sein, wenn man mit einer Schizophrenie, Epilepsie oder einer Zerebralparese lebt? Wie beeinflusst eine Krankheit, eine plötzliche, lebenslange oder angeborene Behinderung oder eine psychische Störung die Beziehung des Subjekts zu sich selbst, zur Welt und zu anderen? Lassen sich normale und pathologische, gesunde und kranke, behinderte und unbehinderte Subjekte überhaupt anhand ihrer Erfahrungen unterscheiden oder sind dies nur externe Zuschreibungen?

**Historische und kulturelle Situierung der Erfahrung**  Weiterhin kann die Phänomenologie den Blick darauf lenken, wie verschiedene Zeiten, materielle Umstände oder soziale und politische Kontexte von den entsprechenden Subjekten erfahren werden oder wie sich Erfahrungen (von uns selbst, der Welt und anderen) durch individuelle Umstände oder soziale Kontexte verändern bzw. von diesen geformt werden. Wie entwickelt und verändert sich meine Erfahrung (von mir selbst, meiner Umgebung und anderen Menschen) durch Sport, Erziehung, Technik, Medien oder auch Verfolgung, Gefangenschaft, Unterdrückung oder Diskriminierung? Wie unterscheiden sich Erfahrungen von Menschen in unterschiedlichen Umständen, mit unterschiedlicher Herkunft, Geschichte, körperlichen Konditionen, Gewohnheiten oder Möglichkeiten? Wie vermitteln und formen Technologien unsere Wahrnehmung und Gewohnheiten? Kann Erfahrung selbst rassistisch oder sexistisch sein, d. h. die Art und Weise, wie wir wahrnehmen, uns bewegen und verhalten, ohne dass dies uns explizit bewusst ist? Dies sind nur einige der drängenden Fragen, die sich die gegenwärtige Phänomenologie stellt, und mit welchen sie bewusst die Grenzen der akademischen Disziplinen überschreitet, um zu den Sachen selbst zu gelangen.

Phänomenologie betreiben, heißt hier mithilfe von phänomenologischen Methoden oder Konzepten verschiedene Formen von Erfahrung und Subjektivität (bzw. Inter-Subjektivität) vorurteilslos und so differenziert wie möglich zu beschreiben. Je nach Ausrichtung und Fokus stehen dabei grundlegende oder angewandte Fragen im Zentrum: Mal ist die Vorurteilslosigkeit als epistemische Kritik oder praktische Offenheit wichtig, mal wird versucht, allgemeine Strukturen oder spezifisch situierte Erfahrungen zu bestimmen, mal wird nach notwendigen oder konkreten Bedingungen dieser Erfahrung und Subjektivität gefragt — oder alles auf einmal.

## Literatur

Im Text werden die verwendeten Bände der Gesammelten Werke von Husserl (Husserliana) nur mit der Sigle Hua und der Bandnummer angegeben. Die einzelnen Bände werden immer in der Literatur aufgelistet.

Achterhuis, Hans, Hg. 2001. *American Philosophy of Technology: The Empirical Turn.* Bloomington: Indiana University Press.

Ahmed, Sara. 2006. *Queer Phenomenology. Orientations, Objects and Others.* Durham: Duke University Press.

Alcoff, Linda Martin. 2006. *Visible Identities. Race, Gender, and the Self.* Oxford: Oxford University Press.

Allen, Amy, Smaranda Andreea Aldea, Hg. 2016. The Historical A Priori. Special Issue. *Continental Philosophy Review* 49(1).

Allen-Collinson, Jacquelyn, Evans, Adam B. 2019. To Be or Not to Be Phenomenology? That is the Question. *European Journal for Sport and Society* 16(4): 295–300.

Andermann, Kerstin, Eberlein, Undine (Hg.): *Gefühle als Atmosphären: Neue Phänomenologie und philosophische Emotionstheorie.* Berlin: Akademie Verlag (Deutsche Zeitschrift für Philosophie: Sonderband 29).

Beauvoir, Simone de. 1949. *Le Deuxième Sexe.* Paris: Gallimard. Dt. Ausgabe: *Das andere Geschlecht. Sitte und Sexus der Frau.* Übers. Uli Aumüller und Grete Osterwald. Reinbek: Rowohlt 1992.

Beauvoir, Simone de. 2000. *Das Alter.* Übers. Anjuta Aigner-Dünnwald und Ruth Henry. Reinbek: Hamburg. Frz. Original: *La Vieillesse.* Paris: Gallimard 1970.

Behrendt, Hauke, Wulf Loh, Tobias Matzner, und Catrin Misselhorn. 2019. *Privatsphäre 4.0. Eine Neuverortung des Privaten im Zeitalter der Digitalisierung.* Stuttgart: J.B. Metzler (Springer Nature).

Bedorf, Thomas, Steffen Herrmann, Hg. 2019. *Political Phenomenology. Experience, Ontology, Episteme.* New York: Routledge.

Binswanger, Ludwig. 1922. *Einführung in die Probleme der allgemeinen Psychologie.* Berlin: Julius Springer.

Bitbol Michel. 2002. Science as if Situation Mattered. *Phenomenology and the Cognitive Science* 1: 181–224.

Bitbol Michel. 2014. *La conscience a-t-elle une origine?* Paris: Flammarion.

Bitbol, Michel, Petitmengin, Claire. 2017. Neurophenomenology and the Micro-Phenomenological Interview. In *The Blackwell Companion to Consciousness.* Second Edition, Hg. Susan Schneider, Max Velmans, 726–740. Hoboken, NJ: Wiley.

Blankenburg, Wolfgang. 1956. Daseinsanalytische Studie über einen Fall paranoider Schizophrenie. *Schweizer Archiv für Neurologie und Psychiatrie* 81: 9–105.

Blankenburg, Wolfgang. 1971. *Der Verlust der natürlichen Selbstverständlichkeit. Ein Beitrag zur Psychopathologie der schizophrenen Alienation.* Stuttgart: Enke [= Ausgabe von 2012].

Blankenburg, Wolfgang. 2012. *Der Verlust der natürlichen Selbstverständlichkeit. Ein Beitrag zur Psychopathologie der schizophrenen Alienation* [1971]. Neu Hg. von M. Heinze. Berlin: Parados.

Boer, Bas de 2020. Experiencing Objectified Health: Turning the Body into an Object of Attention. *Medicine, Health Care and Philosophy* 23: 401–411.

Boer, Bas de. 2021. Attending to your Lifestyle: Self-Tracking Technologies and Relevance. In *Acces and Mediation. Transdisciplinary Perspectives on Attention*, Hg. Maren Wehrle, Diego D'Angelo, und Elizaveta Solomonova, 217–239. Berlin: De Gruyter

Bootsma, Tom I., Schellekens, Melanie P.J., Woezik, van Rosalie A.M., Slatman, Jenny, und Marije L van der Lee. 2021. Forming New Habits in the Face of Chronic Cancer-Related Fatigue: An Interpretative Phenomenological Study. *Supportive Care in Cancer*, 11:6651-6659.

Breyer, Thiemo, Fuchs, Thomas, und Alice Holzhey-Kunz Hg. 2015. *Ludwig Binswanger und Erwin Straus. Beiträge zur psychiatrischen Phänomenologie*. Freiburg: Alber.

Carel, Havi. 2016. *Phenomenology of Illness*. Oxford: Oxford University Press.

Chalmers, David J. 1995. Facing Up to the Problem of Consciousness. *Journal of Consciousness Studies* 2: 200–219.

Chalmers, David. 2010. *The Character of Consciousness*. Oxford: Oxford University Press.

Chaminade, Thierry, Decety, Jean 2002. Leader or Follower? Involvement of the Inferior Parietal Lobule in Agency. *Neuroreport* 13/1528: 1975–1978.

Depraz Natalie, Varela Francisco und Pierre Vermersch. 2003. *On Becoming Aware*. Amsterdam: John Benjamins Publishing.

Depraz, Natalie. 2012. *Phänomenologie in der Praxis. Eine Einführung*. Freiburg: Karl Alber Verlag.

De Preester, H. 2011. Technology and the Body: The (Im)Possibilities of Re-embodiment. *Foundations of Science* 16: 119–137.

Durt, Christoph. 2020. The Computation of Bodily, Embodied, and Virtual Reality. *Phänomenologische Forschungen* 1: 25–40.

Fanon, Frantz. 1985. *Schwarze Haut, weiße Masken*. Übers. Eva Moldenhauer. Frankfurt a.M.: Suhrkamp (= Frankfurt a.M.: Syndikat 1980). Frz. Original: *Peau noire, masques blancs*. Paris: Éditions Seuil 1952.

Farrer, Chlöé, Frith, Chris D. 2002. Experiencing Oneself vs. Another Person as Being the Cause of an Action: The Neural Correlates of the Experience of Agency. *Neuroimage* 16: 596–603.

Fernandez, Anthony Vincent. 2017. The Subject Matter of Phenomenological Research: Existentials, Modes, and Prejudices. *Synthese* 194: 33543–3562.

Fisher, Linda, Lester Embree. Hg. 2000. *Feminist Phenomenology*. Contributions to Phenomenology 14. Dordrecht: Springer.

Froese, Tom, Gallagher, Shaun. 2010. Phenomenology and Artificial Life: Toward a Technological Supplementation of Phenomenological Methodology. *Husserl Studies* 26(2): 83–106.

Fuchs, Thomas. 2008. *Das Gehirn. Ein Beziehungsorgan. Eine phänomenologisch-ökologische Konzeption*. Stuttgart: Kohlhammer.

Fuchs, Thomas. 2011. The Brain. A Mediating Organ. *Journal of Consciousness Studies* 18(7–8): 196–221.

Fuchs, Thomas. 2015. Zeiterfahrung in Gesundheit und Krankheit. *Psychotherapeut* 60(2): 102–109.

Fuchs, Thomas, Breyer, Thiemo, Mundt, Christoph. Hg. 2013. *Karl Jaspers: Philosophy and Psychopathology*. Berlin, Heidelberg, New York: Springer.

Fuchs, Thomas. 2017. Karl Jaspers – Denker der Grenze. In *Zwei große Denker der Medizin – Leibniz und Jaspers*, Hg. Hubertus Busche, Thomas Fuchs, 27–42. Heidelberg, Berlin: Springer.

Gallagher, Shaun. 2003. Phenomenology and Experiential Design. *Journal of Consciousness Studies* 10(9–10): 85–99.

Gallagher, Shaun. 2005. *How the Body Shapes the Mind*. Oxford: Oxford University Press.

Gallagher, Shaun. 2012.Taking Stock of Phenomenology Futures. *The Southern Journal of Philosophy* 50: 304–318.

Gallagher, Shaun, Cole, Jonathan. 1995. Body Schema and Body Image in a Deafferented Subject. *Journal of Mind and Behavior* 16: 369–390.

Gallagher, Shaun, Zahavi, Dan. 2008. *The Phenomenological Mind. An Introduction to Philosophy of Mind and Cognitive Science*. New York: Routledge.

Garrison, Kathleen A., Scheinost, Dustin, Worhunsky, Patrick D., Elwafi, Hani M., Thornhill, Thomas A., Thompson, Evan, Saron, Clifford, Desbordes, Gaëlle, Kober, Hedy, Hampson, Michelle, Gray, Jeremy R., Constable, R. Todd, Papademetris, Xenophon, und Judson A.

Brewer. 2013. Real-time fMRI Links Subjective Experience with Brain Activity During Focused Attention. *Neuroimage* 81: 110–118.

Giorgi, Amedeo P. 1975. An Application of Phenomenological Method in Psychology. In *Duquesne Studies in Phenomenological Psychology* 2, Hg. Amedeo Giorgi, Costance Fischer, und Edward L. Murray, 82–103. Pittsburgh, PA: Duquesne University Press.

Giorgi, Amedeo P. 2008. Concerning a Serious Misunderstanding of the Essence of the Phenomenological Method in Psychology. *Journal of Phenomenological Psychology* 39: 33–58.

Goldstein, Karl, Gelb, Adhemar. 1918. Psychologische Analysen hirnpathologischer Fälle auf Grund von Untersuchungen Hirnverletzter. *Zeitschrift für die Gesamte Neurologie und Psychiatrie* 41: 1–142.

Goldstein, Karl. 1923. Über die Abhängigkeit der Bewegungen von optischen Vorgängen. Bewegungsstörungen bei Seelenblinden. *Monatschrift für Psychiatrie und Neurologie* Band 54, Festschrift für Hugo Liepmann, 141–195.

Gugutzer, Robert. 2002. *Leib, Körper und Identität. Eine phänomenologisch-soziologische Untersuchung zur personalen Identität.* Wiesbaden: Westdeutscher Verlag.

Gugutzer, Robert. 2012. *Verkörperungen des Sozialen. Neophänomenologische Grundlagen und soziologische Analysen.* Bielefeld: Transcript Verlag.

Golafshani, Nahid. 2003. Understanding Reliability and Validity in Qualitative Research. *The Qualitative Report* 8(4): 597–606.

Head, Henry. 1926. *Aphasia and Kindred Disorders of Speech.* London: Cambridge University Press.

Heidegger, Martin. 1977. *Sein und Zeit* [1927]. In Gesamtausgabe, Bd. 2., Hg. Friedrich-Wilhelm von Herrmann. Frankfurt a.M.: Vittorio Klostermann.

Heidegger, Martin. 2000. *Zur Frage der Technik* [1953]. In Gesamtausgabe, Bd. 7., Hg. Friedrich-Wilhelm von Herrmann. Frankfurt a.M.: Vittorio Klostermann.

Heinämaa, Sara, Taipale, Joona. 2018. Normality. In *The Oxford Handbook of Phenomenological Psychopathology*, Hg., Giovanni Stanghellini, Matthew Broome, Andrea Raballo, Anthony Vincent Fernandez, Paolo Fusar-Poli, und René Rosfort. Oxford: Oxford University Press.

Henriksen, Mads Gram, Nordgaard, Julie. 2016. Self-Disorders in Schizophrenia. In *An Experiential Approach to Psychopathology*, Hg. Giovanni Stanghellini, Massimiliano Aragona, 265–280, Cham: Springer.

Henry, Michel. 1963. *L'essence de la manifestation*, Paris: Presses Universitaires de France.

Henry, Michel. 1965. *Philosophie et phénoménologie du corps. Essai sur l'ontologie biranienne*, Paris: Presses Universitaires de France.

Heyes, Cressida J. 2020. *Anaesthetics of Experience. Essays on Experience at the Edge.* Durham: Duke University Press.

Høffding, Simon. 2018. *A Phenomenology of Musical Absorption.* Cham: Palgrave MacMillan.

Holzey-Kunz, Alice. 2008. *Daseinsanalyse.* In *Existenzanalyse und Daseinsanalyse*, Hg. Alfried Längle, Alice Holzhey-Kunz. Wien: WUV – Wiener Universitätsverlag.

Honer, Anne. 2000. Lebensweltanalyse in der Ethnographie. In *Qualitative Forschung. Ein Handbuch*, Hg. Uwe Flick, Ernst von Kardoff, Ines Steinke, 194–203. Hamburg: Reinbek.

Husserl, Edmund. 1966. *Zur Phänomenologie des inneren Zeitbewusstseins* (1893–1917). In Edmund Husserl. Gesammelte Werke: Husserliana Band X, Hg. R. Boehm. Den Haag: Martinus Nijhoff.

Husserl, Edmund. 1936/1976. *Die Krisis der europäischen Wissenschaften und die transzendentale Phänomenologie.* In Edmund Husserl. Gesammelte Werke: Husserliana, Band VI, Hg. W. Biemel. Den Haag: Martinus Nijhoff.

Ihde, Don. 1979. *Technics and Praxis. A Philosophy of Technology.* Dordrecht: Springer.

Ihde, Don. 1990. *Technology and the Lifeworld.* Bloomington: Indiana University Press.

Ihde, D. 1993. *Postphenomenology: Essays in the Postmodern Context.* Evanston, Illinois: Northwestern University Press.

Ihde, Don. 2009. *Postphenomenology and Technoscience: The Peking University Lectures.* Albany: SUNY Press.

Ihde, Don. 2014. A Phenomenology of Technics. In *Philosophy of Technology. The Technological Condition. An Anthology*, Second Edition, chapt. 46, Hg. Robert C. Scharff und Val Dusek, 539–560. Malden, Massachusets: Wiley Blackwell.

Jackson, Michael. 1996. *The Things as They Are. New Directions in Phenomenological Anthropology.* Washington, D.C.: Georgetown University Press.

Jaspers, Karl. 1913. *Allgemeine Psychopathologie. Ein Leitfaden für Studierende, Ärzte und Psychologen*. Heidelberg: Springer

Jensen, Rasmus Thybo. 2009. Motor Intentionality and the Case of Schneider. *Phenomenology and the Cognitive Sciences* 8(3):371-388.

Johansson, Petter, Hall, Lars, Sikström, Sverker und Andreas Olsson. 2005. Failure to Detect Mismatches Between Intention and Outcome in a Simple Decision Task. *Science* 310(5745): 116–119.

Kerry, Daniel S., Armour, Kathleen M. 2000. Sport Sciences and the Promise of Phenomenology: Philosophy, Method, and Insight. *Quest* 52(1): 1–17.

Knoblauch, Hubert. 2009. Phänomenologische Soziologie. In *Handbuch soziologische Theorien*, Hg. Georg Kneer, Markus Schroer, 299–323. Wiesbaden: Springer VS.

Krueger, Joel, Henriksen, Mads Gram. 2016. Embodiment and Affectivity in Moebius Syndrome and Schizophrenia. A Phenomenological Analysis. In *Phenomenology for the 21st Century*, Hg. J. Aaron Simmons, James Hackett, 249–267. London: Palgrave Macmillan.

Landweer, Hilge, Demmerling, Christoph. 2007. *Philosophie der Gefühle. Von Achtung bis Zorn*. Stuttgart: J.B. Metzler Verlag.

Landweer, Hilge, Isabella Marcinski, Hg. 2016. *Dem Erleben auf der Spur. Feminismus und die Phänomenologie des Leibes*. Berlin: transcript Verlag.

Leder, Drew. 1990. *The Absent Body*. Chicago: Chicago University Press.

Lee, Emily S., Hg. 2014. *Living Alterities. Phenomenology, Embodiment, and Race*. Albany (New York): University of New York Press.

Leghissa, Giovianni, Staudigl, Michael, Hg. 2007. Lebenswelt und Politik Perspektiven der Phänomenologie nach Husserl. Würzburg: Königshausen & Neumann.

Legrand, Dorothée. 2007a. Pre-reflective Self-as-Subject from Experiential and Empirical Perspectives. *Consciousness and Cognition* 16(3): 583–599.

Legrand, D. 2007b. Pre-Reflective Self-Consciousness: On Being Bodily in the World. *Janus Head Issue: The Situated Body* 9(1): 493–519.

Legrand, Dorothée. 2011. Phenomenological Dimensions of Bodily Self-Consciousness. In *The Oxford Handbook of the Self*, Hg. Shaun Gallagher, 204–227. Oxford: Oxford University Press.

Legrand, Dorothée, Ravn, Susanne. 2009. Perceiving Subjectivity in Bodily Movement: The Case of Dancers. *Phenomenology and the Cognitive Sciences* 8: 389–408.

Lemmens, Pieter. 2022. Thinking Technology Big Again. Reconsidering the Question of the Transcendental and 'Technology with a Capital T' in the Light of the Anthropocene. *Foundations of Science* 27 (1):171-187.

Le Van Quyen, Michel, Martinerie Jacques, Navarro, Vincent, Boon, Paul, D' Havé, Michel, Adam, Claude, Renault, Bernard, Varela, Francisco, und Michel Baulac. 2001. Anticipation of Epileptic Seizures from Standard EEG Recordings. *Lancet* 357: 183–188.

Levine, Joseph. 1983 Materialism and Qualia: The Explanatory Gap. *Pacific Philosophical Quarterly* 64: 354–361.

Loidolt, Sophie. 2017. *Phenomenology of Plurality. Hannah Arendt on Political Intersubjectivity*. Routledge Research in Phenomenology 7. New York: Routledge.

Lutz Antoine. 2002. Toward a Neurophenomenology of Generative Passages: A First Empirical Case Study. *Phenomenology and the Cognitive Sciences* 1: 133–167.

Maldiney, Henry. 1991. *Penser l'homme et la folie*. Grenoble: Editions Jérôme Millon. Dt. Ausgabe: *Drei Beiträge zum Wahnsinn*, Hg. Till Grohmann, Übers. Till Grohmann, Samuel Thoma. Wien: Turia und Kant 2018.

Marcinski, Isabella. 2020. *Hunger spüren. Leib und Sozialität bei Essstörungen*. Frankfurt a.M.: Campus Verlag.

Merleau-Ponty, Maurice. 1966. *Phänomenologie der Wahrnehmung*. Übers. R. Boehm. Berlin: De Gruyter. Frz. Original: Merleau-Ponty, Maurice. *Phénoménologie de la perception*. Paris: Gallimard 1945.

Micali, Stefano, Fuchs, Thomas Hg. 2014. *Wolfgang Blankenburg – Psychiatrie und Phänomenologie*. Freiburg: Alber Verlag.

Mul, Jos de. 2010. *Cyberspace Odyssey. Towards a Virtual Ontology and Anthropology*. Cambridge: Cambridge Scholars Press.

3

Müller, Oliver. 2020. Postpänomenologie. Über eine technikphilosophische Methode. *Phänomenologische Forschungen* 2: 165–184.

Nisbett Richard E, Wilson Timothy D. 1977. Telling More than We Know: Verbal Reports on Mental Processes. *Psychological Review* 84: 231–259.

Nörenberg, Henning. 2020. Hermann Schmitz. In *Routledge Handbook of Phenomenology of Emotion*, Hg. Hilge Landweer und Thomas Szanto, 215–223. London: Routledge.

Nordgaard, Julie, Henriksen, Mads G. 2018. Phenomenological Psychopathology and Quantitative Research. In *The Oxford Handbook of Phenomenological Psychopathology*, Hg., Giovanni Stanghellini, Matthew Broome, Andrea Raballo, Anthony Vincent Fernandez, Paolo Fusar-Poli, und René Rosfort, 942–951. Oxford: Oxford University Press.

Oksala, Johanna. 2016. *Feminist Experiences. Foucauldian and Phenomenological Investigations*. Evanston, Illinois: Nortwestern University Press.

Parnas, Josef. 2003. Self and Schizophrenia: A Phenomenological Perspective. In *The Self in Neuroscience and Psychiatry*, Hg. Tilo Kircher, Anthony David, 217–241. Cambridge: Cambridge University Press.

Parnas, Josef, Henriksen, Mads G. 2014. Disordered Self in the Schizophrenia Spectrum: A Clinical and Research Perspective. *Harvard Review of Psychiatry*, DOI ► https://doi.org/10.1097/HRP.0000000000000040.

Petitmengin, Claire. 2006. Describing One's Subjective Experience in the Second Person. An Interview Method for a Science of Consciousness. *Phenomenology and the Cognitive Sciences* 5: 229–269.

Petitmengin, Claire, Remillieux Anne, Cahour Béatrice, und Shirley Carter-Thomas. 2013. A Gap in Nisbett and Wilson's Findings? A Firstperson Access to our Cognitive Processes. *Consciousness and Cognition* 22: 654–669.

Petitot, Jean, Varela, Francisco, Pachoud, Bernard, Roy, Jean-Michel Hg. 1999. *Naturalizing Phenomenology*. Stanford: Stanford University Press.

Ratcliffe, Matthew. 2008. *Feelings of Being: Phenomenology, Psychiatry and the Sense of Reality*. Oxford: Oxford University Press.

Ratcliffe, Matthew. 2014. *Experiences of Depression. A Study in Phenomenology*. Oxford University Press.

Ravn, Susanne. 2009. *Sensing Movement, Living Spaces – An Investigation of Movement Based on the Lived Experience of 13 Professional Dancers*. Saarbrücken: VDM Verlag, Dr. Müller.

Ravn, Susanne, Hansen, Helle P. 2013. How to Explore Dancers' Sense Experiences? A Study of How Multi-Sited Fieldwork and Phenomenology can be Combined. *Qualitative Research in Sport, Exercise and Health* 5: 196–213.

Ravn, Susanne. 2017. Dancing Practices: Seeing and Sensing the Moving Body. *Body and Society* 23 (2):57–82.

Ravn, Susanne. 2021. Integrating Qualitative Research Methodologies and Phenomenology—Using Dancers' and Athletes' Experiences for Phenomenological Analysis. *Phenomenology and the Cognitive Sciences*, ► https://doi.org/10.1007/s11097-021-09735-0.

Ricœur, Paul. 1990. *Soi-même comme un autre*. Paris: Editions Seuil. Dt. Ausgabe: *Das Selbst als ein Anderer*. Übers. Thomas Bedorf, Jean Greisch. München: Wilhelm Fink 1996.

Rosenberger, Robert. 2013. The Importance of Generalized Bodily Habits for a Future World of Ubiquitous Computing. *AI & Society* 28: 289–296.

Rosfort, René. 2019. Phenomenology and Hermeneutics. In *The Oxford Handbook of Phenomenological Psychopathology*, Hg. Giovanni Stanghellini, Matthew Broome, Andrea Raballo, Anthony Vincent Fernandez, Paolo Fusar-Poli, und René Rosfort, 235–247. Oxford: Oxford University Press.

Sass, Louis, Parnas. Josef. 2003. Schizophrenia, Consciousness, and the Self. *Schizophrenia Bulletin* 29: 427–44.

Sass, Louis. 2019. Three Dangers: Phenomenological Reflections on the Psychotherapy of Psychosis. *Psychopathology* 52(2):126–134.

Schilder, Paul. 1923. *Das Körperschema*. Ein Beitrag zur Lehre vom Bewusstsein des eigenen Körpers. Berlin: Springer.

Schmitz, Herrmann. 1965–1978. *System der Philosophie, Teil I-V*. Bonn: Bouvier.

Schmitz, Herrmann. 1990. *Der unerschöpfliche Gegenstand. Grundzüge der Philosophie*. Bonn: Bouvier

Slatman, Jenny. 2014. *Our Strange Body. Philosophical Reflections on Identity and Medical Interventions.* Amsterdam: Amsterdam University Press.

Sørensen, Jesper B. 2005. The Alien-Hand Experiment. *Phenomenology and the Cognitive Sciences* 4: 73–90.

Stanghellini, Giovanni, Broome, Matthew, Raballo, Andrea, Fernandez, Anthony V., Fusar-Poli, Paul und René Rosfort Hg. 2018. *The Oxford Handbook of Phenomenological Psychopathology.* Oxford: Oxford University Press.

Steinbock, Anthony. 1995. Phenomenological Concepts of Normality and Abnormality. *Man and World* 28: 241–260.

Stoller, Silvia. 2016. *Simone de Beauvoir's Philosophy of Age: Gender, Ethics, and Time.* Berlin: De Gruyter.

Svenaeus, Fredrik. 2000. *The Hermeneutics of Medicine and the Phenomenology of Health. Towards a Philosophy of Medical Practice.* Dordrecht: Springer.

Schütz, Alfred. 2003. Die mannigfaltigen Wirklichkeiten. In *Die kommunikative Ordnung der Lebenswelt.* Alfred Schütz Werkausgabe Band V: Theorie der Lebenswelt 2, 225–283 Konstanz: UVK.

Schütz, Alfred. 2004. *Der sinnhafte Aufbau der sozialen Welt* [1932]. Alfred Schütz Werkausgabe Band II, Hg. Martin Endreß, Martin Renn. Konstanz: UVK.

Schütz, Alfred/Luckmann, Thomas. 2020: *Strukturen der Lebenswelt I* [1979]. Frankfurt a.M.: Suhrkamp; Alfred Schütz Werkausgabe Band IX, Hg. Martin Endreß. Köln: Herbert von Halem Verlag.

Schütz, Alfred/Luckmann, Thomas. 2020. *Strukturen der Lebenswelt II* [1984]. Frankfurt a.M.: Suhrkamp; Alfred Schütz Werkausgabe Band IX, Hg. Martin Endreß. Köln: Herbert von Halem Verlag.

Smith, Jonathan A., Flowers, Paul, und Michael Larkin. 2009. *Interpretative Phenomenological Analysis. Theory. Method and Research.* London: Sage Publishing.

Stoller, Silvia, Helmuth Vetter, Hg. 1997. *Phänomenologie und Geschlechterdifferenz.* Wien: WUV Universitätsverlag.

Stoller, Silvia, Veronica Vasterling und Linda Fisher, Hg. 2005. *Feministische Phänomenologie und Hermeneutik.* Würzburg: Königshausen & Neumann.

Thoma, Samuel. 2019. Into the Open. On Henry Maldineys Philosophy of Psychosis. *Philosophy, Psychiatry, and Psychology* 26(4): 281–293.

Thompson, Evan, Lutz, Antoine und Diego Cosmelli. 2005. Neurophenomenology: An Introduction for Neurophilosophers. In *Cognition and the Brain: The Philosophy and Neuroscience Movement*, Hg. Andrew Brook, Kathleen Atkins. Cambridge: Cambridge University Press.

Toombs, S. Kay. 1987. The Meaning of Illness: A Phenomenological Approach to the Patient-Physician Relationship. *Journal of Medicine and Philosophy* 12: 219–240.

Toombs, S. Kay. 1993. The Meaning of Illness: A Phenomenological Account of the Different Perspectives of Physician and Patient. Dordrecht: Kluwer.

Tsakiris, Manos, Haggard, Patrick. 2005. The Rubber Hand Illusion Revisited: Visuotactile Integration and Self-Attribution. *Journal of Experimental Psychology: Human Perception and Performance* 31(1): 80–91.

Valenzuela Moguillansky Camila, O'Regan Kevin and Claire Petitmengin. 2013. Exploring the Subjective Experience of the "Rubber Hand" Illusion. *Frontiers in Human Neurosciences,* 7: 659. doi: ▶ https://doi.org/10.3389/fnhum.2013.00659.

van Manen, Max. 1990. *Researching Lived Experience: Human Science for an Action Sensitive Pedagogy.* Albany, NY: State University of New York Press.

Van Manen, Max. 2017. Phenomenology it its Original Sense. *Qualitative Health Research* 27: 810–825.

Varela, Francisco. 1996. Neurophenomenology: A Methodological Remedy for the Hard Problem. *Journal of Consciousness Studies* 3: 330–335.

Varela, Francisco 1999. Dasein's Brain: Phenomenology Meets Cognitive Science. In *Einstein Meets Magritte: An Interdisciplinary Reflection. The White Book of 'Einstein Meets Magritte',* Hg. Dierderik Aerts, Jan Boeckaert und Ernest Matthijs, 185–197. Dordrecht: Kluwer Academic Publishers.

Varela, Francisco, Shear, Jonathan. 1999. First-Person Methodologies: What, Why, How. *Journal of Consciousness Studies* 6(2–3): 1–14.

**3**

Verbeek, Peter-Paul. 2000. *De daadkracht der dingen – over techniek, filosofie en vormgeving*. Amsterdam: Boom.

Verbeek, Peter-Paul. 2015. *What Things Do: Philosophical Reflections on Technology, Agency, and Design*. University Park: Penn State University Press.

Verbeek, Peter-Paul. 2011. *Moralizing Technology: Understanding and Designing the Morality of Things*. Chicago: Chicago University Press.

Vermersch Pierre. 1994. *L'entretien d'explicitation*. Paris: Edition ESF.

Wajcman, Judy. 2004. *Technofeminism*. Cambridge, UK: Polity.

Waldenfels, Bernhard. 1983. *Phänomenologie in Frankreich*. Frankfurt a.M.: Suhrkamp.

Waldenfels, Bernhard. 1987. *Ordnung im Zwielicht*. Frankfurt a.M.: Suhrkamp.

Waldenfels, Bernhard. 1990. *Der Stachel des Fremden*. Frankfurt a.M.: Suhrkamp.

Waldenfels, Bernhard. 1994. *Antwortregister*. Frankfurt a.M.: Suhrkamp.

Waldenfels, Bernhard. 1997–1999. *Phänomenologie des Fremden 1–4*. Frankfurt a.M.: Suhrkamp.

Wehrle, Maren. 2010c. Die Normativität der Erfahrung. Überlegungen zur Beziehung von Normalität und Aufmerksamkeit. *Husserl Studies* 26: 167–187.

Wehrle, Maren. 2015. Normality and Normativity in Perception. In *Normativity in Perception*, Hg. Thiemo Breyer, und Maxime Doyon, 128–140. London: Palgrave Macmillan.

Wehrle, Maren. 2016. Normale und normalisierte Erfahrung. Das Ineinander von Diskurs und Erfahrung. In *Dem Erleben auf der Spur. Feminismus und die Philosophie des Leibes*, Hg. Hilge Landweer, Isabella Marcinski, 235–257. Bielefeld: Transcript Verlag.

Wehrle, Maren. 2017. The Normative Body and the Embodiment of Norms. Bridging the Gap between Phenomenological and Foucauldian Approaches. *Yearbook for Eastern and Western Philosophy* 2017(2): 323–337.

Wehrle, Maren. 2020a. Becoming Old. The Gendered Body and the Experience of Aging. In *Aging Human Nature. Perspectives from The Philosophical, Theological, and Historical Anthropology*, Hg. Mark Schweda, Michael Coors, und Claudia Bozzaro, 75–95. Cham: Springer International Publishing.

Wehrle, Maren. 2020b. ‚Bodies (that) matter'. The Role of Habit Formation for Identity. *Phenomenology and the Cognitive Sciences* 20: 365–386.

Wehrle, Maren. 2021. Normality as Embodied Space: The Body as Transcendental Condition for Experience. In *The Husserlian Mind*, chapt. 15. London: Routledge.

Weiss, Gail, Ann V. Murphy, und Gayle Salamon, Hg. 2019. *Fifty Concepts of a Critical Phenomenology*. Evanston, Illinois: Northwestern University Press.

Young, Iris Marion. 1993. Werfen wie ein Mädchen. Eine Phänomenologie weiblichen Körperverhaltens, weiblicher Motilität und Räumlichkeit. Übers. Barbara Reiter. *Deutsche Zeitschrift für Philosophie* 41(4): 707–725. Engl. Original: Throwing like a Girl: A Phenomenology of Feminine Body Comportment Motility and Spatiality. *Human Studies* (1980) 3(2): 137–156.

Young, Iris Marion. 2005. *On Female Body Experience. "Throwing like a Girl" and other Essays*. Oxford: Oxford University Press.

Zahavi, Dan. 1999/2020. *Self-Awareness and Alterity: A Phenomenological Investigation*. Evanston: Northwestern University Press.

Zahavi, Dan. 2005. *Subjectivity and Selfhood. Investigating the First-Person Perspective*. Cambridge: MIT Press.

Zahavi, Dan. 2011. Varieties of Reflection. *Journal of Consciousness Studies* 18(2): 9–19.

Zahavi, Dan. 2013. Naturalized Phenomenology: A Desideratum or a Category Mistake. *Royal Institute of Philosophy Supplement* 72: 23–42.

Zahavi, Dan. 2015a. Self and Other: Exploring Subjectivity, Empathy, and Shame. Oxford: Oxford UniversityPress.

Zahavi, Dan. 2015b. You, Me and We: The Sharing of Emotional Experiences. *Journal of Consciousness Studies* 22(1–2): 84–101.

Zahavi, Dan. 2018. Getting it Quite Wrong: Van Manen and Smith on Phenomenology. *Qualitative Health Research*. https ://doi.org/▶ https://doi.org/10.1177/10497 32318 81754 7.

Zahavi, Dan. 2021 (2019). Applied Phenomenology. Why it is Safe to Ignore the Epoché. *Continental Philosophy Review* 54: 259–273.

Zahavi, Dan, Martiny, Kristian M. 2019. Phenomenology in Nursing Studies: New Perspectives. *Journal of Nursing Studies* 93: 155–162.

# Serviceteil

© Springer-Verlag GmbH Deutschland, ein Teil von Springer Nature 2022
M. Wehrle, *Phänomenologie*, Philosophische Methoden,
https://doi.org/10.1007/978-3-476-05778-5

# Personenregister

Printed in the United States
by Baker & Taylor Publisher Services